Der Autor

Prof. Dr. Ernst Wahle, geb. 1889 in Magdeburg, lehrte bis zu seiner Emeritierung Ur- und Frühgeschichte an der Universität Heidelberg und war Direktor des dortigen Instituts für dieses Fach; er ist Mitglied mehrerer in- und ausländischer wissenschaftlicher Gesellschaften und Akademien. Er veröffentlichte mehrere Darstellungen und auch Arbeiten zur Geschichte und Methode der Prähistorie: ›Vorgeschichte der deutschen Völker‹ (1924); ›Vorzeit am Oberrhein‹ (1937); ›Deutsche Vorzeit‹ (3. Aufl. 1962); ›Grenzen der frühgeschichtlichen Erkenntnis, 1‹ (Nachdruck 1952); ›Geschichte der prähistorischen Forschung‹ (1951); ›Tradition und Auftrag prähistorischer Forschung‹ (Ausgewählte Abhandlungen als Festgabe zum 75. Geburtstag, 1964).

Gebhardt
Handbuch der deutschen Geschichte

Neunte, neu bearbeitete Auflage,
herausgegeben von
Herbert Grundmann

Band 1

Ernst Wahle:
Ur- und Frühgeschichte
im mitteleuropäischen Raum

Deutscher
Taschenbuch
Verlag

Band 1 der Taschenbuchausgabe enthält den ungekürzten Text des HANDBUCHS DER DEUTSCHEN GESCHICHTE, Band 1: Frühzeit und Mittelalter, Teil I.
Unsere Zählung Kapitel 1–23 entspricht den §§ 1–23 im Band 1 des Originalwerkes.

April 1973
Deutscher Taschenbuch Verlag GmbH & Co. KG, München
© 1970 Union Verlag, Stuttgart
Umschlaggestaltung: Celestino Piatti
Gesamtherstellung: C. H. Beck'sche Buchdruckerei, Nördlingen
Printed in Germany · ISBN 3-423-04201-X

Inhalt

Abkürzungsverzeichnis

Abh. Ak.	Abhandlung(en) der Akademie der Wissenschaften . . ., phil.-hist. Klasse (wenn nicht anders angegeben)
ADB	Allgemeine Deutsche Biographie (56 Bde. München 1875–1912)
AHR	The American Historical Review (New York 1895 ff.)
AKG	Archiv für Kulturgeschichte (1903 ff.)
Anal. Boll.	Analecta Bollandiana (Zeitschr. der Acta Sanctorum, 1882 ff.)
AnnHVNiederrh.	Annalen des Historischen Vereins für den Niederrhein (Köln 1855 ff.)
AÖG	Archiv für österreichische Geschichte (Wien 1848 ff.)
AUF	Archiv für Urkundenforschung (18 Bde. 1908–1939), fortgesetzt im Archiv für Diplomatik (1955 ff. = Arch. f. Dipl.)
B.	Bischof; Bt. = Bistum
BECh	Bibliothèque de l'Ecole des Chartes (Paris 1839 ff.)
BFW	J. Fr. Böhmer, Regesta Imperii, 5. Aufl., neu bearbeitet von J. Ficker u. E. Winkelmann (4 Bde. 1881–1901)
BIStIAM	Bulletino dell'Istituto Storico Italiano per il medio avo e archivio Muratoriano
Bll.	Blätter
Const.	Constitutiones (Abteilung der MGH)
DA	Deutsches Archiv für Geschichte des Mittelalters (1937 ff., seit Bd. 8: für Erforschung des Mittelalters; Zeitschrift der MGH, Fortsetzung des NA)
DALVF	Deutsches Archiv für Landes- und Volksforschung (8 Bde. 1937 bis 1944)
DD	Diplomata (Hauptabteilung der MGH); DD H. I. = Urkunde Heinrichs I. usw.
Diss.	Dissertation; Diss. Ms. = ungedruckte Dissertation in Maschinenschrift
DLZ	Deutsche Literaturzeitung (1880 ff.)
Dt., dt.	deutsch; Dtld. = Deutschland
Dt. O.	Deutscher Orden
DVLG	Deutsche Vierteljahrsschrift für Literaturwissenschaft und Geistesgeschichte (1923 ff.)
DW⁹	Dahlmann-Waitz, Quellenkunde der deutschen Geschichte, 9. Aufl., hg. v. H. Haering (1931, Registerband 1932)
DW¹⁰	dasselbe, 10. Aufl., hg. v. H. Heimpel u. H. Geuss (seit 1965 im Erscheinen)
DZG	Deutsche Zeitschrift für Geschichtswissenschaft (14 Bde. 1890 bis 1898), fortgesetzt in HV
Eb.	Erzbischof; Ebt. = Erzbistum
EHR	The English Historical Review (London 1886 ff.)
EL Jb.	Elsaß-Lothringisches Jahrbuch (21 Bde. 1922–1943)
Epp.	Epistolae (Hauptabteilung der MGH)
FBPG	Forschungen zur brandenburgischen und preußischen Geschichte (55 Bde. 1888–1944)
FDG	Forschungen zur deutschen Geschichte (26 Bde. 1862–1886)
FRA	Fontes rerum Austriacarum
GBll.	Geschichtsblätter

Abkürzungsverzeichnis

GdV	Geschichtschreiber der deutschen Vorzeit
Gf.	Graf; Gfsch. = Grafschaft
GGA	Göttingische Gelehrte Anzeigen (1739 ff.)
GV	Geschichtsverein
GWU	Geschichte in Wissenschaft und Unterricht, Zeitschrift des Verbandes der Geschichtslehrer Deutschlands (1950 ff.)
Hdb.	Handbuch
Hdwb.	Handwörterbuch
hg. v.	herausgegeben von; (Hg.) = Herausgeber
Hg.	Herzog; Hgt. = Herzogtum
HJb	Historisches Jahrbuch der Görresgesellschaft (1880 ff.)
HM	Hochmeister
HV	Historische Vierteljahrschrift (Fortsetzung der DZG, 31 Bde. 1898–1938). – In anderen Zeitschriften-Titeln HV = Historischer Verein
HZ	Historische Zeitschrift (1859 ff.)
Jb.	Jahrbuch; Jbb. = Jahrbücher
JE, JK, JL	Ph. Jaffé, Regesta pontificum Romanorum, 2. Aufl. bearb. von P. Ewald, F. Kaltenbrunner, S. Löwenfeld (2 Bde. 1885/88)
K.	Kaiser
Kf.	Kurfürst; Kft. = Kurfürstentum
Kg.	König; Kgr. = Königreich
KiG	Kirchengeschichte
KiR	Kirchenrecht
LG	Landesgeschichte
Lgf.	Landgraf
LL	Leges (Hauptabteilung der MGH)
LThK	Lexikon für Theologie und Kirche, hg. v. M. Buchberger (10 Bde. 1930 bis 1938); 2. Aufl. hg. v. J. Höfer u. K. Rahner (11 Bde. 1957–1967)
MA	Mittelalter; mal. = mittelalterlich
MG, MGH	Monumenta Germaniae Historica (s. im Anhang unter Quellensammlungen)
Mgf.	Markgraf; Mgfsch. = Marktgrafschaft
Migne, PL	Abbé J. P. Migne, Patrologiae cursus latinus (221 Bde. 1844–64)
MIÖG	Mitteilungen des Instituts für österreichische Geschichtsforschung (Wien 1880 ff.); Bd. 39–55 (1923–1944): MÖIG = Mitteilungen des österreich. Inst. f. Geschichtsforschung
N	Neu, News
NA	Neues Archiv der Gesellschaft für ältere deutsche Geschichtskunde (50 Bde. 1876–1935; Zeitschrift der MGH, fortgesetzt im DA)
NDB	Neue Deutsche Biographie (1953 ff.)
Ndr.	Neudruck, Nachdruck
NF	Neue Folge
NS, n. s.	Nova series
NZ	Neuzeit
PBB	Beiträge zur Gesch. der deutschen Sprache und Literatur, begründet von H. Paul und W. Braune (1874 ff.)
Pfgf.	Pfalzgraf
PRE	Realenzyklopädie für protestantische Theologie und Kirche, begr. v. J. J. Herzog, 3. Aufl. hg. v. A. Hauck (24 Bde. 1896 bis 1913)

8

QFItA	Quellen und Forschungen aus italienischen Archiven und Bibliotheken (1897 ff., Zeitschrift des Preußischen bzw. Deutschen Historischen Instituts in Rom)
RG	Rechtsgeschichte
RGG	Die Religion in Geschichte und Gegenwart, 3. Aufl. hg. v. K. Galling (6 Bde. 1957–1962)
RGK	Römisch-German. Kommission
RH	Revue historique (Paris 1876 ff.)
RHE	Revue d'histoire ecclésiastique (Louvain 1900 ff.)
Rhein.Vjbll.	Rheinische Vierteljahrsblätter, Mitteilungen des Instituts für geschichtl. Landeskunde der Rheinlande an der Universität Bonn (1931 ff.)
RI	Regesta Imperii, begründet von J. Fr. Böhmer
RNI	Regestum super negotio Romani imperii
RQH	Revue des questions historiques (134 Bde. Paris 1866–1939)
RQs	Römische Quartalschrift für christliche Altertumskunde und für Kirchengeschichte (1887 ff.)
RT	Reichstag
RTA	Dt. Reichstagsakten
Sa(chsen) u. Anh.	Sachsen und Anhalt, Jahrbuch der landesgeschichtlichen Forschungsstelle für die Provinz Sachsen und Anhalt (17 Bde. 1925 bis 1943)
SB	Sitzungsberichte der Akad. d. Wiss. . . . , phil.-hist. Klasse
SS	Scriptores (Hauptabteilung der MGH)
SSCI	Settimane di Studio del Centro Italiano di Studi sull'Alto Medioevo (Spoleto 1954 ff.)
Tb.	Taschenbuch
UB	Urkundenbuch
V	Verein
Vfg.	Verfassung
VG	Verfassungsgeschichte
Vjh.	Vierteljahrshefte
VSWG	Vierteljahrsschrift für Sozial- und Wirtschaftsgeschichte (1903ff.)
VuG	Vergangenheit und Gegenwart, Zeitschrift für den Geschichtsunterricht und für staatsbürgerliche Erziehung (34 Bde. Leipzig 1911–1944)
WaG	Die Welt als Geschichte, Zeitschrift für universalgeschichtliche Forschung (23 Bde. 1935–1963)
WB	Wörterbuch
WG	Wirtschaftsgeschichte
ZA	Zeitalter
ZdA	Zeitschrift für deutsches Altertum und deutsche Literatur (1841 ff.)
ZGORh	Zeitschrift für die Geschichte des Oberrheins (1850 ff., NF seit 1886)
ZKiG	Zeitschrift für Kirchengeschichte (1876 ff.)
ZRG	Zeitschrift für Rechtsgeschichte (13 Bde. 1861–1878)
ZRG GA	Zeitschrift der Savigny-Stiftung für Rechtsgeschichte, Germanistische Abteilung (1880 ff.)
ZRG KA	dasselbe, Kanonistische Abteilung; bei Sonderzählung ihrer Bände entspricht Bd. 1 (1911) dem Jahrgang 32 der gesamten Zeitschrift

Abkürzungsverzeichnis

ZRG RA   dasselbe, Romanistische Abteilung
Zs.   Zeitschrift

Quellen- und Literaturverweise innerhalb des Handbuchs wurden auf die neue Einteilung in Taschenbücher umgestellt. So entspricht z. B. Bd. 2, Kap. 4 dem § 27 im Band 1 der Originalausgabe.
Bei Verweisen innerhalb eines Bandes wurde auf die Angabe des Bandes verzichtet und nur das Kapitel angegeben.

Kapitel 1
Werdegang der Forschung

Die ersten schriftlichen Nachrichten, die über Länder nördlich der Alpen mehr aussagen als eine unbestimmte Kunde, betreffen Zustände und Vorgänge aus den letzten Jahrhunderten vor Christi Geburt. Wenn man in Massilia (Marseille) darauf eingestellt ist, Zinn und Bernstein aus dem Norden zu erhalten, dann wird damit sowohl auf eine dort lebende Bevölkerung verwiesen, welche die Vorteile dieses Handels zu schätzen weiß, wie auf weiter zurückliegende Umstände, aus denen dieser wirtschaftliche Verkehr erwachsen ist. Die wiederholten Einbrüche fremder Völker in die mittelmeerische Welt sind einem Naturereignis vergleichbar; die Zivilisation des Südens übt eine anziehende Kraft aus, doch vermögen die Söhne des Nordens nur vorübergehende Erfolge zu erzielen. Die Antike sieht sie nur, wo sie in ihrem eigenen Blickfeld auftauchen, in dem Auftreten des Brennus und der Entstehung der Gallia cisalpina, der Plünderung Delphis und dem Erscheinen der Galater in Kleinasien, sowie in der Gefahr, die ihr von den Kimbern und Teutonen droht. Dagegen bleiben ihr diejenigen Tatbestände verschlossen, welche zu diesen Ereignissen hinführen; sie ist nicht in der Lage, einen inneren Zusammenhang dieser Vorgänge zu erkennen, ist zudem ja an allen ihren Grenzen genötigt, sich mit Randvölkern auseinanderzusetzen. Der Gedanke, die Nachbarn längs ihrer Nordfront ethnisch zu gruppieren, liegt ihr zunächst fern; nur ganz allgemein wird von Kelten im Westen, von Skythen im Osten gesprochen, während die Germanen erst später ein Begriff werden. Doch lenkt die Weiträumigkeit der keltischen Expansion und die Begegnung Caesars mit den Sueben des Ariovist den Blick bevorzugt auf Mitteleuropa. Wenn Cicero die Alpen als eine von der göttlichen Vorsehung errichtete Mauer zum Schutze Italiens bezeichnet, so liegt darin die Vorstellung von einer aus dieser Richtung drohenden Gefahr. Wie sich hier tatsächlich eine Dynamik vorbereitet und einen wesentlichen Inhalt des Geschehens in diesem Raum ausgemacht hat, konnte erst die kritische Forschung der Neuzeit erkennen. Für sie ist das Erscheinen der Kelten sowohl an der Atlantischen Küste wie in Kleinasien nur ein spätes Stadium ihrer Frühgeschichte, und dasselbe gilt für das Auftreten von Sueben am Rhein, von Bastarnen an der untersten Donau. Doch schon das Altertum hat sich, je vielfältiger seine Begegnung mit den Völkern nördlich der Alpen wurde, um so mehr mit ihnen befaßt. Hervorragendstes Zeugnis dieses Interesses ist die Germania des Tacitus.

Die Antike hat verschiedene Vorstellungen davon entwickelt, in welcher Art die frühe Geschichte der Menschheit verlaufen sei; von den Humanisten ist dann versucht worden, eine Verbindung von der biblischen Genesis zu den Nachrichten der alten Schriftsteller herzustellen. Einige Zeit hindurch, um die Wende zum 19. Jh., glaubte man im Sanskrit die Ursprache der Menschheit zu kennen und damit Einblick in eine sehr weit zurückliegende Geschichte zu gewinnen. Doch hat sich die Vorstellung von dem besonderen Alter dieser Sprache, die im Zusammenhang mit der kolonialen Erschließung Indiens durch die Engländer in der 2. Hälfte des 18. Jh. bekanntgeworden war, nicht bestätigt. Dagegen bildet das Sanskrit den östlichen Eckpfeiler einer Sprachfamilie, die Franz Bopp 1816 erstmals umriß und die bald darauf die indogermanische genannt wurde. Die Feststellung, daß eine große Anzahl von Sprachen zwischen der Nordsee und dem Golf von Bengalen auf eine gemeinsame Wurzel zurückgeht, war der erste Schritt in eine Frühzeit, von der kein Schriftsteller Kunde gibt. Noch bevor die Abstammungslehre eine neue Basis bieten konnte, ging die Philologie damit voran. Weiter aber zeigte sich, daß für die Heranziehung des in den Grabfunden und anderen greifbaren Gegenständen bestehenden Nachlasses dieser Vergangenheit vorläufig die Methode fehlte. Der Geograph C. Ritter hatte auf die Grabhügel aufmerksam gemacht und sie als eine internationale Erscheinung von so großem Quellenwert hingestellt, daß Wilhelm Grimm diese Anregung aufnahm. Doch fand das von ihm veranlaßte Preisausschreiben der Göttinger Akademie, die Hügel und ihre Inhalte zu vergleichen, sowie daraus die Verbindung der Germanen und anderer alter Bewohner Europas mit denjenigen Asiens zu erschließen (1823), keine Bearbeitung, obwohl es mehrere Jahre hindurch wiederholt worden ist.

Mit dem Beginn des 19. Jh. liegt bereits eine Menge von Funden vor, die teils zufällig gehoben und in kleinen Kabinetten aufbewahrt worden sind, teils aber schon planmäßigen Grabungen entstammen. Doch beschränkt sich die Beobachtung dieses Materials im wesentlichen auf Deutschland, Dänemark und Schweden. Weiter aber fällt es auf, daß längs der unteren Elbe und im benachbarten Schleswig-Holstein in den

Jahrzehnten um 1700 eine wesentliche Verdichtung des Interesses an dem Fundstoff einsetzt, von der die Folgezeit lange zehrt. Hier werden einige größere Werke geschrieben, die das Gesamtgebiet der germanischen Frühzeit zu umspannen versuchen, die heidnischen Sitten als entartetes Christentum auffassen und persönliche Beziehung zu einer solchen Vergangenheit finden. Auch wurde in eben diesem Gebiet wie anderwärts im Norddeutschen Tiefland, von Westfalen bis Ostpreußen und Schlesien, immer deutlicher eine besondere archäologische Provinz der Urnengräber sichtbar und in einer eigenen Literatur behandelt, da sie in ihrer relativen Geschlossenheit nach einer Deutung verlangte. Darüber hinaus aber regte sie zum Vergleich mit Befunden und Objekten anderer Art an, die man in nicht minder großer Menge fand.

Die Versuche, auf diesen Stoff die antiken Vorstellungen einer *Abfolge bestimmter Werkstoffe* anzuwenden, eine Stein- und Holzzeit an den Anfang zu setzen, eine Bronze- und dann eine Eisenzeit folgen zu lassen, erhalten dadurch eine geeignete Grundlage, daß zu Anfang des 19. Jh. in einem bestimmten nordischen Raum die relative Einheitlichkeit des Fundstoffes gesehen und genutzt wird: in Schonen und Dänemark, Schleswig-Holstein, Mecklenburg und der Altmark. Diese Gebiete sind Teile einer großen, heute als »nordischer Kulturkreis« bezeichneten Fundprovinz, die mit dem Neolithikum einsetzt, eine reich entwickelte Bronzezeit bietet und eine noch länger dauernde, mit dem wikingischen Material endende Eisenzeit. Nur ein solcher Stoff kann die Anwendung der antiken These gestatten, während das nun auch in Süddeutschland, Teilen Frankreichs und Englands bekannt werdende Material sich einer zeitlichen Gruppierung vorläufig noch entzieht. Indem er dazu einlädt, finden sich etliche Skandinavier und Deutsche zusammen, das sogenannte *Dreiperiodensystem* aufzustellen; und so werden denn in der kurzen Zeit von 1813 bis 1837 diejenigen Arbeiten veröffentlicht, in denen eine Anzahl Gleichgestimmter, jeder mit dem Material seines engeren Gebietes und mit besonderen Gesichtspunkten, ein und demselben Ziele zustrebt. Für die Weiterentwicklung der Disziplin ist es von entscheidender Bedeutung, daß mit dieser Verwendung der Begriffe Stein-, Bronze- und Eisenzeit ein brauchbarer historischer Gesichtspunkt in den Fundstoff hineingetragen wird, dessen relative Chronologie sich an dem verhältnismäßig reichen Material des genannten Raumes zu bewähren vermag und diesen

auf längere Zeit hinaus zu einem »Modell« der Vorzeit überhaupt macht.

Wenige Jahrzehnte später bemächtigt sich die Abstammungslehre der ur- und frühgeschichtlichen Funde; der Mensch ist
ein Stück Natur. Vergesellschaftet mit Höhlenbär und Mam-
mut finden sich seine körperlichen Reste in diluvialen Schichten
und zusammen mit ihnen auch primitive Werkzeuge aus Stein.
Im Sinne der »Theorie der progressiven Entwicklung« studiert man ihn in seinen Beziehungen zu den menschenähnlichen
Affen und den »nächstniederen Tieren«. Doch lagen erst wenige gesicherte Funde fossiler Menschenknochen vor, und
diese »führen jener pithecoiden Form nicht merkbar näher,
durch deren Modifikation der Mensch vermutlich das, was er
ist, geworden ist« (Huxley). Während man hier also erst nach
weiterem Stoff suchen mußte, legten sowohl archäologisches
Material wie ethnographische Beobachtungen es dem kritischen
Betrachter nahe, sie in der Richtung eines Werdeganges vom
Einfacheren zum Entwickelteren zu ordnen. Damit aber wird
die Urzeit des Menschengeschlechtes zu einem Arbeitsraum
von geologischer Tiefe, die ganze Erde umspannend. Man
übertrug die Vorstellung von der allmählichen Entwicklung
der Organismen auf den Fundstoff, und so kommt die formen-
vergleichende (typologische) Methode zustande, die nicht nur
die Richtigkeit des Dreiperiodensystems beweist, sondern
darüber hinaus ein weitläufiges Gerüst des Nacheinanders der
Fundtypen aufbaut. Ein kleiner Kreis skandinavischer Forscher
ist im Verein mit Otto Tischler, einem Ostdeutschen, in den
1870er und 1880er Jahren in diesem Sinne tätig. Neben dem
Stoff des nordischen Kreises dient ihnen derjenige der ostbaltischen, besonders gut in Ostpreußen erschlossenen Fundprovinz als Basis. Ein durch planmäßige Grabungen in Kärn-
ten gewonnenes Material trägt dazu bei, der in dem Gräberfeld
von Hallstatt (Salzkammergut) verkörperten älteren vorrömischen Eisenzeit Gestalt zu geben, während der jüngere Abschnitt dieser Kulturperiode in dem heute meistens als Fluß-
opfer gedeuteten Fund von La Tène (am Neuenburger See)
veranschaulicht wird. In vielen Teilen Europas und über mehrere Jahrtausende hinweg wird die Fibel unablässig verändert,
zu einer Art Leitfossil. Sobald H. Schliemann seine Ergebnisse
in Mykenai bekannt gab, wurden sie von der nordisch-nord-
deutschen Forschung in ihr Bild einer europäischen Bronzezeit
eingebaut. Deutsches Interesse an dem Volk, dem im Altertum

die Erfindung der Bronze zugeschrieben wurde, führte zu Grabungen im Kaukasus, an deren Deutung sich auch R. Virchow beteiligte. Eine Überlegung anderer Art, die Suche nach den Wurzeln des eigenen Volkstums, lenkte in Finnland den Blick nach Osten, wo u. a. im uralisch-altaischen Raum eine von der nordischen sehr verschiedene »Bronzekultur« entdeckt wurde. Nachdem also in Skandinavien und in Mitteleuropa eine zuverlässige Basis erarbeitet worden war, griff das Interesse rasch über die Grenzen dieser Räume hinaus; im gleichen Maße, wie es das übrige Europa und sogar überseeische Gebiete einbezieht, treten neben die Vorstellung von einem allgemeingültigen Gang der Kulturentwicklung die ersten Einblicke in die besondere Stellung der verschiedenen Räume.

Die Ergebnisse dieser Arbeit finden ihren Ausdruck in der sogenannten »darwinistischen Kulturgeschichtsschreibung«; an die Seite der »natürlichen Schöpfungsgeschichte« dieser Zeit tritt die ›*Kulturgeschichte* in ihrer natürlichen Entwicklung‹ wie sie (1875) in einem Buchtitel genannt wird. In solcher Sicht geht es um »den Fortschritt«, während der handelnde Mensch, dem er verdankt wird, in den Hintergrund tritt. So erscheint der Fundstoff weitgehend entseelt, und es ist ein langer Weg zu der Auffassung, die (erst 1942) den Buchtitel ›Der Urmensch als Schöpfer‹ präsentiert. Natürlich stehen in dieser Kulturgeschichtsschreibung vielfach Skandinavien und Mitteleuropa als bestdurchforschte Räume im Vordergrund, und es besteht die Gefahr, daß das Dreiperiodensystem als normale Abfolge der Sachgüter betrachtet wird. Den völkerkundlichen Stoff deutet man gelegentlich im Sinne eines naturgesetzlichen Aufstieges von der Wildheit über die Barbarei zur Zivilisation, doch interessiert diese Stufenfolge mehr die Verfechter einer materialistischen Geschichtsauffassung als die Ethnologen, welche sich einer durch die Beobachtungen in Übersee ständig wachsenden Fülle des Materials gegenüber sehen. Träger der Forschung sind in erster Linie die Anthropologischen Gesellschaften, welche bald nach der Mitte des Jahrhunderts ins Leben gerufen wurden. In England und den Vereinigten Staaten sowie in Frankreich, Spanien und Lateinamerika geben sie der Forschung vielfach noch heute das Gepräge; in Deutschland und Österreich haben sie einige Jahrzehnte lang die Tätigkeit der Geschichtsvereine in den Schatten gestellt, während in Skandinavien die Prähistorie immer ein Teil der Landesgeschichte geblieben ist.

Doch hat man auch in Deutschland den historischen Quellenwert des Fundstoffes niemals vergessen; so gehört z. B. in den Aufgabenkreis der im Jahre 1876 gegründeten Historischen Kommission für die Provinz Sachsen ausdrücklich die Betreuung und Vermehrung der prähistorischen Altertümer. Das naturwissenschaftliche Zeitalter verklingt, und die auf philologischer Basis betriebene *historische Ethnographie* erneuert die schon immer erhobene Frage nach der volklichen Zugehörigkeit der Funde. Jetzt ist ein neolithisches Kulturniveau des indogermanischen Urvolkes ermittelt, und jetzt sucht man sein Gebiet auf archäologischem Wege zu umreißen; entsprechend werden die Bewegungen der Kelten und Germanen, die sich in den Schriftquellen andeuten, in eine ältere Vergangenheit hinein zurückverfolgt. Gustaf Kossinna nennt diese Betrachtungsweise die »siedelungs-archäologische« und nimmt für sich das Verdienst in Anspruch, durch sie »die Funde aus heimischem Boden gleichsam ihren Eigentümern zurückgegeben (ihnen die Subjektlosigkeit genommen) zu haben«. In der Folgezeit bahnt sich die Überwindung des Denkens in den Kategorien der Formenkunde an. Man fragt nach dem handelnden Menschen und den gestaltenden Kräften, und so ist die Typologie der Funde jetzt nur mehr die Voraussetzung zur Ermittlung einer Dynamik. Das Wissen um die Einmaligkeit eines jeden historischen Vorgangs vollendet im Verein mit der Frage nach dem in geschichtlicher Hinsicht Möglichen die Lösung aus der naturwissenschaftlichen Umklammerung. Gefördert wird diese Entwicklung durch den nach dem Ersten Weltkrieg zu verzeichnenden Beginn einer intensiveren Arbeit außerhalb Europas, die den Blick für das Besondere im prähistorischen Werdegang eines jeden Raumes schärft.

In diesem Ablauf dokumentiert sich die *Selbständigkeit der Prähistorie* als Wissenschaft; sie will ein Teilgebiet der geschichtlichen Forschung sein, kann ihr Ziel aber nur mit einem ihr eigenen, nicht aus schriftlichen Nachrichten bestehenden Quellenmaterial erreichen. Ihr Arbeitsgebiet beginnt im Grenzbereich gegen die Paläontologie, und es endet dort, wo die Schriftquellen den Aufbau eines selbständigen Bildes der Vergangenheit gestatten. Viele außereuropäische Länder, ja, ganze Erdteile treten erst mit der Europäisierung der Erde in das Blickfeld der Geschichtswissenschaft, und es gibt dort Gebiete, deren Bewohner noch heute unter frühgeschichtlichen Zuständen leben. Im Norden Europas setzt die schriftliche Überlieferung viele Jahrhunderte später ein als etwa in Griechenland, in Ostdeutschland später als am Rhein. Die Schriftquellen über die Römerzeit nördlich der Alpen bedürfen ebenso der Ergänzung durch den Fundstoff wie diejenigen über die merowingische Periode. Als man am Rhein die großen Dome im romanischen Stil errichtete, verharrte das Land östlich der Elbe noch in einem prähistorischen Kulturniveau.

Die *Methode der Prähistorie* ist die archäologische, und so wird dies Gebiet mitunter als Zweig einer großen archäologischen Wissenschaft angesprochen, deren Kern die als »klassisch« gekennzeichnete sein soll. Es gibt aber im internationalen Sprachgebrauch eine Fülle von Archäologien, welche auf Religionen und Völker, bestimmte Zeitabschnitte, Kulturgebiete, einzelne Erscheinungen des Kulturlebens und auf geographische Räume bezogen werden. Relativ früh hat sich innerhalb des Bereiches der spätantiken Denkmäler das Stoffgebiet der christlichen Archäologie verselbständigt. Etwa parallel ging die Entwicklung der Diluvial-Archäologie, während die Archäologie des Mittelalters recht jung ist. Weniger umfänglich, doch als Spezialgebiete selbständig sind beispielsweise die Rechts- und die Moor-Archäologie, oder die der Eskimos und die »Archäologie der Kreuzigung Christi«. Hieraus erhellt, daß das Wesen der Archäologie nicht in einer bestimmten Fragestellung, sondern in der Art der Quellen und damit der Methoden begründet ist. Aus diesem Grunde aber wird in der Disziplin selbst weniger von einer vor- oder frühgeschichtlichen Archäologie gesprochen als von *Urgeschichte und Vorgeschichte (Prähistorie)*, womit zugleich der Anschluß an die übrige Geschichtswissenschaft seinen Ausdruck findet. Indem nun mit der Arbeit am Stoff das Bild der frühen Menschheit an Leben gewinnt, kommt man dem historischen Ziel näher. Insbesondere ist dies im Bereiche der jüngeren Kulturperioden der Fall, welche der Antike und der altorientalischen Geschichte zeitlich parallel gehen. So erscheint die Bezeichnung *Urgeschichte* mehr und mehr nur noch für die älteren, d. h. die vor-bäuerlichen Formen der Gesittung als richtig, während die jüngeren, mit dem Neolithikum beginnend, unter dem Begriff der *Frühgeschichte* gehen.

Längst ehe die prähistorische Forschung nach Übersee ausgriff, waren Körperform und Kultur der dort lebenden Menschen der Gegenstand selbständiger Betrachtung. Doch erschöpften sich die Reiseberichte der Europäer zunächst in der

Schilderung und der sittlichen Bewertung des Gesehenen. Dem Jesuiten Lafitau blieb es vorbehalten (1724), die von ihm in Nordamerika studierte steinzeitliche Zivilisation mit derjenigen zu vergleichen, die es einmal auf europäischem Boden gegeben habe. Dieser Blick in die zeitliche Tiefe steht aber vereinzelt da; es fehlte doch an dem Überblick über den Stoff, der eine historische Auffassung der außereuropäischen Menschheit ermöglichen konnte. Immerhin gewann die Vorstellung an Boden, daß dieses Material vermittels einer aus ihm selbst heraus zu entwickelnden Betrachtungsweise geordnet und gedeutet werden müsse. Verkörpert es doch ein in Feldbeobachtung unmittelbar zu greifendes, ein gleichsam »lebendiges Altertum«, dessen Vielgestaltigkeit es nahelegte, das räumliche Nebeneinander der verschiedenen Formen der Gesittung im Sinne eines zeitlichen Nacheinanders aufzufassen. Die Heranbildung dieser *vergleichenden Völkerkunde* ist der Prähistorie parallel gegangen. Im Zeitalter der Europäisierung der Erde floß ihr ein derart reichhaltiger Stoff zu, daß sie erst relativ spät an den Aufbau eines historischen Systems gehen konnte. Nicht minder wichtig als dieses ist für die prähistorische Archäologie die Ergänzung der großen Lücken ihres Stoffes durch die Ergebnisse der Feldbeobachtung. Von immer größerer Bedeutung wird zusammen mit der Völkerpsychologie der soziologische Zweig dieser Arbeit, dessen Aufmerksamkeit den allgemeinen psychischen Grundlagen wie den individuellen Voraussetzungen des Geschehens ebenso gilt wie der Ermittlung von Lebensvorgängen und menschlichen Verhaltensweisen. Eine große Belebung erfährt der historisch gerichtete Zweig der Völkerkunde mit dem Beginn planmäßiger Ausgrabungen in den außereuropäischen Räumen. Sie haben in den letzten Jahrzehnten einen derartigen Umfang angenommen, daß der Charakter der Prähistorie als einer die ganze Erde umspannenden Wissenschaft damit erneut herausgestellt wird. Weitgehend zehrt diese Arbeit außerhalb Europas von denjenigen Erkenntnissen und Erfahrungen, welche in den Heimatgebieten der prähistorischen Forschung gewonnen worden sind; gleichzeitig aber wirken ihre Ergebnisse auf die Deutung des prähistorischen Mitteleuropa zurück.

Diese Ausweitung der beiden Disziplinen, der archäologischen wie der ethnologischen, in der Richtung auf eine *Weltgeschichte der Ur- und Frühzeit* des Menschengeschlechts, bringt eine enge Fühlung von Prähistorie und Völkerkunde zustande, die bereits um die Mitte des 19. Jh. als eine Notwendigkeit erkannt worden ist. Die Idee, welche den damals gegründeten Anthropologischen Gesellschaften vorgeschwebt hat, konnte aber, infolge des Fehlens zuverlässiger Methoden, zunächst nur teilweise verwirklicht werden. Heute haben Prähistorie und Ethnologie die Vorstellung von der ausschließlichen Gültigkeit des geschriebenen Wortes innerhalb der Bereiche ihrer Interessen erschüttert; sie stellen der in erster Linie auf Schriftquellen basierenden historischen Erkenntnis das Wissen um die bis dahin als »geschichtslos« angesehene frühe Menschheit voran. Für sie haben der Topf in der Erde wie das Gerät in der Hand des Buschmanns die Bedeutung einer Urkunde. Damit aber ist hier auch kein Raum für Werturteile ethischer oder ästhetischer Art, und es geht deshalb auch nicht an, ihr Streben mit der Kunst-Archäologie in Zusammenhang zu bringen und auf J. J. Winckelmann zurückzuführen.

Literatur: H. GUMMEL, Forschungsgesch. in Dtld., in: Die Urgeschichtsforschung u. ihre Entwicklung in d. Kulturstaaten d. Erde, hg. v. K. H. JACOB-FRIESEN, Bd. 1 (1938, mehr nicht erschienen), ein umfängliches, allerdings nur »die Altertümer« u. nicht »das Altertum« betreffendes Material; auch wird die Arbeit d. einzelnen Forschungsepochen nicht nach zeitgebundenen Möglichkeiten, sondern vom gegenwärtigen Stand d. Erkenntnis her bewertet; infolge des Fehlens eines Sachregisters schwer benutzbar. E. WAHLE, Gesch. d. prähist. Forschung, Anthropos 45/46 (1950/51); ders., Studien z. Gesch. d. prähist. Forschung (Abh. Ak. Heidelberg 1950), eine Darstellung d. von den Baltendt. in den Ostseeprovinzen u. der im Gebiet d. Litauer geleisteten Arbeit sowie ihrer Ablösung durch Forschungsorganisationen, die von 1919 an auf ihrer Basis in Litauen, Lettland und Estland entstanden sind; TH. BIEDER, Gesch. d. Germanenforschung (3 Tle. 1921–25, Teil 1 ²1939), ein sehr reiches, wenn auch nicht im Sinne d. Bildungsgesch. verarbeitetes Material; TH. H. HUXLEY, Zeugnisse f. d. Stellung d. Menschen in der Natur (engl. 1863), eingel. u. in Anlehnung an V. CARUS übers. v. G. HEBERER (1963); G. KRAFT, Der Urmensch als Schöpfer. Die geistige Welt d. Eiszeitmenschen (²1948). Eine Analyse d. »darwinistischen Kulturgeschichtsschreibung« fehlt noch, ebenso eine Darstellung d. bleibenden Leistung von G. KOSSINNA, der durch seine ethnische Deutung des Fundstoffes dem Fach einen nachhaltigen Impuls gab. W. E. MÜHLMANN, Gesch. d. Anthropologie (²1968); R. THURNWALD, Aufbau u. Sinn d. Völkerwissenschaft, Abh. Dt. Ak. Berlin (1947); ders., Der Mensch geringer Naturbeherrschung, sein Aufstieg zwischen Vernunft u. Wahn (1950), die menschl. Ur- u. Frühzeit in der Sicht des Ethnologen. A. HETTNER, Der Gang d. Kultur über die Erde (²1929); O. MENGHIN, Weltgesch. d. Steinzeit (1931), führt bis zu den altoriental. Stadtkulturen d. Zeit um etwa 2000 v. Chr. als der Basis d. späteren Hochkulturen, so daß die prähist. Zeit Alt-Amerikas, deren Erforschung damals noch in den Anfängen stand, außerhalb der Betrachtung bleibt; Oldenbourgs Abriß d. Weltgesch.: Abriß d. Vorgesch. (1957). 7 Bearbeiter behandeln die Systematik d. prähist.-archäol. Stoffes der in 10 geographische Räume aufgeteilten Landoberfläche d. Erde, und zwar auf der Basis d. natürl. Grundlagen d. Besiedlung; so zeigen sich die großen Fortschritte, die in ganz Amerika erzielt wurden, und die Lücken d. Erkenntnis anderwärts, z. B. in Indonesien u. Innerasien; wertvoll die kulturchronolog. Tabellen, die Karten u. das ausführl. Register; eindrucksvoll das Bild d. heutigen »Ausgrabungswissenschaft«.

Kapitel 2
Die Quellen und ihre Bearbeitung

Die *Quellenkritik* der Prähistorie hat von zwei Überlegungen auszugehen. Nur ganz selten war der Fundstoff ursprünglich dazu bestimmt, der Nachwelt eine Kunde zu übermitteln. Die Grabausstattung stand in irgendeinem Sinnzusammenhang mit dem Toten, die Weihegabe war der übermenschlichen Gewalt zugedacht, das versteckte Gut demjenigen, der es einmal wieder der Erde zu entnehmen hoffte. Zweitens aber ist nur solcher stofflicher Nachlaß der Vorzeit erhalten geblieben, der über oder unter der Erdoberfläche, unter Wasser oder in einem Trockenklima sowohl die Einflüsse der Verwitterung wie spätere menschliche Eingriffe überstanden hat. Das ist in erster Linie in Gruben, die in die Erde gesenkt wurden, und in Depots zu erwarten, weniger in den meist oberirdisch angelegten Behausungen. Erst später hat man gelernt, auch deren Spuren im Erdboden zu beobachten, wie z. B. Pfostenlöcher, Keller und Brunnen, Herdstellen, Backöfen und Schmelzplätze. Ergänzt werden diese Beobachtungen auf festem Lande durch Ausgrabung solcher Siedlungen, die ehemals am Ufer von Gewässern, besonders von Seen lagen, infolge eines Steigens des Wasserspiegels aber verlassen wurden; bei ihnen ist dank ständiger Durchfeuchtung auch die organische Substanz weitgehend erhalten geblieben. Die lange übliche Deutung solcher Befunde als Überbleibsel von Wohnbauten, die auf Pfählen über dem Wasser standen (»Pfahlbauten«), mußte in neuerer Zeit aufgegeben werden; doch ändert sich damit nichts am Quellenwert dieser an Moor und offenes Wasser gebundenen Überreste, die ihrem räumlichen und zeitlichen Umfang nach natürlich sehr zurücktreten gegenüber dem Material vom festen Lande. Soweit dieses in Museen zur Schau gestellt werden kann, besteht es in Gegenständen aus Stein und Ton, Knochen, Horn und Geweih, Metall und Glas. Doch wird dieser Bestand bereichert durch die gelegentlichen Ergebnisse besonderer Erhaltungsbedingungen. Schulbeispiele dafür sind zwei vierfüßige Schalen aus Lindenholz und ein noch in seiner hölzernen Schäftung steckendes steinernes Gerät, konserviert in einer im mitteldeutschen Trockengebiet aufgefundenen, gut abgedichtet gewesenen neolithischen Grabkiste, oder die lederne Sitzfläche eines bronzezeitlichen Klappstuhles, vom Kupferoxyd der bronzenen Beschläge durchtränkt. Entsprechend werden die genannten Unterwasserfunde durch Moorleichen und Depots verschiedenster Art, durch Einbäume und aus Planken gefügte Schiffe ergänzt.

Der Anspruch des Kriegsgottes auf die Kampfesbeute wird von Caesar (Bell. Gall. VI, 17) durch die Mitteilung erhärtet, daß man sich in Gallien nur sehr selten an ihr vergreife, da darauf die Strafe des Martertodes stehe. Zu den eindrucksvollsten Denkmälern eines Kampfes und der Darbietung dabei erbeuteten Kriegsgeräts gehören die großen Funde aus dem deutsch-dänischen Grenzbereich, über welche die Natur ein sie schützendes Moor hat wachsen lassen. Diese Funde geben ein Bild davon, was bei der heiligen Eiche geopfert worden ist und zumeist als verschollen gelten muß, da der Respekt vor der rächenden Gewalt nicht die Zeit überdauerte. Wie diese Plätze, so durften auch Grabstätten nicht berührt werden; eine nordische Runeninschrift warnt »verlockte oder in die Irre gegangene Männer«, die Gruft zu öffnen. Die Vorstellung vom Recht der Toten wird dadurch bestätigt, daß die ur- und frühgeschichtliche Zeit eine Beraubung der Gräber im allgemeinen nicht kennt. Was ihnen im Neolithikum beigelegt werden konnte, waren im wesentlichen nur Sachen des täglichen Bedarfs; erst mit dem Aufkommen von Gold und Kupfer sowie südlichem Einfuhrgut konnte der Inhalt eines Grabes auch einen materiellen Wert darstellen. Trotzdem sind bis zu den Reihengräberfeldern der Merowingerzeit und den Grablegen der Wikinger die Grüfte in der Regel unberührt, und der Ausgräber kann neben der einfachen Ausstattung auch die eines Schwertträgers, ja sogar den Besitz einer Persönlichkeit von höherem Rang vor sich haben. Die Lösung von den alten Bindungen setzt erst am Rande der prähistorischen Zeit gegen das Mittelalter ein; in einigen Teilgebieten der merowingischen Welt ist die Plünderung eine recht geläufige Erscheinung, sogar bis über den Rhein hin. Einen Sonderfall stellt die Beraubung fürstlicher Grabstätten dar, die nördlich der Alpen in einer gewissen Häufung begegnet. Seit der Hallstattperiode ist hier die Lebenshaltung der führenden Schicht vom Süden her stark beeinflußt; soziale Unterschiede treten stärker hervor als vordem, und infolge der Beschäftigung vieler bei der Beisetzung kann der Prunk der Grabausstattung kein Geheimnis bleiben. Anders liegen die Verhältnisse in Mitteleuropa dort, wo sich Fürstengräber in räumlichen wie zeitlichen Streulagen finden, die sich der Deutung noch entziehen; ihre gelegentlich festgestellte Plünderung bedarf einer jeweils individuellen Erklärung.

Spätere Schatzsucher haben nach diesen Spuren und auch abseits der Gräber, besonders in Ruinen aus der Römerzeit, gegraben. Kritischer Sinn erkannte dann die Bedeutung dieser Funde für die Geschichtsforschung, doch entwickelte sich daneben eine Raubgräberei, die den Antiquitätenhandel belieferte und nur durch die neuzeitlichen Gesetze zum Schutz der Altertümer eingeschränkt werden kann. Außerdem aber ist zu bedenken, daß die Menge des findbaren Materials im Laufe der Zeit ständig abnimmt. Schon die prähistorische Zeit hat viel davon zerstört, insbesondere durch Wiederbenutzung besiedelt gewesener Plätze; Gegenstände aus älteren Zeiten, die bei solchen Gelegenheiten Beachtung fanden, können in jüngerem Verbande liegen. Auch die Forschung selbst zehrt an dem Stoff; während schriftliche Überlieferung immer wieder nachgeprüft werden kann, ist die Wiederholung einer Ausgrabung unmöglich. Mit der ständigen Veränderung der Erdoberfläche, schon in alluvialer Zeit, durch die Kräfte der Abtragung und Ablagerung, werden Altsachen von einem Ort weggeführt oder gar zerstört, am anderen von Erdschichten überdeckt. Dazu kommt die Einbuße an Material durch die moderne Zivilisation, ähnlich wie in Bereichen von Volks- und Völkerkunde. Überall auf der Erde ist die Gegenwart durch einen nahezu katastrophalen Verlust an originaler Vergangenheit gekennzeichnet, der doch andrerseits ein besonderer Wert zuerkannt wird. Wie tief war etwa Bachofen von dem beeindruckt, was ihm das Löwentor in Mykenai sagte; andere haben die unverfälschte Aussage der Grabinventare gelobt, die zuverlässiger sei als andere Quellen. Die Subjektivität der Schriftquelle, deren Text überdies erst wiederherzustellen ist, fehlt zwar dem archäologischen Stoff; aber was bedeutet seine »Objektivität« gegenüber der Begrenzung seiner Aussagekraft? Als einheitlich kann dieses heterogene Material der sogenannten »Bodendenkmäler« nur unter dem einen Gesichtspunkt gelten, daß es von seinem einstigen Besitzer nicht zur Aussage über ihn bestimmt gewesen ist. Zu diesem wesentlichen Unterschied des prähistorischen Materials gegenüber der Schriftquelle kommt noch ein zweiter. Nur sehr selten bezeugt der Fundnachlaß einen *handelnden Menschen*, am ehesten noch im Bereich technischer Veränderungen (der »Fortschritte«) oder künstlerischer Erzeugnisse. Aber selbst dann fehlt die persönliche Note, da in den Funden allein die Leistung, nicht der sie schaffende Mensch sichtbar wird. Und was können wir von denen wissen, die mit einer fürstlichen Ausstattung beigesetzt, einer Monumentalität des Grabhügels für wert erachtet wurden? Waren sie bedeutende Führer mit besonderer Leistung, oder ersetzten hier die Erben durch große Aufmachung, was ihnen in anderer Hinsicht fehlte? In der großen Masse der Grabfunde ist der einzelne Mensch im wesentlichen nur Bestandteil eines in bestimmten Zuständen verharrenden Kollektivs; es bedarf einer besonderen Analyse des Fundstoffes, um in ihm die treibenden Kräfte des wirklichen Lebens zu erkennen.

Diese Erkenntnisse sind die Frucht einer langen und intensiven Beschäftigung mit den Funden; sie machen auf die Grenzen ihrer Aussagekraft aufmerksam. Im Rahmen dieser Arbeit hat die Basis der ur- und frühgeschichtlichen Forschung eine ständige Verbreiterung erfahren, und bis in jüngste Zeit sind *neue Quellenarten* hinzugekommen, konnte auch die naturwissenschaftliche Analyse der Funde unablässig weitergetrieben werden. Die Grenzen des archäologischen Stoffgebietes sind schwebend; die Frage, welche Materialien ihm zugehören und welche nicht, ist so alt wie die Beschäftigung mit den Sachaltertümern überhaupt. Jeder Gegenstand und jeder Befund muß zunächst daraufhin geprüft werden, ob er überhaupt dem Bereiche der Prähistorie zugehört; die frühe Beobachtung von Zufallsfunden und Gräbern war der erste Schritt in eine noch ganz unbekannte Welt, und es hat der kritischen Arbeit von Generationen bedurft, um die Natur dieses Stoffes zu klären, der unter den Augen der ihn Prüfenden immer größeren Umfang gewann.

Megalithische Bauten und Grabhügel, Brandbestattungen und Körpergräber sind zuerst aufgefallen, ebenso die »Schanzen« und sogenannten Wehranlagen. Dort war es die Grabkammer und eine ringförmige Setzung von Steinen, der künstliche Hügel und der Befund in der Erde; hier der Wall, der durch das Zusammenstürzen von Palisade und Trockenmauer entstanden ist und auf seiner nach außen gerichteten Seite von einer muldenförmigen Vertiefung umgeben war, dem Rest des ehemaligen Grabens. Bei diesem Material ist es bis ins 19. Jh. hinein geblieben. Gelegentlich gehobene Schatzfunde waren zu vereinzelt, als daß sie eine selbständige Quelle der Erkenntnis hätten bilden können. Beobachtete man in einer mit dunklerer Erde gefüllten Eintiefung Gefäßscherben und anderes, dann lag die Deutung als Opfergrube sehr nahe für eine Zeit, die gerne das Heidentum der Alten betonte, viele Großsteingräber als Altäre erklärte, auf ihren Decksteinen die »Blutrinnen« fand und etliche Geräte aus Feuerstein als »Würgedolche« bezeichnete.

Die planmäßige Beobachtung der sogenannten *Pfahlbaureste* in Mooren und unter dem Wasserspiegel der Seen führte die *frühgeschichtliche Siedlung* erstmals eindringlich vor Augen, und es lag nahe, sich vorzustellen, was von diesem Material auch im durchlüfteten Erdreich des festen Landes zu erwarten sei. Packwerkböden und Pfostensetzungen, Wandbewurf und Herdpflaster sowie ein vielgestaltiger Abfall in Form von Gefäßscherben und Metall, Flechtwerk und Geweben, Resten von Netzen und Seilen boten ein farbenreiches, die Phantasie anregendes Bild. Tierknochen aber und Sämereien, Sammelfrüchte und Getreidekörner, Brote und Fladen erforderten eine naturwissenschaftliche Bearbeitung. Einer Monographie über die Fauna der Pfahlbauten (1860) folgte eine über die Gewebe und Gespinste (1888) und weiter eine »vorgeschichtliche Botanik der Kultur- und Nutzpflanzen der alten Welt auf Grund prähistorischer Funde« (1895). Diese vielgestaltigen Erkenntnisse waren ebenso geeignet wie die Zeugen des Menschen aus dem Diluvium, die Prähistorie populär zu machen; schon 1866 erschien eine Darstellung der »Pfahlbauern« von R. Virchow in einer »Sammlung gemeinverständlicher wissenschaftlicher Vorträge«. Neuere Untersuchungen in diesen heute als Ufersiedlungen gedeuteten Fundplätzen sind ein anschauliches Beispiel dafür, in welchem Maße die kritische Betrachtung von Fundort und Fundstück im Laufe eines Jahrhunderts gewachsen ist. Daneben gelang es, die Forschung über das sonstige prähistorische Siedlungswesen auf eine neue Basis zu stellen. Die Vorstellung von der germanischen Bauweise und derjenigen der vorangegangenen, insbesondere der neolithischen Zeit war jahrzehntelang von den Angaben des Tacitus (Germ. c. 16) beeinflußt, der nicht direkt von ebenerdigen Gebäuden spricht, wohl aber von in die Erde eingelassenen Höhlen. So lag es nahe, in den mit dunkler Erde und Siedlungsschutt gefüllten

Eintiefungen richtige »Wohngruben« zu sehen. Demgegenüber haben die Hinweise auf oberirdisch angelegte Häuser, im Pfostenbau oder anders errichtet, sich nur langsam durchgesetzt. Obwohl Gruben mit rechteckigem Grundriß und auch Pfostenlöcher nachdrücklich auf einen hölzernen Oberbau verwiesen, konnte sich die Vorstellung vom »Kurvenkomplexbau« über primitiven, unregelmäßigen Ausschachtungen fast bis zur Gegenwart erhalten. Einem auch als Architekt ausgebildeten Prähistoriker (O. Paret), der zugleich der Vorstellung von den »Pfahlbauten« ein Ende bereitete, blieb es vorbehalten, die »Wohngruben« als Materialgruben zu deuten, denen der Baustoff für Estrich und Flechtwerkwand entnommen worden war. Dabei war Paret in der Lage, auch ältere, vorher nicht sicher zu erklärende Befunde für seine Auffassung zu nutzen, ebenso den in den Ufersiedlungen und Mooren eindeutig nachgewiesenen Holzbau. Damit aber wurde die »Umsiedlung« der sogenannten Grubenbewohner, deren kümmerliche Unterkunft man speziell für das Neolithikum gerne in Rekonstruktionen festgehalten hatte, in stattliche, ebenerdige Pfostenhäuser eingeleitet. Weiteres reiches Material zur Erkenntnis der Holzbautechnik und des Wohnens überhaupt liefert die seit einigen Jahrzehnten betriebene Erforschung der *Wurten* (Warfen) in den Marschen längs der Nordseeküste. Diese künstlichen Wohnhügel setzen zwar erst gegen Christi Geburt ein, zeigen aber in ihren unteren, immer durchfeuchtet gebliebenen Schichten eine Abfolge von Hausgrundrissen auf einem dem Meere abgerungenen Boden. Im Binnenland haben sich die sogenannten *Wohnpodien*, d. h. zwecks Erstellung von Häusern eingeebnete Flächen, wie sie besonders im Innern von Gipfelburgen zu finden sind, vorläufig noch nicht als aufschlußreich erwiesen. Von den Lößhöhlen (Erdställen), die man sich für Zeiten der Gefahr grub, ist kaum etwas Besonderes zu erwarten, weil sie späterhin vielfach noch als Keller verwendet worden sind, daher einer alten Fundschicht entbehren. Wieweit die *Trichtergruben* (Mardellen) in einigen Teilen des küstenfernen Mitteleuropa Zeugnisse des Siedlungswesens sind, steht noch dahin; in der älteren Literatur oft genannt, werden sie in neuerer Zeit kaum noch erörtert, wohl auch deshalb, weil sie sehr verschiedener, z. T. sogar natürlicher Entstehung sein können.

Gleiche Vorsicht erfordert die Suche nach ehemaligen *Straßen und Wegen*, die natürlich vorhanden gewesen sein müssen, sich aber mit Ausnahme von Römerstraßen, der exakten Feststellung weitgehend entziehen. Die in den Mooren gut erhaltenen Bohlwege (Knüppeldämme) weisen zwar in eine bestimmte Richtung; sie bilden zudem als stattliche Zeugnisse planvoller Gemeinschaftsarbeit eine gute Ausgangsbasis, doch endet dort, wo sie das feste Land erreichen, oftmals ihre Aussage. Auch die von alten Bergsiedlungen herabkommenden Hohlwege führen zumeist nicht viel weiter. Paßfunde und solche an Furten regen dazu an, »naturgegebene« Verbindungslinien zu ziehen, doch können diese nicht mehr zeigen als einen möglichen Verlauf, nicht aber den Weg selbst. Dies gilt auch von Höhenwegen der Gegenwart, selbst wenn eine Kette von Grabhügeln an sie gebunden scheint. Daß die Rennsteige bereits prähistorisch sind, ist wenig wahrscheinlich. Neben den Landverbindungen dürfen die *Wasserwege* nicht vergessen werden; es gibt eine ganze Reihe von Hinweisen, daß selbst kleinere Gewässer befahren wurden. Spuren der *Äcker* finden sich in Mitteleuropa sehr selten. Parallelen zu ihrer Beobachtung im dänischen Anteil von Jütland und in England sind hier kaum zu erwarten. Dort hat die Weidewirtschaft vielerorts nicht zu der uns geläufigen »Bereinigung« der Feldflur geführt, und so sind sowohl die Fundierungen von Gehöften wie die kleinen, aus Erde und Steinen bestehenden Wälle um die Parzellen erhalten geblieben. Doch können anscheinend, wenn auch in anderer Form, bei uns und selbst in bäuerlich genutztem Gebiet eisenzeitliche Fluren nachgewiesen werden. Zeugnisse ehemaliger römischer Limitation kommen am Rhein vielleicht doch häufiger vor, als man lange gedacht hat. Die vormals gerne als prähistorisch angesprochenen sogenannten Hochäcker werden heute in viel spätere Jahrhunderte verwiesen, ohne daß sie damit ihren Quellenwert einbüßen; dasselbe gilt von Terassierungen im hügeligen Gelände, auf welchem heute der Wald steht. Als recht ergiebig hat sich das Studium der Dorfmarkungen erwiesen, die im südwestlichen Deutschland vielfach in Urmarken und Tochtergründungen geschieden werden; die Beachtung von Geländegestalt und Bestockung, merowingischem und älterem Fundstoff, Flurnamen und Patrozinien erlaubt hier vielfach die Ortsgeschichte bis zur frühdeutschen Zeit zurückzuverfolgen.

Die Ermittlung dieser Quellen fällt, zusammen mit einer planmäßigen Erforschung des Siedlungswesens, in der Hauptsache erst in die letzten Jahrzehnte. Die beachtenswerte Abrundung des Gesamtbildes der ur- und frühgeschichtlichen Lebensverhältnisse ergibt sich aus der systematischen Beobachtung auch des scheinbar Unansehnlichen und Unwesentlichen. Eine Betrachtungsweise, die also nicht bei dem ohne weiteres als wichtig Erscheinenden stehen bleibt und auch nicht an ästhetische oder andere Werturteilung gebunden ist, trägt hier ihre Früchte. In ebenso unscheinbarem Gewand wie diese Spuren erscheint vieles, was mit dem *Kult* in Zusammenhang steht, insgesamt sowohl umfangreicher wie auch vielgestaltiger, als man lange gedacht hat. Die zahlreichen Weihegaben, die zusammen mit anderen Depots bald nach der Mitte des 19. Jh. als eine besondere Art von Funden erkannt worden sind, geben die stetige Wiederholung einer ganz bestimmten religiösen Handlung zu erkennen, von der heute in erster Linie die archäologische Formenkunde zehrt. Demgemäß hat eine ältere Periode der Forschung, die den heidnischen Charakter der Vorzeit in den Vordergrund stellte, auch ohne Wissen um diese Depots ein lebendiges Bild ihrer religiösen Vorstellungen zu zeichnen versucht. Ein späterer Positivismus, der in den Typentafeln gipfelte, vermochte den heiligen Bäumen und Steinen, den Zeugnissen der Quellenverehrung und anderen Beobachtungen volkskundlicher Art nichts abzugewinnen. Er verzichtete darauf, den heiligen Hain der Semnonen zu suchen oder den See, in dem die Umfahrt der Nerthus ihr Ende findet. Heute nimmt das Interesse an diesem Material wieder zu, und volks- wie völkerkundliche Forschungen bieten neue Deutungsversuche an. Man glaubt hier Zeugnisse des Schamanismus zu finden oder wagt von einer neolithischen »Nerthus«-Darstellung, in Stein geritzt, zu sprechen; man kommt zu der Vorstellung einer »Großen Göttin«, welche im religiösen Weltbild früher Bauernvölker eine herrschende Stellung innegehabt habe; man leitet die in der Landschaft frei aufragenden Steinsäulen (Menhire) von der Idee eines »Ersatzleibes« ab. Was in diesem Bereich an glücklichen Neufunden noch möglich ist, lehrt das Beispiel der sogenannten Opfergruben: Jahrzehntelang stand der Fundort tiefer, fest verschlossen gewesener Schächte, in denen Menschen- und Tierknochen mit noch daran haftenden Weichteilen liegen, einer übermenschlichen Gewalt übergeben, in Mitteleuropa vereinzelt da, so daß man nach einer bestätigenden Parallele verlangte. Heute liegen mehrere weitere Fälle dieser Art vor, sogar solche, die mit bis zu 35,6 m Tiefe die Bezeichnung »Kultschacht« rechtfertigen, in denen schichtweise »Nitrite und Eiweiß, also Abbauprodukte organischer Substanzen wie von Blut und Fleisch« auffallen, zweifellos absichtlich sorgfältig deponiert. Hier tritt also neben die Nachrichten und Kultdenkmäler der römerzeitlichen Welt ein ganz neues Stoffgebiet, und es gilt, dieses mit der bodenständigen Komponente der provinziellen Kulte, mit den Aussagen der Schriftquellen und mit den von Volks- und Völkerkunde gebotenen Tatbeständen in einen inneren Zusammenhang zu bringen.

Ausgräber, die eine gründliche Aufnahme aller Tatbestände erstrebten, hat es schon um den Beginn des 19. Jh. gegeben, ebenso nicht minder gute Beschreibungen des Fundstoffes. Seitdem führt die Förderung des Ausgrabungswesens wie auch die Analyse der neuen Funde zu einer immer eingehenderen *Auswertung* und damit zu fortgesetzter Überprüfung des bereits vorhandenen Materials. Diese Arbeit brachte seit der ersten Beobachtung der späterhin als paläolithisch gedeuteten körperlichen und manuellen Zeugnisse des Menschen die Prähistorie in Fühlung mit den Naturwissenschaften, die im Laufe der Zeit immer enger geworden ist. Ebenso wie die Beurteilung des Neandertalers, eines Fundes von 1856, liegt noch vor der naturwissenschaftlichen Analyse des Materials aus den »Pfahlbauten« die Untersuchung der eigenartigen Muschelhaufen (Kjökkenmöddinger) in Dänemark, bei denen es zunächst unklar war, ob sie nur natürliche Strandbildungen sind oder Menschen an ihrer Entstehung beteiligt waren. Geologie und Prähistorie, Botanik und Zoologie mußten hier zusammenwirken, um klarzustellen, daß die Aufhöhungen zwar am Meeresufer entstanden sind, aber im wesentlichen aus Siedlungsabfall bestehen. Diese Deutung ließ den Menschen der Vergangenheit dort inmitten einer ganz anderen Umwelt sehen als in der Gegenwart. Denn die Lage der Muschelhaufen tief im Lande verweist auf ein Zurückweichen des Wassers, und ihre Zusammensetzung auf eine von der heutigen verschiedene Pflanzen- und Tierwelt. Daß das heutige Landschaftsbild das Ergebnis einer langen Entwicklung ist, ergab sich zugleich auch aus dem Aufbau der Moore. Aber der Versuch, die Geschichte der prähistorischen Besiedlung aus den natürlichen Daseinsbedingungen zu verstehen, hat noch lange auf sich warten lassen; er beginnt erst um die Jahrhundertwende mit den richtungsweisenden Untersuchungen von R. Gradmann.

Unter Nutzung der jeweils in Betracht kommenden naturwissenschaftlichen Erkenntnisse werden die Steingeräte auf die

Herkunft des Rohstoffes hin ebenso analysiert wie die Bronzen, bei welchen die Nebenmetalle an Bedeutung gewinnen. Man versucht, aus den Dünnschliffen von Gefäßscherben die Lagerstätten des Tons und seiner Beimengungen, die Standorte der Industrie, ihren Markt und ihr Absatzgebiet zu ermitteln. Bei den Gegenständen aus Glas ist es sinngemäß ebenso; hier wie bei Bronzen helfen verschiedene physikalische Methoden weiter. Der zufällige Abdruck eines Getreidekorns, der bei der Herstellung eines Tongefäßes zustande kam, hat den Rang eines Dokumentes; aus dem Bodensatz, der gelegentlich in Gefäßen zu finden ist, ergeben sich Hinweise auf Rohstoff und Zubereitung von Speisen, mitunter auch auf Rauschgetränke. Verheilte Knochenbrüche und trepanierte Schädel interessieren seit jeher die Anthropologen, die später auch damit begonnen haben, den Leichenbrand jeder Urne zu untersuchen. Die Mitarbeit der Geologen dehnte sich rasch aus auf die Deutung der Bodenprofile, der Böden sowie erdgeschichtlicher Vorgänge, und zwar auch in den auf die Altsteinzeit folgenden Perioden. Jahrring-Chronologie (Dendrochronologie) und C^{14}-Datierung haben sich nach Bereinigung einiger zunächst nachgewiesener Fehlerquellen durchgesetzt, wie vorher die für die Rekonstruktion des Pflanzenkleides wichtige Pollenanalyse. Gegenüber diesen Methoden erscheinen die Sedimentanalyse in der Höhlenforschung, die Heranziehung der Mollusken in den Siedlungsschichten, auch Fluortest und Phosphatgehalt des Erdbodens als Erkenntnisquelle von geringerer Bedeutung; nachdem aber die Brauchbarkeit einmal erkannt ist, ist auch ihre Aufgabe fest umrissen. Ob der Einsatz elektrischer und magnetischer Bodensonden in der Lage ist, die Arbeit der Feldarchäologie zu erleichtern, muß erst die Zukunft lehren; zweifellos wird sich die ältere Generation der Ausgräber der Anwendung von Geräten nicht verschließen, die denen der Minensucher entsprechen, vorausgesetzt, daß sie den bisher erprobten Methoden der Ausgrabung wirklich überlegen sind. Nicht jeder Weg hat sich als gangbar erwiesen, nicht z. B. der Versuch, »die Veränderung der Knochen bei langer Lagerung im Erdboden« zum Ausgang zu nehmen, um »die Bestimmung ihrer Lagerungszeit durch die chemische Analyse« zu ermitteln; schon 1869 der Öffentlichkeit vorgelegt, bekundet aber auch dieser Vorschlag, wie von seiten der Naturwissenschaft über die Analyse der Fundgegenstände in sehr verschiedenen Richtungen nachgedacht wurde.

In der Aufbereitung des prähistorischen Stoffes spiegelt sich also die fortgesetzte Ausweitung und Verfeinerung naturwissenschaftlicher Betrachtungsweisen. Sie kommen auch den Maßnahmen zur Konservierung der in die Museen gebrachten Objekte zugute und ebenso den Denkmälern in der freien Natur. Ihre Krönung finden alle diese Bemühungen um Sammlung und Ausgrabung, Analyse und Erhaltung des Materials in einer *archäologischen Landesaufnahme*. Erwachsen ist diese aus den Fundkarten und Inventarwerken, deren frühe Beispiele in die erste Hälfte des 19. Jh. fallen und späterhin eine vielgestaltige Nachfolge fanden. Am weitesten gediehen innerhalb des deutschen Sprachgebietes ist diese Arbeit in dem an Denkmälern besonders reichen Schleswig-Holstein, wo der Provinzialverband dafür eine eigene Organisation schuf; der erste, den Kreis Steinburg betreffende Inventarband ist 1939 erschienen und bereits 1966 lag das Material aus der Hälfte dieses Bundeslandes in sieben Bänden vor.

Diese Arbeit setzt das Vorhandensein beamteter Kräfte und einer von der öffentlichen Hand getragenen *Denkmalpflege* voraus. Beides gibt es in nennenswertem Umfang erst seit der Wende zum 20. Jh. Das private Interesse an den Fundgegenständen hat schon sehr früh zu der Entstehung von Sammlungen geführt, aber die Mehrzahl des im 17. und 18. Jh. vereinigten Bestandes an Altertümern ist verschollen. Den fürstlichen Verordnungen zum Schutze der Altertümer mußte deshalb der Erfolg versagt bleiben, weil ihre Durchführung nicht gewährleistet war; doch hat das in den landesherrlichen Antiquitätenkabinetten zusammengekommene Material späterhin den Grundstock von Nationalmuseen und Landessammlungen gebildet. Erst mit der Tätigkeit der Geschichts- und Altertumsvereine, also von den ersten Jahrzehnten des 19. Jh. an, war eine gewisse Stetigkeit gegeben. Die Opferbereitschaft des gebildeten Bürgertums hat den damaligen Aufrufen zur Beobachtung des Materials, den Merkblättern und Fragebögen die nötige Resonanz verliehen; unverändert ist noch heute das Interesse des freiwilligen Helfers die Voraussetzung für die Beobachtung der Zufallsfunde. Deutlich wächst im Laufe des Jahrhunderts die Zahl der Fundbeobachtungen und damit die Arbeit in Gelände und Museen. Dieser Vermehrung der Aufgaben, die sie sich einst gestellt hatten, sind die Vereinigungen aber auf die Dauer nicht gewachsen. So gehen ihre Sammlungen in öffentlichen Besitz über, und die Fürsorge für die Denkmäler im Gelände wie das Ausgrabungswesen werden jetzt zu einer Aufgabe des Staates, welcher sich auch veranlaßt sieht, die Altertümer vor dilettantischem Eifer und vor Raubbau zu schützen.

Damit ist die Grundlage für den *Berufsprähistoriker* endlich gelegt. Von der Renaissance an hat der Fundstoff immer wieder das Interesse gebildeter Laien erregt, die ihn entsprechend der Fragestellung ihrer Zeit zu deuten versuchten. Wie in der Entwicklung anderer Disziplinen, so spiegeln sich auch in diesem Werdegang die Fortschritte des kritischen Sinnes; die Vorstellung von den »in der Erde gewachsenen Töpfen« wird ebenso überwunden wie die der »Donnerkeile«; die Phantasien über Druiden und Opfersteine werden beiseite geräumt, trotz der »superstitiösen« Bräuche des Altertums gelingt es, in dem Fundgut die eigene Vergangenheit zu sehen. Bald nach dem Anfang des 19. Jh. ergaben sich die Voraussetzungen dafür, daß die auf den Hochschulen gelehrte kritische Einstellung auch auf die Altertümer angewendet wurde und so die erste Generation von Fachleuten in Prähistorie sich bildete. Im Laufe des Jahrhunderts verlangte die Pflege größerer Sammlungen die Anstellung von Spezialisten, die ausschließlich der Ur- und Frühgeschichte dienen, und an der Wende zum 20. Jh. zeichnet sich der *Einzug der Prähistorie in den akademischen Unterricht* ab. Für *Johannes Ranke*, der in München von 1863 bis 1916 Ur- und Frühgeschichte gelehrt hat, galt dieses Gebiet als ein Teil der damals in den Anthropologischen Gesellschaften zusammengefaßten drei Wissenschaften, und sein besonderes Interesse galt der physischen Anthropologie. Im Unterschied dazu war die Professur für »Deutsche Archäologie« in Berlin, 1902 für *Gustaf Kossinna* errichtet, lediglich als Ergänzung der Germanistik gedacht. Im Sinne der späteren Entwicklung wird das Lehrgebiet von *M. Hoernes*, als er sich 1892 in Wien habilitierte (wo er 1911 ein persönliches Ordinariat erhielt), von der Fakultät als »prähistorische Archäologie« bezeichnet. Da die drei Genannten ihrerseits Schüler heranbildeten, entstand damit eine Kontinuität. Aber erst von 1933 an ist das Fach Ur- und Frühgeschichte ein selbstverständlicher Bestandteil der Philosophischen Fakultät des deutschen Sprachgebietes.

In Skandinavien ging die Entwicklung der Berufsprähistorie und des akademischen Unterrichtes derjenigen in Mitteleuropa im wesentlichen parallel. Nach dem Ersten Weltkrieg hat das Fach innerhalb Europas auch dort eine Belebung erfahren, wo es vordem nur wenig gepflegt worden war; es erfaßt heute auch solche Räume, die vordem als »*terrae incognitae*« galten. Nachdem die Prähistorie als Landesgeschichte und als Urgeschichte der Kultur begonnen hatte, wurde sie auch den Problemen der historischen Ethnographie und der Bevölkerungsgeschichte dienstbar gemacht. Als Teil der Geschichtswissenschaft und im Interesse der allgemeinen Bildung muß die Disziplin ihre Arbeit weiter fördern, selbst wenn der heute so gesteigerte Sinn »für alle Art von Archäologie« den Blick der Öffentlichkeit von ihnen abzulenken scheint. Die Ursachen dieser neuen Sicht werden »in dem Pragmatismus und Realsinn modernen Denkens, zweitens in der Abkehr vom Historismus des 19. Jh. und drittens in dem Bedürfnis nach Orientierung ›in einer sich wandelnden Welt‹« gesehen (H. Kirchner) – alles tief in das Bildungsleben eingreifende Vorgänge. Natürlich hat sich die Disziplin mit ihnen auseinanderzusetzen, wenn sie auch feststellt, daß sich die archäologischen Tatbestände nicht ändern und daß der kritischen Analyse als der Basis aller Nutzung des Stoffes keine Grenzen gesetzt sind.

Literatur: Eine Bibliographie d. gesamten prähist. Lit. in Dtld. fehlt noch, sowohl ein Sammelwerk d. bisher erschienenen Arbeiten als auch eine periodische Verzeichnung d. Zugänge. Eine internat. Bibliographie d. Prähist., zumindest d. europ.-vorderasiat. Raumes, ist ebenfalls noch nicht vorhanden. Die Zusammenstellungen neuerer Lit. im Nachrichtenblatt f. dt. Vorzeit (ab 2 [1926] – 19 [1943]) entsprechen weder hinsichtlich der Auswahl d. Titel noch nach der Art ihrer Anordnung den Anforderungen einer modernen Bibliographie; dasselbe gilt von einem gleichgerichteten Versuch in der Zeitschrift Germania, Korrespondenzbl. d. Röm.-germ. Kommission (ab 10, 1926). Knappe Zusammenstellung d. Wesentlichen, bei den Zeitschriften u. Schriftenfolgen beginnend, u. über die allg. wie die region. Lit. bis zu den Fundberichten immer noch DWⁱ 4587 ff. Jährl. Übersicht d. Neuerscheinungen mit kurzer Würdigung: E. WAHLE, Jberr. f. dt. Gesch. 1 (1925) bis 14 (1938). HOLTZMANN-RITTER, Die dt. Gesch. Wiss. im Zweiten Weltkrieg, 1. Halbbd. (1951), bringt viele Titel; WATTENBACH-LEVISON, Dtlds. Gesch.quellen im MA, Bd. 1, Die Vorzeit bis z. Herrschaft d. Karolinger (1952), beschränkt sich auf die schriftl. Nachrichten.
Lexikalische Verarbeitungen, die den Fundstoff mit dem philologischen Material verbinden: O. SCHRADER, Reallexikon d. indogerman. Altertumskunde. Grundzüge einer Kultur- u. Völkergesch. Alteuropas, hg. v. A. NEHRING (2 Bde. ²1917–1929); J. HOOPS, Reallexikon d. german. Altertumskunde (4 Bde. 1911–1919). Die Darstellung von FR. KAUFFMANN, Dt. Altertumskunde (2 Bde. 1913–1923), kann insofern hier angereiht werden, als sie die einzelnen Bestandteile des Kultur- u. Stammeslebens in der Form eines Handbuches vorträgt, die Sachaltertümer mit dem Sprachschatz verbindet und die zugehörigen Aussagen d. Schriftsteller im Originaltext beifügt. Das archäolog. Stoffgebiet bildet den wesentl. Inhalt von M. EBERT, Reallexikon d. Vorgesch. (14 Bde. u. Registerbd. 1924–1932). Hier finden die Lexika von SCHRADER-NEHRING und HOOPS ihre planmäßige Fortsetzung auf die Seite d. Prähist. hin, wenn auch Artikel philolog. Inhaltes nicht fehlen. EBERT umfaßt außer Europa noch den näheren Orient u. Nordafrika, läßt jedoch – im Hinblick auf HOOPS – das german.

Gebiet von Beginn unserer Zeitrechnung an außer Betracht; in Südeuropa bilden archaische Zeit und Aufrichtung d. röm. Herrschaft die untere Grenze, während im Norden die Ostbalten, Slaven und Finno-Ugrier bis zum Beginn der schriftl. Überlieferung über sie behandelt werden. Als Ergänzung hat EBERT eine Bibliographie begonnen; da die Beiträge zum Reallexikon die bis 1923 erschienene Lit. verarbeiten, sollte ein ›Vorgeschichtliches Jahrbuch‹ die Neuerscheinungen aus d. gleichen Arbeitsgebiet, nunmehr mit Einschluß Skandinaviens, verzeichnen und ihren Inhalt kurz charakterisieren. Doch ist das Unternehmen, das mit der Bibliographie für 1924 begann, über den 4. Jahrgang (1927) hinaus nicht fortgesetzt worden. Das Reallexikon der Vorgesch. bietet auch eine große Anzahl von Stichworten zur Ethnologie und Soziologie und schlägt damit eine Brücke zur vergleichenden Völkerkunde. Ihr Verfasser ist R. THURNWALD, dessen fünfbändiges Werk, Die menschliche Gesellschaft in ihren ethno-soziolog. Grundlagen (1931–1935), der Prähist. nicht minder reiche Anregung vermittelt. Gut benutzbar ist JAN FILIP, Enzyklop. Hdb. z. Ur- u. Frühgesch. Europas, Bd. 1: A–K (1966, Prag. Tschechoslov. Akad. d. Wiss.), geordnet nach Stichworten, welche den Stoff u. die Forscher – auch die lebenden – betreffen; viele Abb., zahlr. lit. Hinweise. Das Buch ersetzt den s. Z. sehr beachteten Versuch von JULIE SCHLEMM, Wörterbuch zur Vorgesch., ein Hilfsmittel beim Studium vorgeschichtl. Altertümer. Von der paläol. Zeit bis z. Anfang der prov.-röm. Kultur (1908).

Eine *Quellenkunde*, die zugleich über die Grenzen d. Aussagekraft d. Stoffes unterrichtet, fehlt noch. Doch sind einzelne Sachgebiete nach Erscheinungsform u. Benutzbarkeit krit. behandelt. In der Zs. Dt. Bildungswesen (1934–1936) Aufsätze üb. das Hünengrab, den Grabhügel, die nord. Felsenbilder, das röm. Baudenkmal auf dt. Boden u. den Reihengräberfriedhof (sämtl. von E. WAHLE); O. PARET, Unsere vorgeschichtl. Grabhügel in Württemberg u. Hohenzollern in: Württembergisch Franken NF 28/29 (1954), S. 33–64. Die in vielseitiger Betrachtung hier auf kleinerem Raum gewonnenen Ergebnisse gelten weitgehend, wenn auch z. T. in sinngemäßer Abwandlung, für ganz Mitteleuropa; W. HAARNAGEL, Die Ergebnisse d. Grabung auf der Wurt Feddersen-Wierde bei Bremerhaven, in: Neue Ausgrabungen in Dtld. (1958), S. 215–228; D. HÄBERLE, Zur Kenntnis d. Maren (Mardelle, Pfühle) Südwestdtlds. u. Lothringens, Geogr. Zs. 34 (1928), S. 260–270; H. KIRCHNER, Die Menhire in Mitteleuropa u. der Menhirgedanke, Abh. Ak. Mainz 9 (1955); O. PARET, Die Einbäume im Federseeried u. im übrigen Europa, Prähist. Zs. 21 (1930), S. 76–116.

Viel Material zum Werdegang einer *planmäßigen Denkmalpflege* auf dt. Boden bieten H. GUMMEL (s. Lit. zu Kap. 1) und ebenso die regionale Prähistorie; H. HINGST, Denkmalschutz u. Denkmalpflege in Dtld., Bad. Fundber., Sonderheft 7 (1964), bringt im wesentl. nur die z. Z. geltenden Gesetze, Verordnungen u. Erlasse.

Zur archäologischen Landesaufnahme: Der Bericht von K. KERSTEN, Germania 33 (1955), S. 254 f., über den Stand d. Arbeit in Schleswig-Holstein gibt auch ein Bild von dem Idealismus, welcher die Bewältigung dieser Aufgabe ermöglichte. Über die Landesaufnahme als Problem handelt K. W. STRUVE in seiner Anzeige des Inventarwerkes Hamburg, das denjenigen d. benachbarten Bundeslandes angeglichen ist, d. Ges. f. Schlesw.-Holst. Gesch. 87 (1962), S. 305 ff., u. ebenso E. WAHLE in der Würdigung d. ersten (einzig erschienenen) Halbblattes einer »Archäologischen Karte d. Rheinprovinz«, Rhein. Vjbll. 2 (1932), S. 235–239.

Über die *Zugänge an Material* unterrichten, ganz Mitteleuropa betreffend: Nachrichtenblatt f. dt. Vorzeit 1 (1925) bis 19 (1943), ebenso unter dem Titel ›Fundchronik‹ die Zs. Germania seit 10 (1926) u. fortgesetzt ab 29 (1951); daneben die Arbeitsberichte d. Denkmalpflege in den einzelnen Verwaltungsgebieten, die z. T. schon vor dem Ersten Weltkrieg feste Gestalt angenommen haben; ihre ersten, nur der Prähist. dienenden u. noch heute bestehenden Zeitschriften: Fundberichte aus Schwaben (seit 1893), Mitteilungen aus dem Provinzialmuseum d. Provinz Sachsen (seit 1894), ausgestaltet 1902 zur Jahresschrift f. d. Vorgesch. d. sächs.-thüring. Länder. In der periodischen Lit. d. Denkmalpflege heute zumeist auch Bibliographien f. d. einzelnen Arbeitsgebiete u. Hinweise auf die Verarbeitung d. Stoffes. Ein Beispiel der in den einzelnen Räumen geleisteten Kleinarbeit bietet Fr. Wagner, Bibliographie d. bayer. Vor- u. Frühgesch. (1964), die für die Zeit von 1884 bis 1959 insgesamt 5500 Titel nennt u. sie vermittels etlicher Register aufschlüsselt.

Zur geographischen Grundlegung: Von der Völkerkunde sind Wildbeuter u. Sammlervölker in allen Klimazonen d. Erde festgestellt; sie fanden sich in der Tundra wie am Rande d. Kalahari, in baumloser Steppe wie im tropischen Urwald. So haben die Träger d. vorbäuerl. Wirtschaftsformen den langsamen Wechsel von Eiszeiten u. Zwischeneiszeiten auf europ. Boden in jeweiliger Anpassung an die natürl. Gegebenheiten überstehen können. Mit dem Abklingen d. letzten Vereisung wurde Mitteleuropa allmählich von derjenigen Vegetation überzogen, welche, ohne die Eingriffe des Menschen, noch heute vorhanden wäre, und mit der sich der Mensch, von der bäuerl. Zivilisation d. Neolithikums an, hat auseinandersetzen müssen. Der Wiederaufbau dieser Vegetation nach Erscheinungsform u. Wandlungen beschäftigt die Paläobotanik in zunehmendem Maße u. ist für die *prähistor. Geographie* von besonderer Bedeutung. Mit dem Hinweis auf eine Formulierung von A. v. Humboldt, »das Hauptbestimmende des Charakters verschiedener Weltgegenden – des Totaleindruckes –, sei die Pflanzendecke«, leitete der Geograph R. Gradmann 1901 seine Untersuchungen über die Gesch. d. mitteleurop. Landschaftsbildes ein, welche, über ihre Bedeutung für die Geographie hinaus, der Erforschung d. Beziehungen zwischen dem prähist. Menschen u. seiner Umwelt den Weg gewiesen haben. Wenn heute Karten entworfen werden können, die für einen bestimmten Zeitabschnitt hier diese und dort jene Vegetationsform zeigen, ja, darüber hinaus z. B. für die letzte Vergletscherung die Lage der Schneegrenze ebenso wie die Tiefe des Bodenfrostes, dann ist damit ein wesentlicher Teil d. Umwelt d. Menschen ermittelt. – R. Gradmann, Das mitteleurop. Landschaftsbild nach seiner geschichtl. Entwicklung, Geogr. Zs. 7 (1901), S. 361 ff. u. 435 ff.; ders., Beziehungen zwischen Pflanzengeographie u. Siedlungsgesch., ebd. 12 (1906), S. 305–325 (beide Aufsätze noch heute sehr nützlich); H. Nietsch, Steppenheide oder Eichenwald? Eine urlandschaftskundl. Untersuchung zum Verständnis d. vorgeschichtl. Siedlung in Mitteleuropa (1935); Fr. Firbas, Waldgesch. Mitteleuropas, Bd. 1: Allg. Waldgesch. (1949), Bd. 2: Waldgesch. d. einzelnen Landschaften (1952); Helm. Müller, Zur spät- u. nacheiszeitl. Vegetationsgesch. d. mitteldt. Trockengebietes (Nova Acta Leopoldina, Halle-S., NF 110, 1953), mit (S. 54 ff.) dem pollenanalyt. Nachweis d. vor- u. frühgeschichtl. Besiedlung u. ihres Einflusses auf die Vegetation; B. Frenzel, Die Vegetations- u. Landschaftszonen Nord-Eurasiens während d. letzten Eiszeit u. während d. postglazialen Wärmezeit, Bd. 1: Allg. Grundlagen, Abh. Ak. Mainz 13 (1959), Bd. 2: Rekonstruktionsversuch, ebd. 6 (1960).

Methode: O. Montelius, Die älteren Kulturperioden im Orient u. in Europa, I: Die Methode (1903); M. Ebert, Reallexikon d. Vorgesch. 13 (1929), S. 508–516: Stichwort Typologie (Typolog. Methode), N. Åberg; G. Schwantes, Vom Wesen d. Typologie. Offa 10 (1952); W. Angeli, Typologie u. typolog. Methode, Archaeologia Austriaca 23 (1958); E. Wahle, Zur ethnischen Deutung frühgeschichtl. Kulturprovinzen, Grenzen d. frühgeschichtl. Erkenntnis I (SB Heidelberg 1940/41, [2]1952); W. Torbrügge, Die bayer. Inn-Funde, Bayer. Vorgesch.-Bl. 25 (1960); ders., Vollgriffschwerter d. Urnenfelderzeit. Zur method. Darstellung einer Denkmälergruppe, ebd. 30 (1965); ders., Vor- u. frühgeschichtl. Flußfunde. Beispiele zur Ordnung u. Bestimmung einer Denkmälergruppe, Ber. Röm.-german. Komm. 51, 1970 (1971); O. Paret, Vorgeschichtl. Wohngruben? Germania 26 (1942); ders., Die Pfahlbauten. Ein Nachruf. Schr. V. Gesch. Bodensee 68 (1941/42, ausgeg. 1944);

Archaeo-Physica. Techn. u. naturwissenschaftl. Beiträge zur Feldarchäologie, Bonner Jb. Beiheft 15 (1965).

Darstellungen: G. KOSSINNA, Die dt. Vorgesch. eine hervorragend nationale Wissenschaft (Mannus-Bibl. 9, 1912; ⁴1925, die letzte vom Verf. selbst besorgte Aufl.); C. SCHUCHHARDT, Vorgesch. von Dtld. (1928; ⁵1943); E. WAHLE, Dt. Vorzeit (1932; 2. durchgearb. Aufl. 1952; 3. Aufl. mit besond. Vorwort 1962). Kossinna sucht die reine Formenkunde zu überwinden, die er vom naturwissenschaftl. Zeitalter der Prähist. her vorfindet, sieht aber den frühgeschichtl. Menschen immer noch in den Gegenständen selbst. Er will – zum Unterschied von einigen seiner Nachfolger – weder dem alten Orient noch der Antike etwas nehmen; seine Betonung des patriot. Gehaltes der Funde ergibt sich aus der zu seiner Zeit vielfach empfundenen Vernachlässigung der german. Vergangenheit gegenüber der klass. Antike. Schuchhardt bietet im wesentl. nur eine Sammlung archäolog. Tatbestände in zeitl. Abfolge; auch er sieht den frühgeschichtl. Menschen lediglich dort, wo die Funde unmittelbar von ihm zeugen, u. gliedert noch ganz im Sinne der älteren Kulturgeschichtsschreibung. Wahle bewertet den Stoff nach seiner hist. Aussagekraft, erstrebt eine ursächliche Verknüpfung der Tatbestände und sucht die treibenden Kräfte der Entwicklung zum Mittelpunkt der Darstellung zu machen. – Sehr lesenswert ist noch heute das Werk von S. MÜLLER, Nord. Altertumskunde (2 Bde. 1897/98), welches die Frühzeit Dänemarks betrifft, aber weitgehend die Verhältnisse in Norddtld. widerspiegelt. Es veranschaulicht eine besondere Kunst der Darstellung sowohl im Aufbau wie in der Art der Ausbreitung und Deutung des Fundstoffes, in seiner Gründung auf Tatbestände und dem ständigen Blick auf die größeren Zusammenhänge. Natürlich ist es in den Einzelheiten weitgehend überholt; seine bleibende Bedeutung liegt in der Form, in welcher es an die Probleme heranführt, und sie aus dem Werdegang der Forschung verständlich zu machen sucht. Dazu kommt noch eine gepflegte Sprache und eine nicht minder gute Übersetzung ins Deutsche durch O. L. JIRICZEK.

Auffassung und Nutzung der prähist. Vergangenheit. In der »Schlußbetrachtung« zu seiner eben genannten Darstellung (Bd. 2, S. 292–308) handelt S. MÜLLER über »Mittel, Ziel u. Methode«. Hier dokumentiert einer der in den Jahrzehnten um 1900 führenden Vertreter des Fachs dessen Lage: Die Prähistorie habe sich eines »nicht akademisch abgestempelten« Stoffgebietes bemächtigt u. diesem Tun »mit vollem Bewußtsein sein eigenartiges Doppelgepräge der Wissenschaftlichkeit u. Volkstümlichkeit aufgedrückt«; er schließt sein Werk mit der Feststellung, daß es sich hierbei um ein einheitl. Gepräge handle, »das es den guten Mächten verdankt, welche die vorgeschichtl. Forschung hervorgerufen haben und beständig tragen: dem Drange des Volkes nach Selbsterkenntnis und seiner Liebe zu den Denkmälern seiner Vorzeit«. – A. W. BRØGGER, Vorgesch. u. Gesch., Vorgeschichtl. Jb. 3 (1962); E. WAHLE, Tradition u. Auftrag prähist. Forschung, Ausgew. Abhh. als Festgabe z. 75. Geburtstag, hg. v. H. KIRCHNER (1964); H. KIRCHNER, Die Archäologie im Geschichtsbild d. Gegenwart, Jb. Röm.-German. Zentralmuseum Mainz 11 (1964).

A. Die Anfänge

Kapitel 3
Wildbeuter und Sammler

Je weiter man die Geschichte der Menschheit zurückverfolgt,
um so größer werden die Zeiträume, die für die Heranbildung
neuer Kulturgüter notwendig waren. Die letzten Ausgrabungen im Zweistromland geben bereits für die Zeit um 4000
v. Chr. das Vorhandensein von Stadtstaaten zu erkennen, in
denen die Inhaber der Gewalt große Bauten aus ortsfremdem
Gestein errichteten, wo man sich schon einer Bilderschrift be-
diente und ebenso des aus Ton gefertigten Siegels. Aber die
seitdem verflossenen sechs Jahrtausende schriftlich bezeugter
Entwicklung sind doch nur klein im Vergleich mit den Hun-
derttausenden von Jahren, die seit der Zeit des ältesten greifbaren Europäers, des *Homo heidelbergensis*, verflossen sein müssen. Die ersten Bestandteile menschlicher Gesittung entspringen einer langsamen Gewöhnung des Hirns an das Denken;
wohl ergeben sie sich aus dem Kampf ums Dasein, doch dürfen
sie nicht als selbstverständlich angesehen werden. Am Anfang
dieser Entwicklung steht die planmäßige Unterhaltung des
Feuers, das die Natur in vulkanischen Gebieten und im Gefolge des Blitzes darbietet. Die Kenntnis etwa von Flitzbogen
und Rad erscheint dem Menschen von heute als sehr nahelie-
gend und deshalb selbstverständlich. Tatsächlich aber begegnet
das Rad erst im Neolithikum, hat die Erfindung des in der
Neuen Welt nicht bekannt gewesenen Wagens offenbar nur
einmal auf der Erde stattgefunden, und die Australier haben
vor Ankunft der Europäer zwar den Speer, nicht aber Pfeil und
Bogen besessen. Die langen Folgen von Geschlechtern, die für
den Erwerb der ersten Kulturgüter der Menschheit notwendig
waren, füllen also Zeiträume von geologischer Größe, in denen
sich auch die heutige Leibesform erst herausgebildet haben
kann.
    Entsprechend dem sehr geringen Umfang des Kulturgutes
auf den frühesten Stufen der Gesittung ist von diesen ein nur
unbedeutender archäologischer Niederschlag zu erwarten. Da
eine Reihe von Umständen die Möglichkeit der Erhaltung dieses Besitzes einschränkt, so rechnet man nur mit Gegenständen

aus Stein und Knochen; doch bringen es lokale Umstände mit sich, daß ganz selten sogar Objekte aus organischer Substanz vorliegen. Ein solches ist der 240 cm lange Speer aus Eibenholz, gefunden bei Lehringen (nahe Verden/Aller) zwischen den Rippen eines Waldelefanten, welcher in einem langsam verlandenden Gewässer Kühlung gesucht hat und dort verendet ist. Wo der Fundstoff recht umfangreich erscheint, gilt es zu bedenken, daß er auf größere Zeiträume verteilt werden muß, eine Überlegung, die besonders auf den anthropologischen Stoff angewendet werden sollte. Immerhin gibt das vorliegende Material zu erkennen, daß sich die Anzahl der Kulturelemente allmählich vermehrte. Die älteste heute greifbare Zivilisation wird durch die *Faustkeile des Alt-Paläolithikums* und ihre sogenannte Begleitindustrie, also durch einen ebenso einfachen wie einseitigen Stoff gekennzeichnet, der aber doch einen langen Werdegang voraussetzt. Das Material des hierauf folgenden *Jung-Paläolithikums* sagt wesentlich mehr aus, insbesondere über das Denken des Menschen, und dasselbe gilt, entsprechend nun vielseitiger und relativ reichlich fließender Fundschichten, vom *Mesolithikum*. In diesem begegnen bereits die Erzeugnisse der *Töpferei* sowie als ältester Begleiter des Menschen der *Hund*.

Die Vorstellung, daß der *paläolithische Mensch* besonders auf dem Boden des heutigen Frankreich gelebt habe, gründet sich darauf, daß von hier sehr viele Stationen mit zahlreichen Kleinaltertümern sowie etliche Grabfunde und insbesondere auch die sogenannte Höhlenkunst bekannt geworden sind. Sodann wurden diese Materialien so früh erforscht, daß insbesondere mit ihrer Hilfe der Begriff der älteren Steinzeit geformt werden konnte. Im Vergleich damit blieb der Fundstoff aus Mitteleuropa, mit Ausnahme etlicher Plätze in Mähren und Niederösterreich, nur gering, und so ist man hier über die Begriffe des Höhlenbärenjägers und des – ein jüngeres Niveau veranschaulichenden – Rentierjägers zunächst nicht hinaus gekommen. Seitdem hat auch dieses Gebiet ein Material geliefert, welches sich mit den westeuropäischen Typen messen kann. Abgesehen von den langsam häufiger vorkommenden Faustkeilen sind insbesondere etliche Zeugnisse der Kunstübung zu nennen. Die Vogelherdhöhle auf der Alb hat einige Vollplastiken in Elfenbein geliefert und der Petersfels bei Engen (Hegau) eine Anzahl abbreviierter Frauengestalten, die aus Tertiärkohle geschnitzt sind; Parallelen dazu, aus fossilem Elfenbein gefertigt, wurden neuerdings in einer Siedlungsschicht des Magdaléniens bei Nebra (Unstrut) gefunden, womit sich der Fundbereich derartiger Dokumente erheblich nach Norden ausweitet. Vielmehr aber bedeutet es, daß die Kargheit des mitteleuropäischen Fundstoffes die Forschung dazu veranlaßt hat, auch dem Unscheinbaren eine Aussage abzuringen, und daß die vielerorts gegebene Verzahnung der vorneolithischen Wohnplatzreste mit den Erdschichten eine zuverlässige Grundlage bietet für die Parallelisierung der Naturgeschichte mit der Kulturentwicklung. Die Vorstellung, daß Mitteleuropa während des eiszeitlichen Klimas vom Menschen gemieden worden sei, ist nicht mehr haltbar; die Rentierjäger sind den Rentierherden nachgegangen, die in südlicheren Breiten den Winter überdauert hatten, im Frühjahr ihr Lieblingsfutter, die Rentierflechte, weiter im Norden suchten und in dem dortigen kühleren Klima auch der sommerlichen Mückenplage entgingen. So kommt es, daß das späte, dem Abschmelzen des letzten Inlandeises zeitlich gleichliegende *Jung-Paläolithikum* relativ nahe dem Eisrande beobachtet werden kann. Der Begriff des in die Nacheiszeit (Alluvium) fallenden *Mesolithikums* geht von den dänischen Muschelhaufen aus, deren norddeutsche Entsprechungen, infolge einer Senkung des Landes, vielfach unter dem heutigen Meeresspiegel liegen. Es begegnet im Norddeutschen Tiefland vielerorts in sowohl räumlich wie zeitlich etwas unterschiedlicher Ausprägung. Dagegen ist die gleichzeitige Entwicklung im küstenfernen Mitteleuropa noch wenig bekannt; die Aussage der vielen Oberflächenfunde von hier bleibt recht begrenzt, und so stehen die ergiebigen Inventare aus einigen längs der Donau liegenden Höhlen sehr isoliert da. Während das Mesolithikum hier und im Norden von dem *bäuerlichen Neolithikum* abgelöst wird, hält es sich in Ostdeutschland noch einige Zeit; der besonders in Finnland gut beobachtete Kreis der sogenannten Kammkeramik strahlt bis zur Oder aus, und eine gleichzeitige, sich des samländischen Bernsteins bedienende Kunstübung arbeitet noch ganz im Stile des Jung-Paläolithikums.

Die archäologischen Begriffe Paläolithikum und Mesolithikum decken sich mit denjenigen der Urkultur und der *höheren Sammler*, die Ethnologie spricht auch von *Wildbeutern* bzw. von niederen und zum Teil auch mittleren Primitiven. Gemeinsam ist diesen Horizonten der Gesittung, so verschieden sie auch in ihrer besonderen Ausprägung und ihrem Alter nach sind, das Fehlen von Kulturpflanzen und von Haustieren mit Ausnahme des Hundes. Indem die Altsteinzeit den jüngeren Epochen des Diluviums parallel geht und das Mesolithikum einem großen Teil des Alluviums, war der Mensch ein Zeitgenosse großer Veränderungen auf der Erdoberfläche. Er erlebte kalte Eiszeiten und warme Zwischeneiszeiten, die Lostrennung Englands vom Kontinent, die Entstehung der Deutschen Bucht und etliche große Veränderungen des Küstenverlaufes im Gebiet der Ostsee. Er war Zeitgenosse des endgültigen Abschmelzens des Inlandeises und damit einer Wandlung der Landesnatur, die von der arktischen Tundra bis zur Pflanzen- und Tierwelt der Gegenwart führt. So groß diese Veränderungen aber auch sind, so werden sie doch nur in bescheidenem Umfang von der materiellen Kultur widergespiegelt, der wiederholte Wechsel in der natürlichen Ausstattung der Räume war nicht in der Lage, den langsamen Aufstieg der Gesittung nachhaltig zu beeinflussen. Wildbeuter und Sammler gibt es bis an den Rand der Gegenwart in dürftigen Resten, und natürlich nur dort, wo die Zivilisation erst im Begriff ist, sie zu erreichen; am ehesten fristen sie ihr Dasein in Randgebieten der Wüsten und in Urwäldern, den tropischen sowohl wie denen der Nadelhölzer in Kanada und Sibirien. Zum Unterschied von der bäuerlichen Zivilisation und von den anderen entwickelteren Formen der Gesittung sind diese ihre frühesten Stufen nicht raumgebunden. So kann ein Alt-Paläolithikum im Drachenloch (Kanton St. Gallen) begegnen, in einer 2445 m hoch gelegenen Höhle, bis zu deren Eingang hinauf damals die Legföhren gereicht haben dürften; so erscheinen Steingeräte mesolithischen Charakters beispielsweise im Schwarzwald.

Der Mensch dieses frühen Kulturniveaus steht auf der Stufe der *wirtschaftlichen Selbstgenügsamkeit*. Jeder Trupp beschafft sich selbst die Nahrung und deckt den eigenen Bedarf an Geräten. Es ist aber denkbar, daß Einzelne ihre besondere Gabe für bestimmte Verrichtungen in den Dienst einer Gemeinschaft stellen. Der Mann besorgt die Fleischnahrung und verlangt von der Frau die Bereitstellung der pflanzlichen Kost. Die Jagd ist der wesentliche Inhalt der männlichen Tätigkeit, und so beherrscht sie auch sein Denken. In der Unterhaltung der am Feuer lagernden Männer, die auf der Jagd ihr Leben einzusetzen gewohnt sind, spielen die Eigenschaften und Gewohnheiten des Wildes eine so große Rolle, daß diese Tierwelt in gleichem Maße in die übersinnlichen Vorstellungen Eingang findet, wie sich diese heranbilden. Demgemäß wird ein großer Teil der kultischen Handlungen von den jagdbaren Tieren beherrscht. Die Frau hütet das Herdfeuer und die kleineren Kinder; sie sammelt die pflanzliche Nahrung und bereitet sie in zum Teil sehr umständlichen Verfahren zu. Aber weder durch diese Tätigkeit noch durch die Herstellung der überaus wichtigen Dauernahrung gelingt es ihr, das geistige Leben der Gemeinschaften in der Art zu beeinflussen, wie sie die Beschäftigung des Mannes mit sich bringt. So bedeutsam der Anteil der Frau an der Wirtschaft auch ist, so scheint doch das weibliche Geschlecht im Leben der Trupps sehr in den Hintergrund zu treten. Ob unter diesen Umständen der Einfluß der Mutter auf die Kinder so groß werden kann, daß man die verwandschaftlichen Beziehungen nach mutterrechtlichen Gesichtspunkten regelt, dürfte also wenig wahrscheinlich sein.

Die erste *Jagd* wird eine solche auf gefallene Tiere gewesen sein, die es zu zerlegen galt, ehe das Raubzeug davon Besitz ergriffen hatte. Später wurden dann von Baumsitzen aus die Wechsel beobachtet und Speere geschleudert; zufällige Beobachtungen führten auch zur Anlage von Fallgruben. Nur so erklärt sich die beachtenswerte Menge großer Säugetiere gerade unter der ältesten Jagdbeute. Schon der *Homo heidelbergensis* will den Altelefanten und das große, doppelt gehörnte Nashorn jagen; auch hat er eine Vorliebe für Elchkühe. So löst sich der scheinbare Widerspruch zwischen der Größe dieser Beute und dem geringeren Umfang des Kulturbesitzes. Der kleineren und leichtflüchtigen Vierfüßler sowie der harmlosen Vögel und der Tiere des Wassers wird man erst nach einer wesentlichen Entwicklung von Jagdgeräten und Fangmethoden habhaft. In der spät-paläolithischen Schicht des Keßlerloches (Kanton Schaffhausen) macht das Rentier fast 80 Prozent der gesamten Beute aus. In der gleichaltrigen Fundschicht des Peterfelsens bildet der Schneehase 51 Prozent der erlegten Säugetiere; hier kommt das Alpenschneehuhn 249mal vor, während 21 weitere Vogelarten mit insgesamt nur 35 Exemplaren vertreten sind. Hier hat also eine planmäßige Jagd auf Kleinwild stattgefunden, die, zum Teil als Treibjagd, mit Stellnetzen und Schlingen ausgeübt worden ist. In Übertragung dieser Methoden auf das Wasser werden auch die Fischreusen entwickelt, von denen einige in mesolithischen Schichten beobachtet wurden. Ebenso alt wie sie sind die Funde von Paddelrudern, welche auf die Verwendung des Floßes oder gar schon des Einbaums schließen lassen. Skier und Schlitten dürften, zumindest vom Mesolithikum an, sowohl auf der winterlichen Jagd als auch beim Landverkehr während der Zeit der Schneedecke verwendet worden sein, doch stammen ihre aus nordischen Torfmooren bisher bekanntgewordenen Reste erst aus späteren Perioden.

Nachdrücklich weist die Einheitlichkeit der materiellen Kultur über größere Gebiete hinweg darauf hin, daß die Trupps in ständiger Berührung untereinander stehen. Doch geht die Entwicklung in der Richtung einer Einschränkung dieser Beweglichkeit. Indem sich der Nahrungserwerb den Besonderheiten einer Landschaft anpaßt, Schonung von Nutzpflanzen beginnt und der Raubbau am Wild durch eine gewisse Planmäßigkeit des Abschusses ersetzt wird, können die Rastplätze längere Zeit hindurch beibehalten werden. So kommt in Duvensee bei Hamburg eine dicke Schicht von sogenanntem Nußmull zustande, der sich über dem mit Birkenrinde belegten Wohnplatz befindet; hier hat die Haselnuß einen wesentlichen Bestandteil der pflanzlichen Nahrung gebildet, und die damals weggeworfenen Schalen sind zusammen mit anderer organischer Substanz und Feuersteinabfall vom Moor überdeckt worden. Diese *relative Seßhaftigkeit* kommt dem inneren Leben der Trupps zugute; sie macht Kräfte frei nicht nur für materielle Verbesserungen. Tagelang können sich die Männer am Herdfeuer damit beschäftigen, bestimmten Gedankengängen nachzugehen, unbewußt fördern sie damit die Entwicklung sowohl ihrer Sprache wie ihres Geistes. Und wie dieser Vorgang viel Zeit verlangt, so auch die Weitergabe dieser Überlegungen an eine größere Welt. Das Nebeneinander der Trupps mit gleichgerichteten materiellen Interessen, wie etwa derjenigen, von denen die Muschelhaufen herstammen, bringt neue Aufgaben. Das persönliche bzw. das von der Sippe beanspruchte Recht an der Beute weitet sich aus zu einem solchen an bestimmten Fangplätzen. Kommt es zu Grenzverletzungen, dann greift man zur Waffe; doch kämpft man im wesentlichen nur um der Vergeltung willen, nicht im Hinblick auf eine Beute. Da es an beweglichen Werten von größerer Bedeutung noch fehlt, so gibt es auch keinen eigentlichen Krieg. Dieses Leben gibt Einzelnen manche Gelegenheit, ihren Einfluß auszuüben; wenn sich die jungen Leute um einen besonders gewandten und mutigen Jäger scharen, oder wenn ein erfahrener Alter die Schicksale einiger Trupps entscheidend beeinflußt, so wirkt sich darin die Verschiedenheit in der Begabung der Individuen aus. Schon auf dieser frühen Stufe der Entwicklung kommt der einzelnen kraftvollen Erscheinung eine besondere geschichtliche Bedeutung zu.

Die Faustkeile und Handspitzen des Alt-Paläolithikums zeigen mitunter ausgesprochenen Sinn für Linienführung; aber auch die manchmal erstaunliche *Technik* ihrer Herstellung läßt überlegen, ob hier nicht eine besondere Begabung wirksam gewesen ist. Die figürliche Darstellung und die geometrische Kunst der Folgezeit bietet neben unzureichenden Arbeiten wirkliche Spitzenleistungen; in etlichen Stilisierungen offenbart sich eine besondere Freude am Gestalten. Ansonsten bleibt der geschichtliche Ertrag dieses sehr vielfältigen Materials relativ gering. Es zeigt verschiedene Formen des *Jagdzaubers* und eines *Fruchtbarkeitskultes*, der neben dem eigenen Lebenskreis die Natur so weit betrifft, als man an ihrem Verhalten unmittelbar interessiert ist. In den Statuetten unbekleideter Frauen, deren Stilisierung auf die Betonung der Geschlechtsmerkmale ausgeht, wird man die Verkörperung einer ganz bestimmten übermenschlichen Kraft sehen dürfen. Andere Gewalten werden von zwei hölzernen Pfählen veranschaulicht, deren einer den Schädel eines Rentieres trug, während der andere eine menschliche Gestalt andeutet. Beide sind in Holstein gefunden worden und entstammen verlandeten Teichen, an deren Ufern sie gestanden haben; im Zusammenhang mit dem erstgenannten sind die Reste etlicher junger, im Brustkorb mit Steinen beschwerter Rentiere zutage gekommen, die man einst in dem Wasser versenkt hat. Eine Opferhandlung anderer Art zeigt sich in den Bestattungen menschlicher Schädel, die im frühesten Mesolithikum und in besonders augenfälliger Form längs der Donau begegnen. Die Funde von Teilen menschlicher Skelette in den Siedlungsresten haben natürlich schon bald die Vorstellung aufkommen lassen, daß hier ein Hinweis auf Kannibalismus gegeben sei. Ist auch der Mensch eine Jagdbeute gewesen? Gerade weil man an seiner Arbeitskraft kaum ein Interesse gehabt haben kann, liegt die Frage nahe, ob er für die Opferung benötigt war. Schon früh im Paläolithikum begegnen menschliche Schädeldächer, die als Trinkschale hergerichtet sind. Auch in anderer Form zeigt sich ein Interesse besonders am Kopf und wiederholt am menschlichen Hirn. Die Zeugnisse dieser Art sind vielfältig und oft einmalig, genau so wie die völkerkundlichen Beobachtungen, die in den Sammelbegriffen Schädelkult und Kopfjagd zusammengefaßt werden. Wie solche Erscheinungen als Reste ehemals weit verbreiteter Vorstellungen und Bräuche noch heute in peripheren Gebieten der Erde lebendig sind, so auch der Schamanismus, der ebenfalls in der Altsteinzeit in einer ganzen Reihe von Denkmälern nachweisbar ist. Die Vorstellung von magischen Kräften durchwebt den *Totenglauben*. Unter den ältesten, dem Ausgang des Alt-Paläolithikums angehörenden Bestattungen lassen einige die Sorgfalt erkennen, mit der man die Leichen gebettet hat; hier ist also wohl über ihr Weiterleben nachgedacht worden. Die Fesselung der Leichen und der Brauch, sie in Hockerstellung beizusetzen, begegnet erstmals in der jüngeren Altsteinzeit; er entspringt der Furcht vor den in den Toten schlummernden Kräften, vor Traumgestalten und Wiedergängern.

Diese *leiblichen Reste* des Menschen sind vorläufig noch zu spärlich, als daß sie den Aufbau einer Rassengeschichte Mitteleuropas ermöglichen würden. Der Unterkiefer des *Homo heidelbergensis* steht sowohl als Fundgegenstand wie nach seiner Erscheinungsform ganz isoliert da, während der wesentlich jüngere Schädel von Steinheim an der Murr (Württemberg) schon in die Vorfahrenreihe des Homo sapiens gehört. Vom dritten Interglazial an werden dann die Funde zahlreich genug, um die Aufstellung von Rassen zu erlauben; doch zeigen sie immer nur fertigentwickelte Formen, nicht ihr Werden. Dies ist teilweise wohl darin begründet, daß in Zusammenhang mit den Verschiebungen der eurasiatischen Klimazonen wiederholt Schübe von Zuwanderern aus dem Osten nach Mitteleuropa gelangten. Ob nun aber die vorwiegend kurzschädelig gestalteten Menschen, die sich als erste Vertreter dieser Leibesform in den Schädelbestattungen finden (*Homo alpinus*), eine Gemeinschaft solcher Ankömmlinge waren oder Alteinheimische, die erst in diesem Befunde archäologisch sichtbar werden, bleibt dahingestellt. Das Alt-Paläolithikum wird von der Neandertalrasse (*Homo primigenius*) getragen, einer altertümlichen Menschenform, deren Verwandte noch heute z. B. in Australien leben mit einer Urkultur; sie ist allem Anschein nach ein notwendiges Element in der Ahnentafel des *Homo sapiens diluvialis*. Dieser letztere, langschädelig, schlank gebaut und dem heutigen Europäer nächstverwandt, führt das Jung-Paläolithikum von Osten her bei uns ein. Verschiebungen der Bevölkerung in größerem Ausmaß ergeben sich weiterhin durch die Besitznahme der vom Eis freigegebenen Räume, doch bleibt das anthropologische Material aus dem Mesolithikum derart spärlich, daß dieser Vorgang zunächst nur in dem

Kulturgut beobachtet werden kann. Ein ursächliches Verständnis der Tatbestände, welche die zahlreichen Skelette aus den neolithischen Gräbern bezeugen, ist also noch nicht möglich. Das Bild vom fossilen Menschen wurde im vergangenen Jahrhundert in erster Linie durch den Fund bestimmt, der 1856 in einer Höhle im Neandertal bei Düsseldorf gehoben und durch J. C. Fuhlrott geborgen wurde. Aber noch um die Jahrhundertwende war die Entdeckung eines neuen Menschenrestes diluvialen Alters ein Ereignis; suchte man doch immer nach dem Zwischenglied (»missing link«) zwischen Affe und Mensch. Wenn sich nun – ohne daß die Öffentlichkeit viel Notiz davon nimmt – in den letzten Jahrzehnten die Menge des anthropologischen Stoffs ganz wesentlich vergrößert hat und die Vielfalt der Schädelformen es wahrscheinlich macht, daß etliche dieser Typen einer Ahnentafel des Homo sapiens angehören, so nimmt doch der Neandertaler nach räumlicher Verbreitung, Zeitdauer seines Vorkommens und Anzahl der Objekte eine zentrale Stellung ein. Besonders betont wird sie noch dadurch, daß er, ebenso wie der Steinheimer, wohl mit als Vorfahr des heutigen Menschen zu betrachten ist. Jetzt stellt dieser Typus mit über 100 Individuen die weitaus am reichhaltigsten vertretene Form der fossilen Menschheit dar, und so können mit seiner Hilfe auch Fragen angeschnitten werden, die gerade den Kulturhistoriker angehen. Dieses Material spricht z. B. für eine durchschnittliche Lebensdauer des Individuums von nur 25 Jahren; wenige dürften das fünfte Lebensjahrzehnt vollendet haben, und ein natürlicher Tod durch Altersschwäche ist hier nicht gut vorstellbar. Der Mehrzahl der männlichen Bevölkerung stand also nur eine relativ kurze Zeit zur Verfügung, um die Erfahrung der Älteren zu erlernen und sie zusammen mit den eigenen weiterzugeben. Sodann muß bedacht werden, daß der einzelne Trupp nur selten in Kontakt mit den benachbarten kam. Wenn die Vorstellung annähernd richtig ist, daß der einzelne Mensch für die Gewinnung seines Lebensunterhalts 10–20 qkm benötigte, dann folgert hieraus, daß die Horde im Landschaftsbild verschwindet; ihre Lebensgemeinschaft ist den Rudeln von Wildtieren vergleichbar, die in einem bestimmten Bezirk ihre Nahrung zu finden gewohnt sind. Es gibt, wie bei den Tieren, ein Recht am Lebensraum, das sich jahreszeitlich verlagern kann und gegenüber den Nachbarn verteidigt wird.

Doch lebt der Einzelne wie seine Gemeinschaft in ständiger

Unsicherheit ihres Daseins. Man denkt hier natürlich zunächst an die Gefahr, die vom Raubwild her droht, wenn im Winter ein Rudel Wölfe den Rastplatz umschleicht oder wenn der Mensch die Beute, die in einer Fallgrube liegt oder sich in den Stellnetzen verfangen hat, sich erst erkämpfen muß. Viel umfassender als derartige »Episoden des Alltags« wirken sich Unregelmäßigkeiten in dem gewohnten Ablauf des Klimas aus, also Zeiten der Trockenheit und solche ungewöhnlich großer Niederschläge. Weiter muß an Seuchen gedacht werden, die Mensch wie Tierwelt gleichermaßen befallen. Es hat sicher sehr lange gedauert, bis ein gewisser Vorrat an Nahrungsmitteln zur Regel geworden war, und die Jagd nicht mehr den ständigen, gefahrvollen und damit verlustreichen Einsatz der Männer erforderte wie vordem. In dem Kampf mit allen Unbilden und Wechselfällen muß sich die Geschlossenheit und Widerstandskraft der Horde bewähren, in der sich während der Zeit der Urgesellschaft das Leben abspielt. Ihre Mitglieder »fühlen sich als eine Gemeinschaft und handeln diesem Gefühl entsprechend, ein Verhältnis, das man am besten wohl als *Solidarismus* bezeichnet« (v. Zwiedineck-Südenhorst). Die Härte des Kampfes ums Dasein verweist den Einzelnen auf seine Gruppe. Man ist um der Selbsterhaltung willen aufeinander angewiesen. Unsichtbar regiert hier eine selbstverständliche Hilfsbereitschaft; ihr den Rücken zu kehren und aus der Gemeinschaft auszubrechen, kommt einem Selbstmord gleich.

Natürlich bestehen wesentliche Unterschiede zwischen dieser Lebensform – sie dürfte die des Menschen von Steinheim gewesen sein – und der des Mesolithikums, in dem der Mensch das von der letzten Vereisung freigegebene Mitteleuropa besiedelte und den Wandel seiner Bestockung von der Tundra an bis hin zum Eichenmischwald erlebte. Dieser tritt seit dem 8. Jahrtausend v. Chr. an die Stelle der Haselhaine und ist das Zeugnis eines atlantischen Klimas. Aber die Jahrtausende des Mesolithikums sind doch nur eine Episode im Vergleich mit dem zeitlichen Umfang des Paläolithikums, für das mindestens eine halbe Million Jahre in Anspruch genommen werden müssen. Ein solcher Zeitraum von geologischer Größe ist aber auch notwendig, um die langsame Entstehung jener entwickelteren Stufe der »höheren Sammlervölker« zu verstehen, die sich im jüngeren Paläolithikum heranbildet und dann das Wesen des Mesolithikums bestimmt. Mit der Erschließung der Urkultur wird die ganze Größe jener Wegstrecke des Menschen betont, die vor dem Beginn der bäuerlichen Seßhaftigkeit in Mitteleuropa liegt.

Das Mesolithikum ist von dem Wildbeutertum des Neandertalers weit entfernt. Die Kontakte der Horden werden vielfältiger, insbesondere infolge einer gewissen Zunahme der Bevölkerungsdichte. Die Gemeinsamkeit bestimmter Interessen vermag Verständigungen herbeizuführen, nicht minder aber kann sich eine Zunahme gegenseitiger Reibungen und damit Kampf ergeben. Mit einer bereits recht weitgehenden Vorsorge für schlechte Zeiten stehen die Gruppen den Wechselfällen in der Natur ungleich sicherer gegenüber als vordem. Mit der Differenzierung des Nahrungserwerbes und der technischen Fertigkeiten sowie mit der Entwicklung der Kunst und der geistigen Vorstellungen erwacht ein gewisses Selbstbewußtsein der Einzelpersönlichkeit und eine Lockerung der ehemals selbstverständlichen Bindung an das Schicksal der Lebensgemeinschaft. Aber so wenig wie in der Urgesellschaft zeigt sich hier in einer bereits »gehobenen« Daseinsform ein paradiesischer Zustand oder ein »goldenes Zeitalter«, und auch für einen Ur-Kommunismus ist nirgendwo Raum.

Literatur: Quartär, Jb. f. Erforschung d. Eiszeitalters u. seiner Kulturen (seit 1938; zuletzt 19, 1968); Eiszeitalter u. Gegenwart, Jb. d. Dt. Quartärvereinigung (seit 1951; zuletzt 19, 1968); zur Quellenkritik: E. WAHLE, Die Bedeutung d. Rheinlande für die Entwicklung unserer Kenntnis vom fossilen Menschen, Die Naturwissenschaften 21 (1933).

Betr. die Umwelt: P. WOLDSTEDT, Das Eiszeitalter (3 Bde. ²1954–1965), wichtig bes. Bd. 1 (³1961) über Ablauf u. Dauer, Flora, Fauna, den Menschen, Schwankungen d. Meeresspiegels, das Klima usw.; K. TACKENBERG (Hg.), Der Neandertaler u. seine Umwelt. Gedenkschr. z. Erinn. an die Auffindung im Jahre 1856, Bonner Jb. Beih. 5 (1956).

Drei sehr verschiedenartige Beispiele gut bearbeiteter Stationen: O. SCHMIDTGEN u. W. WAGNER, Eine alt-paläolith. Jagdstelle bei Wallertheim in Rheinhessen, in: Notizbl. d. V. f. Erdk. u. d. Hess. Geol. Landesanstalt (1928); A. TODE, Mammutjäger vor 100000 Jahren. Natur u. Mensch in Nordwestdtld. zur letzten Eiszeit auf Grund d. Ausgrabungen bei Salzgitter-Lebenstedt (1954); R. WETZEL, Die Bocksteinschmiede im Lonetal. Ein Beitr. z. europ. Urgesch. d. Lonetals u. z. geschichtl. Morphologie d. Menschen 1 (1958). Die Behandlung d. menschl. Gestalt u. der die Kultur tragenden Kräfte geht über den Fundbericht hinaus, der einerseits den Anatomen als Naturwissenschaftler ausgrabend zeigt, andererseits »das Schmieden« des sog. Bocksteinmessers durch »geistgesegnet echte Menschen« sich vorzustellen versucht.

Betr. das Gesamtgebiet: Über die geolog., archäolog. u. anthropolog. Begriffe unterrichten die zahlreichen Stichworte bei EBERT, Reallex.; vgl. Abriß d. Vorgesch. (s. Lit. zu Kap. 1), S. 8–27. Als gemeinverständliche, flüssig geschriebene Darstellung ist noch immer nützlich. H. OBERMAIER, Der Mensch d. Vorzeit (1912); kürzer, mit dem Schwergewicht in der Formenkunde: L. F. ZOTZ, Altsteinzeitkunde Mitteleuropas (1951); zu empfehlen: R. GRAHMANN, Urgesch. d. Menschheit, neu bearb. v. HJ. MÜLLER-BECK (³1967), mit 10 vergleich. Tabellen u. 12 Karten, welche die geolog., anthropolog. u. archäolog. Tatbestände übersichtl. ausbreiten u. ein Verständnis ihrer ursächlichen Zusammenhänge erstreben; wertvoll die krit. Darlegung offener Fragen. Die Urzeit in der Sicht von Geographie u. Ethnologie vgl. A. HETTNER u. R. THURNWALD, Der Mensch geringer Naturbeherrschung (beide s. Lit. zu Kap. 1).

Gesellschaft u. Geistesleben: H. KIRCHNER, Wege u. Formen frühgeschichtl. Gemeinschaftsbildung, Studium Gen. 3 (1950); O. v. ZWIEDINECK-SÜDENHORST, Kollektivismus u. Kapitalwirtschaft in der Vor- u. Frühgesch., SB Bayer. Ak. 3 (1949); G. KRAFT (s. Lit. zu Kap. 1); W. KOPPERS, Der Urmensch u. sein Weltbild (1949), nimmt den im völkerkundl. Bereich begegnenden sog. Eingottglauben zur Basis u. gründet auf ihn die Vorstellung eines Urmonotheismus; hierzu C. CLEMEN, Der sog. Monotheismus d. Primitiven, Arch. f. Religionswiss. 27 (1929); H. KIRCHNER, Ein archäolog. Beitrag z. Urgesch. d. Schamanismus, Anthropos 47 (1952): eine Bildkomposition in der Höhle von Lascaux wird als Darstellung einer schamanist. Geisterbeschwörung aufgefaßt, weiteres Material zum Schamanismus im Paläolith. beigebracht u. mit dem völkerkundl. Stoff verglichen, der Eingang d. Sch. in Europa mit dem Beginn d. Jungpaläol. angenommen; ders., Über das Verhältnis d. schriftlosen frühgeschichtl. Menschen zu seiner Gesch., Sociologus NF 4 (1954).

Zur Anthropologie: E. FRHR. v. EICKSTEDT, Rassenkunde u. Rassengesch. d. Menschheit (1934; die wesentlich umfänglichere, 1963 abgeschl. 2. Aufl. ist für die Benützung durch Nicht-Anthropologen weniger geeignet); W. GIESELER, Abstammungs- u. Rassenkunde d. Menschen 1 (1936); M. BOULE u. H. V. VALLOIS, Les Hommes Fossiles. Élements de Paléontologie Humaine (⁴1952); H. WEINERT, Entstehung d. Menschenrassen (²1941); ders., Ursprung d. Menschheit. Über den engeren Anschluß d. Menschengeschlechtes an die Menschenaffen (²1944); weitere, z. T. spezielle Lit. zu Abstammungsgesch. u. wichtigeren Funden bei GRAHMANN-MÜLLER (s. o.), S. 352 f.

B. Die Bauern der jüngeren Steinzeit

Kapitel 4
Die Pflugkultur und ihr Eingang in Mitteleuropa

Als bald nach der Mitte des 19. Jh. der Begriff des *Neolithikums*
aufgestellt wurde, war er zunächst ein solcher der archäologischen Formenkunde. Die Unterscheidung einer jüngeren Steinzeit von einer älteren und die Einschaltung eines Mesolithikums zwischen beide gründete sich in erster Linie auf die Verschiedenartigkeit der Geräte aus Stein. Es entsprach der Vorstellung vom Aufstieg der Zivilisation, wenn den grob zuge-
schlagenen Geräten solche in feinerer Technik gefolgt sein
sollten, die Kenntnis des Schleifens sich erst später eingestellt
habe und ebenso die Kunst, ein Beil oder einen Hammer mit
einem Schaftloch zu versehen. In den Pfahlbauschichten sowohl wie in den nordischen Großsteingräbern kamen Silexgeräte zutage, welche einen ganz anderen Grad der Vollendung
zeigen als diejenigen aus den Muschelhaufen und den Herd-
plätzen der Rentierjäger. Eindringlicher aber noch als der tech-
nische Fortschritt, der auch im keramischen Gut und in Geräten aus anderem Werkstoff beobachtet werden konnte, wiesen
Kulturpflanzen und Haustiere auf eine bestimmte Entwicklung
hin. Denn damit ist eine *seßhafte Lebensweise* anzunehmen und
die Möglichkeit einer gewissen Verdichtung der Bevölkerung,
ferner auch die Pflege mancher Keime höherer Gesittung, die
diese Form des Daseins mit sich bringt. Mit diesem Fundstoff
bricht also eine ganz neue Zeit an, die der bäuerlichen Zivilisation. Man hat damals die Bedeutung dieses Tatbestandes so-
fort erkannt und ihn in den Dienst der Entwicklungslehre gestellt. Wenn nun trotzdem die Prähistorie noch heute den grund-
legenden Wandel in der Wirtschaftsweise weniger betont als im
Bereich der Formenkunde, so zeigt sich darin ein von der Natur
des Stoffes genährtes Interesse am rein Archäologischen, das
nur zu leicht die historischen Gesichtspunkte in den Hintergrund treten läßt.

Die Durcharbeitung der sogenannten Pfahlbaufunde des
Neolithikums ergab, vom Bilde des heutigen *Bauerntums* her
gesehen, das Fehlen lediglich von Roggen und Hafer sowie des
gezähmten Pferdes. Es konnten an Haustieren Rind, Schaf,

Ziege und Schwein, sodann das Joch, vierrädriger Wagen und Pflug, ferner Weizen, Gerste und Hirse sowie etliche Küchengewächse nachgewiesen werden. Damit zeigte sich ein auf breiter Basis ruhendes Bauerntum, das in der Lage gewesen sein muß, den plötzlichen Ausfall, den etwa eine Rinderpest oder eine Dürre mit sich brachte, durch ein stärkeres Zurückgreifen auf andere Teile der Wirtschaft auszugleichen. Die Forschung sah sich hier einem neuen Zustand gegenüber, während die Fundschichten gar keine Anzeichen einer Entwicklung, eines langsamen Zusammenkommens der so verschiedenartigen Kulturelemente zu erkennen gaben. Die Kluft zwischen diesem Bauerntum und dem Jägerdasein der vorangegangenen Zeit (der »Hiatus«) erschien nur durch die Vorstellung erklärbar, daß das bäuerliche Neolithikum anderswo entstanden sei. Doch hat es auch nicht an Bestrebungen gefehlt, den Beginn von Anbau und Tierzucht in mesolithischen und gar paläolithischen Schichten Europas zu finden, und sie sind auch keineswegs auf die mitteleuropäische Prähistorie beschränkt gewesen. Man hat Tatbestände der französischen Altsteinzeit zugunsten der Annahme sowohl eines damaligen Getreidebaus wie der Zucht des Pferdes verwendet, und es ist beispielsweise auch versucht worden, eine Wiege der Ackerbaukultur in das Mälartal zu verlegen. Doch blieb diesen und anderen Konstruktionen die Anerkennung versagt, und zwar um so mehr, als sich in dem seit der Auffindung der ersten »Pfahlbauten« verstrichenen Jahrhundert der damals festgestellte Tatbestand nicht verändert hat. Wo seitdem in Europa eine entsprechende Analyse neolithischer Schichten stattgefunden hat, in der Nachbarschaft des »Pfahlbau«-Gebietes oder ganz abseits von ihm, besteht der Hiatus weiter. Auch machen die Botaniker unverändert darauf aufmerksam, daß, soweit Stammformen der genannten Getreide überhaupt bekannt waren, diese auf ein vorderasiatisches, allenfalls etwas auf Südosteuropa übergreifendes Ausgangsgebiet verweisen. Das unvermittelte Auftreten der bäuerlichen Wirtschaft in größeren Teilen Europas erklärt sich danach so, daß sie als Ganzes hierhin gebracht worden ist.

Dieses europäische Neolithikum stellt ein Teilgebiet jener *Pflugkultur* dar, die große Gebiete Asiens und Nordafrikas einnimmt. Der Pflugbau ist eine höhere Form der Bewirtschaftung des Bodens als der Hackbau, der sich aus der bewußten Schonung der genutzten Pflanzen ergeben hat. Zu dieser letzteren Art der Gewinnung vegetabilischer Nahrung dürften die Menschen in sehr verschiedenen Gebieten und unabhängig voneinander gelangt sein; in erster Linie kommen hierfür die niederen Breiten in Betracht, in denen die Zeitspanne zwischen Aussaat und Ernte geringer ist als etwa in Mitteleuropa, und wo sich auch die meisten dazu geeigneten Gewächse finden. Die steinerne Hacke begegnet im europäischen Neolithikum sehr häufig, und so ist daran gedacht worden, sie als Zeugnis eines Hackbaues aufzufassen, wie er insbesondere von den Negern und in den südlicheren Teilen Asiens geübt wird. Doch fertigt man hier nirgends dieses Gerät, das den Boden auflockern soll, in Stein. Auch die Versuche, im europäischen Mesolithikum einen Hackbau zu finden, sind nicht von Erfolg gewesen, und dazu kommt die Erkenntnis, daß er in der Geschichte der Ernährungsmethoden wohl nicht die bedeutende Rolle spielt, die man ihm einige Zeit hindurch zuerkannt hat. Im Unterschied zu diesem Hackbau, der auf Beeten und von den Frauen betrieben wird, ist der Anbau von Halmgetreiden die Sache des Mannes, der sich bei der Herrichtung der Felder die Arbeitskraft der großen Haustiere zunutze macht. In dem ganzen Gebiet ihres Vorkommens begegnet die Pflugkultur in sehr großer Einheitlichkeit, und so dünkt es recht unwahrscheinlich, daß sie mehrmals entstanden sei.

Die uns Europäern von der Pflugwirtschaft her so geläufige und gleichsam selbstverständliche Verbindung von *Viehzucht* und Landwirtschaft ist weiten, zum Teil hochentwickelten Kulturgebieten nicht bekannt. Der ganze südlich der Sahara gelegene Teil Afrikas hat, ehe die Europäer in sein Inneres vordrangen, das Rind lediglich als Fleisch- und Milchtier benützt; der Neger ist nicht darauf gekommen, es in seiner Hackbauwirtschaft zu verwenden. Anders in China, wo man das Rind vor den Pflug spannt, aber im Unterschied zu den benachbarten Nomadenvölkern weder seine Milch genießt noch sein Fleisch. Sehr wichtig ist auch, daß die »Neue Welt« weder Pflug und Wagen noch das Rind als Zugtier oder Milchtier kannte, als sie von den Europäern entdeckt wurde. Obwohl das wilde Rind im alten Amerika weit verbreitet war, ist man hier nicht zu seiner Zähmung fortgeschritten; man hat lediglich das Lama verwendet, und zwar als Tragtier; die Nutzung seiner Milch findet man dort nicht. Diese Tatsachen lehren, daß die Verbindung einer Reihe von Kulturelementen unter dem Begriff der Pflugkultur keineswegs selbstverständlich ist, sondern einer Erklärung bedarf. Darüber hinaus dürfen aber auch die genannten

Elemente selbst nicht als naturgegeben angesehen werden; etliche von ihnen, wie zum Beispiel der Wagen, sind der Menschheit offenbar nur einmal geschenkt worden. Vielleicht gehört hierzu auch das gezähmte Rind, das in dem weiten Gebiet von Westeuropa bis China und von Nordeuropa bis zum Kapland in wechselnder Verwendung vorkommt. Trotz dieser Verschiedenheiten ist es hier überall das vorzüglichste Opfertier der Bauern, und so erscheint es möglich, daß die Wurzeln seiner Zähmung im religiösen Bereiche liegen. Bei einigen Völkern kennt man die Sitte, das Arbeitsrind nicht zu essen. Der Genuß seines Fleisches war eben eine sakrale Handlung und geschah nur beim Opferfest. Natürlich war das Arbeitsrind kein Opfertier, aber eben doch ein Rind, und so hat man im alten Rom diesen Gehilfen des Ackerbauern ebenso feierlich begraben wie in China. Das Rind hat aber noch eine weitere besondere Aufgabe, indem es bei der kultischen Fahrt um die Felder vor den Wagenthron der segnenden Gewalt gespannt wird. Wie die anderen Elemente der Pflugkultur, für die bereits ein Ausgangsgebiet wahrscheinlich gemacht werden kann, so ist auch diese Form des *Fruchtbarkeitszaubers* im Orient beheimatet. Rinder ziehen ein vierrädriges Gefährt, auf welchem der Thronsessel steht. Vielleicht hat man sich die Entwicklung so vorzustellen, daß zunächst ein Thron mit Rädern versehen wurde, und daß aus ihm dann späterhin der Wagen mit Plattform und einem Stuhl auf ihr entstand, der in Funden begegnet und langsam der Profanierung verfiel. Eine lebendige Erinnerung an diesen Wagenthron des Orients bewahren die Germanen des Tacitus (Germ. c. 40) in ihrer Vorstellung von der Nerthus, die auf einem von Kühen gezogenen Gefährt durch ihr Gebiet zieht. Nicht minder wichtig ist, daß noch bis in die geschichtliche Zeit Mitteleuropas hinein das Fahrzeug der weltlichen Großen mitunter von Rindern gezogen wird, und daß man im alten Rom den Sitz eines hohen Vertreters der Obrigkeit als »curulischen« Sessel, also einen ursprünglich auf einem Wagen angebrachten augenfälligen Sitz bezeichnet. Rindergespann und Hochsitz dienen hier weltlichem Gebrauch, weisen aber deutlich auf ihre Herkunft vom Gefährt der Gottheit. Dieses muß auch den neolithischen Bauern Mitteleuropas bekannt gewesen sein, ist aber bei ihnen nur in Andeutungen greifbar; erst für die Folgezeit liegt ein entsprechender Fundstoff vor, der in den zwei in einem dänischen Torfmoor erhalten gebliebenen hölzernen Thronwagen gipfelt.

Es kann jedenfalls als gesichert gelten, daß der *Wagen* nicht dazu erfunden worden ist, um Lasten zu transportieren. Orientalische Bilder veranschaulichen die Beförderung von Kolossen vermittels Unterlage von Rollen oder Schlitten und eines Aufgebots von Sklaven; ist der Block weniger groß, genügt auch ein Vorspann einiger Rinder vor eine solide gebaute hölzerne Schleife. Jedes cyclopische Bauwerk legt ja die Frage nahe, wie denn die Blöcke in die richtige Lage gebracht und aufeinandergetürmt worden sind, einerlei ob in Mykenai oder im Bereich der Inka, ob es sich um Stonehenge handelt oder um ein Großsteingrab. Dabei ist insbesondere an die Nutzung der schiefen Ebene und der Hebelkraft gedacht worden, bezeichnenderweise aber nicht an den Wagen. Der Transport schwerer Lasten vermittels eines Fahrgestells, die Konstruktion von Wagen zum Transport großer Steine für Grabmale oder Denkmäler, kann noch heute ein Problem sein. Solche Überlegungen bestärken die Annahme, daß der Wagen mit der Beförderung besonderer Lasten ursprünglich nichts zu tun hat. Natürlich kannte der Alte Orient den vierrädrigen Lastwagen, später die Antike das Transportfahrzeug in verschiedenen Ausführungen bis hin zum Reisewagen und dem bekannten »Wanderwagen« auf dem Denkmal von Adamklissi. Doch handelt es sich hier offenbar um profane Verwendung eines Geräts, das ursprünglich einem ganz anderen Zweck gedient hatte. Es muß auch bedacht werden, daß eine Beförderung von Gütern des täglichen Bedarfes über große Strecken im Neolithikum nur sehr selten in Betracht kam und daß es in diesem Falle näher gelegen hätte, einige kräftige Vierbeiner als Tragtiere zu nehmen. Immer sind auch schwere Lasten vom Menschen selbst getragen worden in einer Welt, die den Wagen nicht kennt oder nicht durchgängig besitzt.

Die Entwicklung eines fahrbaren, für die Gottheit gedachten Stuhles zu einer vierrädrigen Plattform mit Sitz darauf, die dann von Tieren gezogen wurde, liegt jedenfalls als Ursprung des Wagens durchaus im Bereiche des historisch Möglichen, wenn auch nicht sicher Erkennbaren. Hinweise auf diesen vermutlich einmaligen Werdegang laufen wohl nicht zufällig in einem Gebiet alter Kulturentwicklung zusammen. Noch heute begegnet das heilige Fahrzeug im Rahmen kultischer Handlungen, aber doch so selten, daß dem Betrachter die Tiefe der in ihm enthaltenen geschichtlichen Entwicklung nicht zum Bewußtsein kommt.

Die Vorstellung von der Pflugkultur als einer geschlossenen, im Osten beheimateten Errungenschaft des Menschengeistes ist notwendig, will man ihr Auftreten in Europa als den Beginn einer ganz neuen Zeit verstehen. Sie gelangt fertig ausgebildet hierher und tritt in dem Umfang an die Stelle der Kulturzustände älterer Art, wie das Klima den Anbau der Getreide erlaubt. Sie bedingt eine seßhaftere Siedlungsweise, zumindest während der Vegetationsperiode, und zugleich kommen, weil ursächlich mit ihr verknüpft, neue Formen des gesellschaftlichen und geistigen Lebens. Wieweit die bäuerliche Daseinsform lediglich als eine Kulturwelle an Raum gewinnt oder zugleich durch eine Wanderung ihrer Träger, steht noch dahin. Es ist einerseits undenkbar, daß die Pflugkultur nur durch Wanderung verbreitet wurde, denn sie erstreckt sich vom Atlantischen bis zum Stillen Ozean, also in Gebieten verschiedenster Rassen und Sprachstämme. Andrerseits steht ihrer Übertragung von einer Menschengruppe zur anderen oftmals die Gewöhnung an eine hergebrachte Lebensweise entgegen. Das Vorbild für sich allein vermag nicht unbedingt zu werben; es genügt nicht, daß etwas »praktischer« ist und daß es den Heutigen »höher«, »besser« und »bequemer« dünkt. Man muß auch auf das Fremde eingestellt und dazu bereit sein, es anzunehmen. Es können sich also Widerstände gegen die Ausbreitung einer »höheren« Gesittung ergeben, viel größer, als eine rationalistische Betrachtungsweise sie sich vorzustellen vermag. Vielleicht können hier und dort die Zeit und engere Beziehungen zwischen den Menschen verschiedenen Kulturniveaus diese Widerstände ausschalten, doch müssen sie es nicht; es ist auch denkbar, daß man aus Abneigung gegenüber dem sich nähernden Ungewohnten das Feld räumt. Denn die bäuerliche Zivilisation ist mit ihren reicheren Mitteln wirtschaftlicher Natur derjenigen der Wildbeuter und Sammler überlegen, und die relative Geschlossenheit der gesellschaftlichen Verbände verleiht ihr eine ganz andere Macht.

Literatur: ED. HAHN, Die Haustiere u. ihre Beziehungen zur Wirtschaft des Menschen (1896); ders., Die Entstehung d. Pflugkultur (unsres Ackerbaus) (1909); ders., Von der Hacke zum Pflug (1914). Etwas an Material bei W. VOLZ, Die Besitznahme d. Erde durch das Menschengeschlecht, eine anthropogeographische Untersuchung (1942), mit einer Karte d. Gebietes d. Pflugkultur.

Der Begriff der Pflugkultur wird in erster Linie Ed. Hahn verdankt; seine Thesen sind heute zwar nur noch zum Teil aufrechtzuerhalten, doch verdienen sie, gleich dem von ihm ausgebreiteten reichen Material, auch weiterhin Beachtung. Es ist aber das bleibende Verdienst von Hahn, die alte Vorstellung einer Abfolge von Jäger,

Hirt u. Ackerbauer erschüttert zu haben. Wenn er dieses Schema durch die drei Stufen des Sammlers, des Hack- u. des Pflugbauern ersetzt, so handelt es sich freilich auch hier wieder um ein recht starres, nach einer gleichsam gesetzmäßigen Entwicklung suchendes Denken. Aber das ist in der geistigen Haltung der Zeit um 1900 begründet, und so hat damals auch W. WUNDT es benutzt, vgl.: Elemente d. Völkerpsychologie, Grundlinien einer psycholog. Entwicklungsgesch. d. Menschheit ([2]1913). Doch deutet sich schon bei Hahn eine Auflockerung an, indem er das Hirtentum als eine Sonderform wirtschaftl. Tätigkeit auffaßt, die der Anlehnung an benachbarte Bauern bedürfe. Eine weitere Verlebendigung des Bildes d. wirtschaftl. Entwicklung wird einem Geographen verdankt, der sie aus den natürlichen Gegebenheiten zu verstehen sucht: A. HETTNER, Der Gang d. Kultur über die Erde ([2]1929). Seitdem setzt sich die Vorstellung von der Einmaligkeit des Geschehens auch in der Ethnologie durch; R. THURNWALD, Aufbau u. Sinn d. Völkerwissenschaft, Abh. Ak. Berlin 1947, 3, S. 39: »Jedes Erklimmen einer Kulturhöhe ist eine Leistung für sich, hat ihre individuelle Geschichte und eigenen Ablauf, so oft sich die Vorgänge auch vergleichen lassen.«

Für Thurnwald und die Ethnologie der Gegenwart ist die Pflugkultur kein derartig geschlossener Begriff wie für Hahn und damit also auch kein Wirtschaftshorizont; doch begegnet sie bei ihm als eine wichtige Wirtschaftsform. Hahn gegenüber hat die Prähistorie zwar zu bemerken, daß die Ausbreitung der Pflugwirtschaft nicht gleichzeitig mit dem Bekanntwerden der Bronze erfolgte, sondern schon viel früher vor sich gegangen sein muß; doch wird im Hinblick darauf, daß die Grabungen im Osten fortwährend neue Hinweise auf das Alter und die Bedeutung der Ackerbau-Zivilisation ergeben, die Verfechtung dieses wirtschaftlichen Niveaus zur Zeit immer mehr zu einer Sache der Archäologie.

Zur Würdigung d. Lebenswerkes von Ed. Hahn: U. BERNER, Ed. Hahns Bedeutung f. d. Agrarethnologie u. Agrargesch. d. Gegenwart, Zs. f. Agrargesch. u. Agrarsoziologie 7 (1959); ders., Rationales und Irrationales in der Wirtschaftsentwicklung primitiver Völker, Zs. f. Ethnol. 62 (1930); E. WAHLE, NDB 7 (1966), S. 504 f.

Das Bild der *altorientalischen Hochkultur* hat in den letzten Jahrzehnten bedeutend an Farbe gewonnen, einerseits, weil zahlreiche Tatbestände der frühest nachweisbaren städt.-staatl. Entwicklung Hinweise auf die vorangegangene Zeit geben, weiter aber weil sich auf der Basis der vordem in Europa herangebildeten Methoden jetzt eine selbständig arbeitende Prähistorie des Vorderen Orients herangebildet hat. A. MOORTGAT, Die Entstehung d. sumerischen Hochkultur, Der alte Orient 43 (1945); A. SCHNEIDER, Die sumerische Tempelstadt. Die Anfänge d. Kulturwirtschaft, Plenge, Staatswiss. Beitr. H. 4 (1920); A. FALKENSTEIN, La Cité-temple sumérienne, Comm. Internat. Hist. du Développement scientifique et culturel de l'Humanité I 4 (1954). Führend ist heute die Tätigkeit d. Oriental. Instituts d. Universität Chicago (R. J. BRAIDWOOD), welches die archäolog. Tatbestände auf eine breite naturwissenschaftl. Basis stellt u. im Sinne eines allgemeinen Aufstiegs vom Sammeln der Nahrung über deren Kultivierung bis zu ihrer planmäßigen Erzeugung innerhalb von Dorfgemeinschaften ordnet. Oberflächengestalt u. Klima, Pflanzen- u. Tierwelt werden sowohl in ihrer gegenwärtigen Erscheinungsform wie in ihrem Wandel während der letzten geolog. Zeiträume untersucht. Die Datierung der Hauptfundplätze Jarmo auf die Zeit um 7000 v. Chr. erscheint insbes. deshalb im Bereich des histor. Möglichen, weil das »Dorf« im Gebirge liegt und noch nichts über das Herniedersteigen der bäuerl. Wirtschaft in den Bereich der großen Ströme besagt. R. J. BRAIDWOOD, The Near East and the Foundations for Civilization. An Essay in Appraisal of the General Evidence, Condon Lectures, Oregon (1952); ders. u. BR. HOWE, Prehistoric Investigations in Iraqui Kurdistan, Studies in Ancient Oriental Civilization 31 (Chicago 1960). – Der ganze Umfang dessen, was dieses ausgesprochen kulturhistorisch orientierte Unternehmen an Kleinarbeit erfordert, zeigt sich weniger an dem tatsächlich Vorliegenden als an den Lücken, die überall zwischen den Tatbeständen klaffen. Der eigentliche Grund hierfür liegt nicht darin, daß die einzelnen Güter der Zivilisation über die weiten Räume zwischen Persischem Meerbusen und Atlantischem Ozean hinweg verfolgt werden müssen, auch nicht darin, daß der Westen – der nehmende Teil – von alters her viel besser erforscht ist als der die Heimat der Pflugkultur usw. darstellende Osten, sondern darin, daß im Verhältnis zu dem Umfang und der Verschiedenartigkeit aller Probleme die Zahl der Bearbeiter bei weitem nicht genügt. Wer sich z. B. über die Geschichte des Wagens unterrichten will, ein Objekt von besonderer Bedeutung, muß auf eine vor vier Jahrzehnten erschienene Arbeit zurückgreifen, für die der Fundstoff des eigentlichen Aufschwunges der Alt-Orientalistik noch nicht zur Verfügung stand (E. WAHLE in: EBERT, Reallex. 14, S. 231 ff.); und wer etwa den Gedanken von O. SPENGLER, Der Streitwagen, WaG 3 (1937), S. 280 ff., verfolgt, daß der Streitwagen für den Gang der Weltgeschichte eine besondere Bedeutung gehabt habe, vermißt jeden Versuch einer Koordinierung der hier in Betracht kommenden archäolog. Tatbestände. Wie die Hinweise auf die verschiedenen Formen des Wagens sind z. B. auch diejenigen für den prähist. Pflug recht selten, zumal es sich ja hier um ein Objekt aus vergänglichem Material handelt, das entweder nur in Abbildungen oder, original, in ständig durchfeuchteten bzw. stets trocken gebliebenen Erdschichten begegnet. Dieses Gerät hat schon früh besonderes Interesse gefunden, zumal es ja in der Gegenwart noch in urtümlich anmutenden Formen verwendet wird; aber hier steht man einer derartigen Vielfalt von Ausführungen gegenüber, daß der Versuch ihrer Ordnung ein Ergebnis von nennenswerter Aussagekraft kaum verspricht. G. MILDENBERGER, Der Pflug im vorgeschichtl. Europa, Wiss. Zs. d. Univ. Leipzig (1951/52); U. BERNER, Die Entstehung des Pfluges u. damit zusammenhängende Probleme, Studium Generale 11 (1958); ders., Die Handhabung des Ackergerätes in ihrer Bedeutung f. d. Feststellung von Zusammenhängen, Anthropos 55 (1960); ders., Zur Typologie u. Nomenklatur d. Pflüge, Zs. f. Agrargesch. u. Agrarsoziol. 11 (1963). – Hinweise auf Pflüge und Wagen, Funde von Getreidekörnern, bestimmbaren Tierknochen und figürlichen Gestaltungen in Ton heben sich natürlich aus der Masse der Siedlungsfunde heraus und können, wie manches andere, sogar einmalig sein; der Wert des steinernen Sachen und der vielen Gefäßscherben besteht in der durch sie gegebenen Möglichkeit der Einordnung des einzelnen Fundplatzes in die relative Chronologie. Doch obgleich die große Menge der Funde vielfach nur »Massenware« darstellt, ist doch keine einzige Grabung im Vorderen Orient oder in Südosteuropa überflüssig. Dies gilt zunächst ganz allg. hinsichtlich der Weitmaschigkeit des Netzes der gut untersuchten Fundplätze, sodann aber auch im Hinblick auf das Unerwartete, das Besondere, was die Erde zu bieten vermag und mit dem sie den Ausgräber überrascht. Zu diesem gehört der in einer neolithischen Siedlung in Siebenbürgen gehobene Fund von drei Schrifttafeln aus gebranntem Ton, die aus der Zeit um 2800–2750 v. Chr. angehörenden »Opfergrube« entstammen; s. VL. MILOJČIČ u. A. FALKENSTEIN, Germania 43 (1965): offenbar ist hier »eine Anregung aus dem fernen Zweistromland wirksam geworden, das damals allein eine Schrift ausgebildet hatte«, die aber nicht ganz unverändert übernommen wurde; »dazu war sie noch zu sehr an die Kultur und vor allem an die Sprache der Schrifterfinder gebunden«. Einerseits also Anregung aus dem Zweistromland, andererseits aber, wenn man sie wirklich nutzen wollte, die Notwendigkeit ihrer selbständigen Weitergestaltung – beides begleitet die Einführung der Pflugkultur überall in mannigfaltiger Abwandlung.

Grundlegendes zur Frage der Herkunft der Pflugkultur: R. GRADMANN, Die Steppen des Morgenlandes in ihrer Bedeutung für die Gesch. d. menschl. Gesittung, Geogr. Abh., 3. Reihe H. 6 (1934). Hiernach kommen außer Vorderasien selbst auch der Südwesten Sibiriens u. Südosteuropa in Betracht. Ein Versuch v. J. SAN VALERO APARISI, Jb. d. Schweiz. Ges. f. Urgesch. 38 (1947), die Wanderung der Pflugkultur nach Westen u. ihren Eingang dort zu verfolgen, arbeitet sowohl mit dem die Donau aufwärts führenden Wege wie mit demjenigen längs den Küsten des Mittelmeeres.

Es kann immer wieder beobachtet werden, daß mit der nennenswerten Vermehrung des Fundstoffes zwischen Gruppen, die von der Typologie her zunächst streng geschieden wurden, sich Übergänge oder verbindende Glieder feststellen lassen, die der Kluft (dem »Hiatus«) die Schroffheit nehmen, die vordem dort gesehen wurde. Die Frage, wie sich die in Mitteleuropa feststellbaren neolith. Bauern zu den Jäger-Fischer-Sammlern verhielten, die hier gelebt haben dürften, entspricht der Frage, was mit der einheim. Bevölkerung geschehen ist, als »die Römer« am Rhein Fuß gefaßt haben. Wie man hier bereits vor Jahrzehnten zu der Vorstellung einer provinz. Zivilisation gekommen ist, in der beide Komponenten zum Ausdruck gelangt sind, so bahnt sich heute langsam die Erkenntnis an, daß die mesolith. Vorbewohner in einigen Tatbeständen des frühen Neolithikums archäolog. sichtbar werden, auch ihre Anpassung an die ihnen neue Situation. So wird auf den »tierbetonten Grabbrauch« einiger neolith. Kulturprovinzen hingewiesen, der an den der Jäger -u. Fischergruppen im Norden u. Osten Europas erinnere; ein neuerer Grabfund von Offenau bei Heilbronn weise nachdrücklich in diese Richtung, nicht nur wegen seiner zahlreichen, vom Schaf stammenden und wohl als Schmuck getragenen Hornzapfen. Bedeutungsvoller noch sind Verbindungen zwischen den Bestattungssitten höherer Sammler und solchen der donauländ. Zivilisation des Neolithikums. So ist auch mit dem räuml. u. zeitl. Nebeneinander von Trägern beider Wirtschaftsformen zu rechnen. Die Vorstellung, daß im Bereich der Nordgrenze der Lößgebiete die Sammler auch weiterhin dort ihrem Nahrungserwerb nachgingen, wo nun Siedlungen der Bandkeramiker lagen, ja daß von ihnen »vielleicht Viehherden oder gar ein Bauerndorf als besonders lohnendes Jagdobjekt gewählt« worden sind (Niquet), liegt durchaus im Bereich des hier Möglichen.

Betr. verbindende Fäden zwischen Mesolithikum u. Neolithikum s. R. A. MAIER, Das Grab von Offenau, Germania 42 (1964); A. HÄUSLER, Übereinstimmungen zwischen den Bestattungssitten von Jäger- u. Fischergruppen und den Kulturen des Donauländ. Kreises, Arbeits- u. Forschungsberr. z. sächs. Bodendenkmalpflege 13 (1964); F. NIQUET, Neue Ausgrabungen u. Forschungen in Niedersachsen 1 (1963), S. 44 ff., über frühe Bandkeramik bei Eitzum, Kr. Wolfenbüttel.

Kapitel 5
Die Entstehung des neolithischen Landschaftsbildes

Die Zivilisation der Wildbeuter und Sammler ist nicht an eine bestimmte Klimazone gebunden; es fehlt ihr eine engere Anpassung an die besonderen Daseinsbedingungen des mitteleuropäischen Diluviums und älteren Alluviums, die einer geographischen Betrachtung nennenswerte Ergebnisse zusichern würde. Ackerbau und Viehzucht dagegen verknüpfen den Menschen ganz anders mit der Natur. Er braucht einen Boden, der für den Pflug geeignet ist und für das Wachsen des Getreides; er wird gegenüber den Erhebungen, auf denen der Schnee länger liegen bleibt, das niedriger gelegene Land bevorzugen.

Sein Wohnplatz soll das fließende Wasser in nächster Nähe haben, andrerseits aber vor Überschwemmungen gesichert sein. Er wird sich dort niederlassen, wo eine lichte Bestockung ihm zugleich Ackerland, Holz und Grünfutter bietet, und den dichten Urwald meiden, in welchem er zunächst roden müßte. Diese und andere Überlegungen bestimmen die Auswahl seiner Wohnplätze. Natürlich können die Siedlungen auch jetzt noch verhältnismäßig leicht verlegt werden; die Stammesrechte zählen das Haus zur fahrenden Habe, und aus später geschichtlicher Zeit gibt es eine Fülle von Beispielen dafür, daß man Fachwerkhäuser abbricht und an einem ganz anderen Platz wieder aufbaut. Andrerseits kommt es dadurch, daß man die Wohnplätze und Nutzflächen längere Zeit hindurch beibehält, zu einer gewissen Häufung von Arbeitswerten auf begrenztem Raum, an die eine spätere Bewohnerschaft gerne anknüpft. Mit den Ansprüchen der bäuerlichen Lebensweise ist also nicht nur eine beträchtliche *Einengung des Siedlungsraumes* verbunden, es stellen sich auch Kräfte der Beharrung ein. Trotz aller Völkerbewegungen muß vom Neolithikum an mit einem starken bodenständigen Bevölkerungselement gerechnet werden, das auf der überlieferten Scholle den Wandel der Zeit zu überdauern sucht. Die geographische Deutung alles jungsteinzeitlichen und späteren Lebens hat aber zu bedenken, daß die besonderen Daseinsbedingungen einer älteren Zeit in den Zuständen einer späteren weiterleben können. Die Macht der Überlieferung von Anpassungstatsachen, denen infolge der Veränderung der Verhältnisse die Berechtigung zu fehlen scheint, kommt jetzt zur Geltung. Aus diesen Gründen stellt die Einführung der bäuerlichen Wirtschaft die am tiefsten gehende Wandlung dar, die in den Beziehungen zwischen Mensch und Natur im Verlauf der ur- und frühgeschichtlichen Zeit festgestellt werden kann. Die Veränderungen der Daseinsbedingungen, die im Neolithikum und in der Folgezeit noch stattfinden, sind im Vergleich mit den vorangegangenen sehr gering; sie werden aber am Menschen in ihren Wirkungen ungleich lebendiger widergespiegelt.

Das *Bodenrelief* des Binnenlandes wandelt sich nur in kleinen Einzelheiten. Die Vulkane der Eifel sind nun erloschen; Gräber und Siedlungsreste der jüngeren Steinzeit müssen von der heutigen Erdoberfläche aus verstanden werden. Erdrutsche und Wolkenbrüche rufen örtliche Veränderungen hervor; in den Aufschüttungsebenen verlegen die Flüsse im Anschluß an die Hochwässer ihren Lauf, und die Anhäufungen von Dünensand werden ein Spiel des Windes, sobald ihnen die schützende Pflanzendecke fehlt. Die deutsche Ostseeküste hat schon zur jüngeren Steinzeit ihren heutigen Verlauf, der in seinem östlichen Teil das Ergebnis einer sogenannten Küstenversetzung ist. Im Unterschied zu der Fördenküste Schleswig-Holsteins, dem Ergebnis einer Landsenkung, zeigt sich hier einerseits ein abwechslungsreicher Gegensatz von Kliffen und Nehrungen, der auf eine lange Wirkung von Brandung und Westwind zurückgeht, andererseits ein verhältnismäßig glatter Verlauf der Küste, die in dieser Form einer »Ausgleichsküste« Seen und Haffe hinter sich läßt. Auf den Nehrungen aber liegen Siedlungen der jüngeren Steinzeit, also vollzog sich die nacheiszeitliche Senkung der deutschen Ostseeküste in dem vorangegangenen Mesolithikum. Dagegen reicht die Einbuße, die das Land gegenüber der Nordsee erleidet, weit in die Zeit hinein, in der ackerbauende Völker ihr Hinterland bewohnen. Noch in geschichtlicher Zeit gehen hier Landstriche an die See verloren; die Auswanderung der Kimbern und Teutonen wird von der römischen Überlieferung auf gewaltige Sturmfluten zurückgeführt. Jadebusen und Dollart sind erst nach dem hohen Mittelalter entstanden, während die Zuidersee, ursprünglich ein Binnenwasser und von einem Nebenarm des Rheins durchflossen, wahrscheinlich von der Karolingerzeit an ihre spätere Größe und Gestalt bekommen hat. Andrerseits war schon im späten Neolithikum eine bewohnbare Marsch vorhanden, und im Wattenmeer hinter Sylt liegen Großsteingräber heute unter Normalnull. Um Christi Geburt besitzen die friesischen Küsten im wesentlichen ihre heutige Gestalt. Die Wohnhügel im Wattenmeer setzen den heutigen Verlauf des Steilabfalls der Geest bereits voraus; sie reichen nach den ältesten in ihnen gehobenen Funden bis in die vorrömische Eisenzeit zurück. Damit stimmt die Beschreibung des Wattenmeers durch Plinius überein, und es muß weiter beachtet werden, daß die schriftliche Überlieferung der Römerkriege den Dünenwall vor der Küste bereits in dem heutigen Zustande seiner Auflösung in einzelne Inseln kennt.

Das *Klima* der Nacheiszeit war Schwankungen unterworfen, die sich sowohl in den *Vegetationsverhältnissen* als auch in der Wasserführung der Quellen und Moore, Seen und Flüsse geltend machen. Mit dem Ende der letzten Vereisung zieht sich die Tundra endgültig aus Mitteleuropa zurück; von verschiedenen

Richtungen her halten jetzt die Pflanzenvereine des gemäßigten Klimas ihren Einzug. Die anspruchsloseren Arten kommen zuerst, die empfindlicheren, langsam wachsenden und sich nur allmählich ausbreitenden folgen. Als erste Baumgewächse erscheinen Birke und Kiefer; dann kommt eine lange Zeit des Eichenmischwaldes, an dessen landschaftlich verschiedener Zusammensetzung neben der Eiche auch Ulme und Linde beteiligt sind. Zuletzt folgen Buche und Tanne. Zu der Zeit, da in Mitteleuropa der Ackerbau eingeführt wird, ist der Eichenmischwald hier schon längst heimisch geworden; immerhin dringt die Buche damals schon so stark vor, daß sie am Ausgang des Neolithikums im Vorland der Alpen zusammen mit der Tanne den Vorrang über den Eichenmischwald erlangt. Im Norden liegt dieser Zeitpunkt natürlich später; erst im Verlaufe des letzten Jahrtausends v. Chr. gibt der Buchenwald den Küstengebieten des westlichen Ostseebeckens das Aussehen, das ihnen heute noch eigentümlich ist.

Vom Mesolithikum an bewegt sich der Mensch in einem *Waldland*. Denn unter dem gegenwärtigen Klima wäre, bei Ausschaltung aller Eingriffe des Menschen, Mitteleuropa im wesentlichen von Urwald bedeckt. Auch dürfte eine alluviale Wärmezeit wohl kaum in der Lage gewesen sein, an die Stelle des Waldes in gewissem Umfang eine »Parklandschaft« oder gar richtig offene Gebiete zu setzen. Viel eher hat man sich diesen Urwald nicht so undurchdringlich vorzustellen wie den der Tropen und nicht so arm an Nahrung wie den nordrussisch-sibirischen. Er wird wohl mit vielen kleinen natürlichen Lichtungen durchsetzt gewesen sein, wie sie durch Windbruch und das Eingehen alter Bäume, durch den Verbiß der Schößlinge und Sterilität des Bodens entstehen. Fehlte infolge eines dichten Laubdaches das Unterholz, so war er recht gangbar. Zu den schwer passierbaren Partien dürfte der Auenwald in Bach- und Flußniederungen gehört haben; Wiesen hat es hier nicht gegeben, denn diese sind, als ein Ergebnis der Kultur, erst durch den fortgesetzten und regelmäßigen Schnitt der Sense zustande gekommen.

Die Einführung des Ackerbaus steht mit den nacheiszeitlichen Klimaschwankungen nicht im Zusammenhang. Andererseits gab es selbst in der postglazialen Wärmezeit in Mitteleuropa keine so warmen und gleichzeitig relativ trockenen Sommer, daß das Ernten des Getreides oder der Unterhalt des Viehs in Frage gestellt wurde. Doch entbehrt die *Verteilung der neolithischen Besiedlung* über das Land nicht des geographischen Interesses. Im küstenfernen Mitteleuropa siedeln diese Bauernvölker vorwiegend in den Gebieten des fruchtbaren, steinfreien und warmen Lößbodens; erst in der Folgezeit greift die Besiedlung auf Sand- und Kalkböden über. Mit der Verbreitung der ältesten bäuerlichen Bewohnerschaft deckt sich auffallend diejenige einer Vegetationsformation, der Steppenheide, und so liegt es nahe, daß neben der anziehenden Kraft des Lösses irgendeine Erscheinung der Pflanzenwelt den Menschen veranlaßt hat, gerade hier seßhaft zu werden. Am ehesten ist dabei an eine Bestockung zu denken, die relativ licht war oder sonstwie das Siedeln oder den Anbau erleichterte, vielleicht auch das Vorkommen des Lösses zu erkennen gab. Diese im Neolithikum bewohnte Fläche erfuhr nun dadurch eine gewisse Vergrößerung, daß der seßhafte Bauer den Wald viel stärker nutzt als der Mesolithiker. Infolge des Fällens von Bäumen für Bauzwecke entsteht ein Niederwald; mit dem Eintreiben des Nutzviehs, nicht nur zur Eichelmast, sowie der Gewinnung von Laubheu für den Winter wird der Wald um die Siedlungen herum aufgelockert. Dieser Wandel zeigt sich deutlich in dem Pollenspektrum, in dem jetzt der Spitzwegerich (Plantago lanceolata) das Vorhandensein von Flächen relativ offenen Geländes anzeigt. Ob es auf der Schwarzerde des mitteldeutschen Trockengebiets, zumindest örtlich, zur Bildung einer offenen Steppe gekommen ist, bleibt jedoch fraglich. Im Gebiet der nordwestdeutschen Calluna-Heide liegen jungneolithische Grabhügel auf der charakteristischen Schichtenfolge Humus-Bleichsand-Ortstein, die darauf verweist, daß die Bestattungen nicht im Wald angelegt worden sind. Es fehlt aber noch an Versuchen, derart offen gewesene Gebiete auf diesem Wege und vermittels des Pollenspektrums zu umschreiben. So gewiß also mit der bäuerlichen Wirtschaft, insbesondere ihrer Viehhaltung im Laufe der vorrömischen Metallzeit eine Art »innerer Kolonisation« stattgefunden hat, so kann es ebenso als gesichert gelten, daß der Gegensatz zwischen altbesiedelten Gebieten und Urwald bis ins Mittelalter hinein bestanden hat. Indem sich aber der Mensch in einem vorwiegend mit Wald bestandenen Lande bettete, trat er im Landschaftsbilde noch sehr zurück; er war Herr über nur kleine Gebiete und hatte in großem Umfang Ur und Wisent, Bär, Wolf und Luchs neben sich, die ihm selbst und seiner Herde gefährlich werden konnten.

Literatur: Eine Darstellung d. prähist.-geograph. Verhältnisse im nacheiszeitl. Mitteleuropa fehlt noch; z. T. ist dies darin begründet, daß für große Räume u. etliche Probleme noch nicht genügend Unterlagen vorhanden sind.

Über die Nord- u. Ostseeküsten: H. LARSEN bei EBERT 8, S. 527 ff.; z. Gesch. d. Nordsee außerdem TH. H. ENGELBRECHT, Geograph. Zs. 36 (1930), doch ist die Parallelisierung des Landverlustes mit archäolog. Entwicklungsstufen noch nicht möglich. – A. BANTELMANN, Ergebnisse der Marschenarchäologie in Schleswig-Holstein, Offa 8 (1949); K. KERSTEN, Nachrichtenbl. 18 (1942). – Die Veränderungen am Unterlauf des Rheins sind von besonderem Ausmaß u. deshalb nicht typisch.

Die Beziehungen zwischen Vegetationsformation und Siedlungsgesch. hat von der Jahrhundertwende an R. GRADMANN zum Gegenstand zahlr. Untersuchungen genommen; vgl. Lit. zu Kap. 2 u. zuletzt: Altbesiedeltes u. jungbesiedeltes Land, Studium Generale 1 (1948). Das wichtigste Ergebnis der Diskussion über die Vorstellungen Gradmanns, die im Laufe der Jahrzehnte gewisse Wandlungen erfahren haben, ist die Auflockerung des Bildes vom Urwald und die Erkenntnis, daß auch der »Primitive« ihn zu meistern vermag. Hierzu: H. NIETSCH, Mitteleurop. Urwald, Zs. d. Ges. f. Erdkunde zu Berlin (1927); R. GRADMANN, Unsere Flußtäler im Urzustand, ebd. (1932). Recht anschaulich: H. BOHNE-FISCHER, Ostpreußens Lebensraum in der Steinzeit, eine vorgeschichtl. Landeskunde (1941). – JOH. IVERSEN, Land Occupation in Denmark's Stone Age. A Pollenanalytical Study of the Influence of Farmer Culture on the Vegetational Development, Danm. Geol. Unders. (1941); ders., The Influence of Prehist. Man on Vegetation (ebd. 1949); INGE MÜLLER, Der pollenanalyt. Nachweis d. menschl. Besiedlung im Federsee- u. Bodenseegebiet, Planta 35 (1947); HELM. MÜLLER (s. Lit. zu Kap. 2); über die Ergebnisse dänisch-schweizer. Zusammenarbeit, die durch das sog. Pfahlbauproblem nahegelegt wurde, unterrichten: J. TROELS-SMITH u. M. WELTEN in dem Sammelwerk: Das Pfahlbauproblem, hg. z. Jubil. d. Schweizer. Pfahlbauforschung, Monogr. z. Ur- u. Frühgesch. d. Schweiz 11 (1955).

Kapitel 6
Kulturprovinzen und Lebensgemeinschaften

Von drei Seiten her, aus südlicher, westlicher und nördlicher Richtung, findet die bäuerliche Kultur Eingang in Mitteleuropa. Ob sie sich deshalb gründlicher und rascher durchsetzt als in Ländern, die sie nur aus einer Richtung erobert, steht dahin. Jedenfalls ist sie am Ende des 3. Jahrtausends fast überall vorhanden; nur in Teilen Ost-Mitteleuropas gibt es zu dieser Zeit noch Wildbeuter und Sammlervölker. Auf den Wegen, die sie nach Mitteleuropa bringen, büßt die Pflugkultur manche ihrer Eigenarten ein. Zwar scheint es, als ob die Formen der Wirtschaft und Gesellschaft recht vollständig Eingang fanden; dagegen dürfte ein Teil der geistigen Äußerungen der Pflugkultur verblaßt sein. Neben dem Beispiel des Wagenthrones und der kultischen Umfahrt, das bis zum südlichen Skandinavien vordringt, steht das Gegenbeispiel des Götterbildes, das schon nicht mehr an der mittleren Donau vorkommt. Daß gerade ein Teil der geistigen Vorstellungen sich abstreift, ist im Hinblick auf die Länge des Weges ebenso verständlich wie angesichts der Wahrscheinlichkeit, daß sie, vielleicht sogar wiederholt, von einer Gemeinschaft zur anderen übertragen werden. Andrerseits zeigt sich sehr bald, daß die neue Zivilisation die im Lande vorhandenen Möglichkeiten zu nutzen versteht. Die Kunst, Wildtiere zu zähmen, gilt als eine Errungenschaft des Ostens. Schaf und Ziege sind allenfalls noch im südöstlichen Europa heimisch, nicht aber im mittleren. Gerade mit ihnen, d. h. mit kleineren Tieren, dürfte die Zucht überhaupt begonnen haben. Dazu stimmt vortrefflich, daß im Neolithikum an der Saale und zweimal zur gleichen Zeit in Württemberg die säbelhörnige Bezoarziege nachgewiesen ist, die auf Kreta noch heute wild lebt. Ebenso wie sie hat auch das Schaf als eingeführt zu gelten; seine im Grab von Offenau gefundenen Hornzapfen weisen in die Richtung einer »von asiatischer Wildform abstammenden Rasse mit stärker behörnten Widdern und nur schwach behornten Weibchen«. Wahrscheinlich ist auch das Rind schon domestiziert nach Mitteleuropa gekommen, aber es zeigt sich deutlich, daß der hier heimische Ur sehr bald zur Zucht herangezogen wurde. Das spätneolithische Joch von Petersfehn, ein Moorfund aus Oldenburg, »war bestimmt für die großen und kräftigen Abkömmlinge des Ures, die aus dem Neolithikum und Spätneolithikum immer wieder nachgewiesen werden und auch im Übergang zur Bronzezeit noch nicht verschwunden waren«[1].

Die zentrale Lage Mitteleuropas hat ein farbenreiches Bild der Besiedelung und ein Spiel sehr verschiedener Kräfte im Gefolge[2]. Die älteste neolithische Fundprovinz ist wohl die *Donaukultur*, und zwar nicht nur deshalb, weil sie am ehesten mit bestimmten Erscheinungen in Südosteuropa und dem Vorderen Orient in Zusammenhang gebracht werden kann[3]. Sie begegnet überall dort, wo Lößboden ansteht, und erreicht somit weder Ostsee noch Kanal. Ihre äußersten Punkte sind die Ausgänge der großen Alpentäler und die Burgundische Pforte, das Gebiet um Namur und die Soester Börde sowie Stendal, der Pyritzer Weizacker und Graudenz. Sie zeigt sich in erster Linie in Siedlungsresten, zu deren Menge die relativ kleine Zahl der Gräber noch in einem gewissen Mißverhältnis steht. In den Siedlungsresten begegnet vorwiegend Keramik, welche nach einer sie kennzeichnenden Verzierungsart die *Bandkeramik* genannt wird.

Wahrscheinlich liegt die Keimzelle dieser Donaukultur in einer fruchtbaren Lößlandschaft im Gebiet der mittleren Donau, welche mit ihren einheitlichen Lebensbedingungen die Herausbildung einer in sich geschlossenen Zivilisation ermöglichte und ihr das bäuerliche Aussehen gab, das alle ihre späteren Lebensäußerungen kennzeichnet. Irgendwelche noch unbekannten Umstände führten dann zu einer Ausdehnung des bandkeramischen Kreises über weite Flächen; allem Anschein nach erfolgte sie auch innerhalb eines verhältnismäßig kurzen Zeitraums. Diese Dynamik fällt insofern auf, als sie sich am Anfang der bäuerlichen Zivilisation im küstenfernen Mitteleuropa zu vollziehen scheint. Hier, wo man eine Konsolidierung tragender Kulturelemente erwarten und die Inbesitznahme neuer Räume durch sie verfolgen möchte, zeigt sich eine auffallende Gleichartigkeit der Keramik von der mittleren Donau bis nach den Niederlanden, außerdem gleichsam als Abbild einer fest gefügten Sozialorganisation ein stattliches, langgestrecktes Großhaus. Überraschend ist auch, daß gerade in dem frühen Nachlaß einer hierher gehörigen Siedlung links vom Niederrhein fast die Hälfte der eleganteren Felsgeräte aus schlesischem Amphibolit besteht, der am Zobten gebrochen und bearbeitet worden ist, wieder ein Zeugnis der Geschlossenheit dieser Fundprovinz. Im Laufe der Zeit ändert sich dann das Bild, insofern der bandkeramische Kreis in eine Anzahl von Gruppen mit geringerer Ausdehnung zerfällt und, besonders nach Ausweis der keramischen Stile, sich verschiedenen Einflüssen von außerhalb öffnet.

So vermag denn auch der recht konsolidierte *westeuropäische Kreis* die Donaukultur zu beunruhigen und ihren Trägern in bestimmten Teilen Mitteleuropas den Boden streitig zu machen[4]. Zeugnis dieser Einflußnahme ist zunächst die nach dem Michelsberg bei Bruchsal benannte Fundprovinz, die eng zusammenhängt mit den Siedlungsresten in Westeuropa und mit denen der neolithischen Pfahlbaukultur. Im Schichtenverband liegt ihr Nachlaß unmittelbar über dem der Bandkeramiker, ist also jünger als dieser. Gerne finden sich die Michelsberger Siedlungen auf Höhen und sind hier mit einer Umwehrung versehen. Man kann daran denken, daß sich hierin Fehden und Rivalitäten der kleineren Lebenskreise zeigen; doch ist diese Erscheinung, zumindest im Rheingebiet, viel zu weit verbreitet, als daß sie damit allein erklärt werden könnte. Die Ansicht, daß sich in dieser Bewegung wenigstens teilweise ein Zustrom von Menschen äußert, hat eine Stütze in dem Vordringen megalithischer Erscheinungen von westeuropäischer Art an den Rhein und weiter nach Osten. Zwar sind diese nirgends unmittelbar an die Michelsberger Fundplätze geknüpft und rühren also wohl von anderen Strömungen her. Aber die große, als Begräbnis einer Sippe aufzufassende Grabkammer (»galerie couverte«) entstammt einer ganz bestimmten, dem Donaukreise fremden Basis, und dasselbe gilt von der steinernen Säule, dem sogenannten Menhir. Unbedeutend ist ein Vorstoß über den Schweizer Jura und durch die Burgundische Pforte, denn er fand hier keinen von der Natur vorgezeichneten Weg nach Osten, und so erreichte er nicht einmal den Bodensee. Ein zweiter Einbruch benutzt, von der Lothringischen Hochebene ausgehend, den Westrich, und gelangt über Rheinhessen bis zur Wetterau; seine archäologischen Zeugnisse sind jedoch nicht sehr eindringlich. Vielleicht vereinigt er sich in Kurhessen mit einem ungleich stärkeren Strom, der die schwache Stelle zwischen nordischem und bandkeramischem Kreis als Ziel seines Angriffes wählte. Er dringt, vielleicht vom heutigen Belgien herkommend, längs der Lippe nach Osten vor und trifft im nördlichen wie südlichen Vorland des Harzes sowie an der Saale auf die dortigen Ableger des nordischen Kreises. Eindrucksvoller als die Menhire sind hier die bis zu den Decksteinen in die Erde eingelassenen Steinkisten von langgestreckter Form. Als Erbbegräbnisse ganzer Sippen bergen sie, besonders in Westfalen, mitunter die Reste von mehr als zweihundert Menschen; doch ergeben sich an der Saale aus der Verschmelzung dieses Stromes mit den daselbst recht kräftigen bodenständigen Erscheinungen manche Durchkreuzungen und Kümmerformen.

Diese verschiedenen Einstrahlungen aus westlicher Richtung waren offenbar nicht in der Lage, die Verhältnisse in den von ihnen betroffenen Räumen wesentlich zu beeinflussen, so eindrucksvoll und gehäuft auch mancherorts ihr Nachlaß ist. Eine stärkere Kraft scheint in dem *nordisch-megalithischen Kreise*[5] wirksam zu sein, der wohl als ein Ableger der westeuropäischen *Großsteingrabkultur* gelten darf und sich im südlichen Schweden, in Dänemark wie in Teilen des Norddeutschen Tieflandes findet. Diese nordische Fundprovinz baut offenbar sehr stark auf einer in ihrem Bereich heimischen mesolithischen Grundlage auf, so daß ihre frühe Erscheinungsform archäologisch greifbar wird. Aber bereits in der Zeit der Großsteingräber zeigt sich ihr Zerfall in lokale Bildungen, und das Ganggrab nach der Art des Denghoog auf Sylt hat seinen Schwerpunkt eindeutig in Dänemark. Zwischen Weser und Zuidersee entsteht die Fundprovinz Emsland, und in Hinterpommern wie an der Weichsel begegnet das recht unansehnliche, aber sehr charakteristische »Kujawische Grab«. Die Ausstrahlungen, die von hier nach Süden und Südosten gehen, haben lange die Vorstellung von einem »nordischen Kulturgebiet in Mitteleuropa« bestimmt; aber selbst wenn man der Ansicht ist, daß in den Ablegern des nordischen Kreises viele bodenständige Elemente enthalten sind, bleibt doch der Eindruck einer sehr starken inneren Kraft, die die Elemente der bandkeramischen Zivilisation verschwinden läßt.

Im Falle einer Besitzergreifung großer östlicher Gebiete[6] drängt sich die Frage auf, wo denn die Grenze zwischen einer *Abwanderung* von nordischer Jungmannschaft und einer Welle lediglich der Kultur gezogen werden kann. Diese Bewegung betrifft weitgehend einen Raum, in dem die bäuerliche Zivilisation bis dahin nur in Ausläufern vertreten war; hier zwischen der Nordgrenze des Lösses und der See siedeln die Nachfahren mesolithischer Sammlervölker, und es gilt zu überlegen, wie sich etwa ihre Beeinflussung durch die überlegene Wirtschaftsform in dem archäologischen Bild der Folgezeit spiegelt. Bei aller Dynamik des nordischen Kreises weist doch die Größe des in Betracht kommenden Raumes darauf hin, daß weitgehend nur die Zivilisation gewandert sein dürfte; in der Tat deuten sich in dem keramischen Gut etlicher Siedlungen manche Züge an, die man für bodenständig erklären möchte. Das gleiche Problem zeigt sich in viel größerem Umfang im Gebiet der nordischen Großsteingräber selbst. Veranschaulichen diese eine Zuwanderung von Fremden, dann erhebt sich die Frage, in welches Verhältnis die Bodenständigen zu den Ankömmlingen getreten sind. Seit langem wird hier auf einige Funde hingewiesen, die ein Weiterleben der mesolithischen Zivilisation in die Zeit der Megalithkultur hinein und eine gewisse Infiltration von Elementen bäuerlicher Art in die Lebensweise der Vorbäuerlichen zu erkennen geben. Dieses Material vermehrt sich zwar nur langsam, und es spiegelt damit die Seltenheit der Siedlungsreste wider, die in der nordisch-neolithischen Fundprovinz noch heute auffällt; aber es zeigt doch sehr eindringlich das Nebeneinander derjenigen, deren Vorfahren hier ehemals die Muschelhaufen türmten, mit den Erbauern der Großsteingräber. Natürlich sind die Ankömmlinge insofern auf die Bodenständigen angewiesen, als diesen die topographischen Verhältnisse und die geographischen Eigentümlichkeiten vertraut sind, gewiß ist auch ihre Arbeitskraft sehr willkommen. Diese Frage des Weiterlebens der Alteingesessenen drängt sich im Norden insofern auf, als hier ein reichliches Mesolithikum vorliegt. Anderwärts auf mitteleuropäischem Boden ist es viel weniger entwickelt oder fehlt ganz; mancherorts sagte es infolge sehr einseitiger Ausprägung nur sehr wenig, und wieder anderwärts, wie an der Donau, gehört es einer Zeit an, die von derjenigen der Bandkeramiker wohl durch Jahrtausende getrennt ist. Doch auch hier überall stellt sich die Frage nach dem Verhältnis der neolithischen Zivilisation zu seiner mesolithischen Vorbevölkerung, die wohl mancherorts erkennbar ist, aber nicht überall greifbar sein muß. Wie weit ist die nordische Fundprovinz wirklich von Zuwanderern getragen worden, und in welchem Umfang etwa liegen in den Großsteingräbern die Nachkommen der Alteinheimischen? In welchem Umfang wird eine mesolithische Bevölkerung erst dadurch archäologisch sichtbar, daß eine Welle neolithischer Kultur über ihr Gebiet hinweggeht? So wahrscheinlich es ist, daß die eine Bewegung von wandernden Menschen getragen war, in gleichem Maße kann dies anderwärts als ausgeschlossen gelten. Vielerorts verbirgt sich das Werden der Erscheinungen in den kurzen Perioden ihrer Formung, und die Überbrückung solcher Lücken muß von der späteren Analyse eines vervielfachten Stoffes erhofft werden. Wo eine neolithische Zuwanderung im Gebiete der Wildbeuter und Sammler wahrscheinlich ist, da liegt die Vorstellung von einer *sozialen Schichtung* recht nahe. In stärkerem Maße noch gilt dies für diejenigen Fälle, in denen eine Überlagerung bäuerlicher Gemeinschaften durch solche von gleicher Art angenommen werden darf. Dies ist insbesondere in Mitteldeutschland der Fall, und es wird wohl kein Zufall sein, daß neolithische Grabhügel von monumentalem Ausmaß gerade hier vorkommen. Jedenfalls hat die Würdigung der jüngeren Steinzeit und der auf sie folgenden Perioden mit einer gesellschaftlichen Gliederung zu rechnen, wie sie vordem nicht bekannt war, wohl aber später in den frühen Schriftquellen begegnet.

[1] Betr. den Grabfund von Offenau vgl. R. A. MAIER (s. Lit. zu Kap. 4); über das Joch von Petersfehn O.-F. GANDERT, Jb. d. Röm.-Germ. Zentralmus. Mainz 11 (1964). »Die Verminderung der Körpergröße der Rinder voll-

zog sich von der Jungsteinzeit bis in die Eisenzeit hinein ganz allmählich, aber unaufhaltsam, wie die Haustierforschung schon lange erkannt hat«, H.-H. MÜLLER, Die Haustiere d. mitteldt. Bandkeramiker, Schr. Dt. Ak. Berlin, Sekt. Vor- u. Frühgesch. 17 (1964).

[2] Die Gliederung des mitteleurop. Neolithikums begann gegen Ende des 19. Jh. mit der Gegenüberstellung von Band- u. Schnurkeramik in Mitteldtld.; neben diesen zwei Gruppen war seit alters die Provinz der nord. Großsteingräber bekannt und später die der sog. Pfahlbauten hinzugekommen. Weiterhin ist eine ganze Anzahl von neolith. Fundprovinzen, besonders basiert auf der Keramik, umschrieben worden, und es erscheint durchaus möglich, daß noch andere aus dem sich ständig vermehrenden Stoff ausgeschieden werden können. Eine den gegenwärtigen Stand der Erkenntnis bietende Übersicht über sie fehlt; die Angaben in Oldenbourgs Abriß d. Vorgesch. (1957), S. 53 ff., sind ganz knapp gehalten, und so empfiehlt sich der Rückgriff auf K. SCHUMACHER, Stand u. Aufgaben d. neolith. Forschung in Dtld., 8. Ber. d. Röm.-Germ. Komm. 1913–1915 (1917), der s. Z. Vollständigkeit erstrebte. Ein ›Handbuch der Urgeschichte Deutschlands‹, geleitet v. E. SPROCKHOFF, sollte in 20 Lieferungen die Typologie vom Paläolithikum bis zur Wikingerzeit behandeln, d. h. »die Sachgüter als Grundlage«, und im Anschluß daran Rassenkunde, Wirtschaft, geistiges Leben u. Religion. Dieser Plan ließ die Spezialisten reichlich zu Worte kommen, aber die Einheitlichkeit der Darstellung verloren gehen, er ist nicht über eine 3. Lieferung hinaus verwirklicht worden: W. BUTTLER, Der donauländ. u. westische Kulturkreis d. jüngeren Steinzeit, Lfg. 2 (1938), u. E. SPROCKHOFF, Die nord. Megalithkultur, Lfg. 3 (1938). Aus der Notwendigkeit, relative Chronologie und gegenseitiges Verhältnis der neolith. Fundprovinzen zu klären, wurden sie in der Folgezeit in Monographien behandelt, die gewöhnlich recht aufwendig den Stoff in einem Katalog ausführlich

darbieten, vielfach auch Fundkreise der Folgezeit betreffen; sie sind den Editionen in Philologie u. Gesch. vergleichbar. Die Entwirrung der auf kleinem Raum besonders vielgestaltigen Erscheinungen in Sachsen-Thüringen war die eigene Aufgabe der mitteldt. Forschung: P. GRIMM, Zur inneren Gliederung d. mitteldt. Jungsteinzeit, Mannus 32 (1940); U. FISCHER, Die Gräber d. Steinzeit im Saalegebiet, Vorgesch. Forsch. 15 (1956).

[3] H. QUITTA, Zur Frage d. ältesten Bandkeramik in Mitteleuropa, Prähist. Zs. 38 (1960); ders., Zur Herkunft des frühen Neolithikums in Mitteleuropa, Schr. Dt. Ak. Berlin, Sekt. Vor- u. Frühgesch. 16 (1964), S. 14–24, als Arbeitshypothese gedacht, sucht eine den jeweils vorhanden gewesenen Kräften entsprechende Verbindung von Mesolithikum und Bandkeramik; FR. SCHLETTE, Die Aussagekraft neolith. Siedlungen in sozialökonom. Hinsicht, Aus Ur- u. Frühgesch. 2, Tagung Fachgruppe Ur- u. Frühgesch. d. dt. Historiker-Ges. (1964), S. 82 ff.; betr. den Amphibolit von Jordansmühl: K. SCHIETZEL, Müddersheim, eine Ansiedlung, d. jüng. Bandkeramik im Rheinland (1965), S. 39 f. u. 110; das schlesische Gestein links vom Niederrhein ist »eine fast unglaubhafte Überraschung«.

[4] Eine Monographie d. westeurop. Einstrahlungen fehlt. Den Michelsberger Kreis behandelt BUTTLER, Hdb., Lfg. 2 (1938), s. o. Anm. 2; über Steinkisten jetzt ausführlich mit Katalog W. SCHRICKEL, Westeurop. Elemente im neolith. Grabbau Mitteldtlds. u. die Galeriegräber Westdtlds. u. ihre Inventare (2 Bde. 1966); über die Menhire H. KIRCHNER (Lit. zu Kap. 2).

[5] Lebendiger Ausdruck dieses Kreises, doch bei weitem nicht sein einziges Stoffgebiet, sind die Großsteingräber, die zumeist oberirdisch sichtbar u. daher besonders gefährdet, schon früh studiert u. mancherorts auch inventarisiert worden sind. Im Erscheinen ist der Atlas der Megalithgräber Dtlds. von E. SPROCKHOFF (bisher 2 Tle. 1966/67). Über die nord. Megalithkultur auf dt.

Boden als Ganzes: ders., Hdb., Lfg. 3 s. o. Anm. 2.

[6] Die Vorstellung von der bes. Expansionskraft des Nordens gründet sich auf die durch Schriftquellen bekannten Wanderungen german. Stämme. Sie ist von G. Kossinna auf den archäolog. Stoff angewandt worden, als er im Stil seiner Zeit die Heimat des indogerman. Urvolkes im Norden suchte (dazu Kap. 8). Fortgesetzt hat diese Linie N. Åberg, Das nord. Kulturgebiet in Mitteleuropa während der jüngeren Steinzeit (2 Bde. Uppsala 1918). Die neueren Einwände gegen diese Auffassung stützten sich einerseits auf die Erkenntnis, daß das nord. Neolithikum nicht so alt ist, wie man lange gedacht hat, andrerseits auf die Möglichkeit, die bisher als »nordisch« angesehene Trichterbecherkultur aus älteren mitteldt., bzw. überhaupt kontinental-europ. Voraussetzungen abzuleiten; vgl. H. Behrens, Das Neolithikum der DDR als Forschungsaufgabe, Jschr. f. mitteldt. Vorgesch. 51 (1967), S. 65–68 mit Lit. über die vorausgegangenen Diskussionen. – Das Nebeneinander von Fangkultur und Megalithkultur kann an dem skandinav. Stoff im Augenblick noch besser studiert werden als an dem mitteleurop. In Schweden hat O. Rydbeck schon vor längerem die Aufmerksamkeit darauf

gelenkt, zuletzt: Ein Steinzeitproblem, in: Ur- u. Frühgesch. als hist. Wiss. (Festschr. f. E. Wahle 1950). Eine klare und gründliche Übersicht über Tatbestände u. Probleme auf der Grundlage eines reichhaltigen Stoffes bietet Ingeburg Nilius, Die verschied. Wirtschaftsformen in Schweden während des 3. Jt. v. d. Ztr., Wiss. Zs. d. Univ. Halle-Wittenberg, Ges.-Sprachw. 5 (1956). Den gleichen Fragenkreis, auf Norddtld. bezogen, behandelt ebenso kurz wie tiefgreifend W. Petzsch, Die Ausbreitung d. nord. Kultur, Prähist. Zs. 20 (1929). – H. Kirchner in : Bernsdorf-Bülow, Wörterbuch d. Soziologie (1955), S. 587: »Wo die hinter ›Kulturprovinzen‹ aufscheinenden seßhaften Menschen-Kreise eine vorbäuerliche Bevölkerung überschichteten, wie es in großem Umfang z. B. bei der Ausbreitung der Megalithkultur geschehen ist, die auf der Pyrenäenhalbinsel, im heutigen Frankreich, auf den Britischen Inseln und im südl. Skandinavien örtliche Fangkulturen noch ganz mesolithischen Gepräges überlagert hat, entstanden wohl schon im Neolithikum vorstaatliche Gefüge, worunter wir mit R. Thurnwald Symbiosen ethnisch verschiedener Gruppen verstehen, in denen die Eigenart eines jeden Bestandteils im wesentlichen gewahrt bleibt.«

Kapitel 7
Das Leben in der jüngeren Steinzeit

Zu den besonderen Funden aus den neolithischen »Pfahlbauten« der Schweiz gehört ein vollständig erhaltenes hölzernes Joch, ein Hinweis auf das im täglichen Leben verwendete Rindergespann. Ein einmaliger Fund sind die beiden zusammengehörigen kleinen Stiere von Bythin (ehem. Provinz Posen), die einem in das Neolithikum gehörenden Depot entstammen und von dem im Kult verwendeten Modell einer Wagen- oder Pfluggruppe herrühren dürften. Trotz allen Reichtums an Funden aus organischer Substanz haben die Torfmoore und

Seeablagerungen noch keinen eindeutig jungsteinzeitlichen Pflug geliefert; doch bedarf es dieses Gegenstandes auch nicht, wenn man das Vorhandensein des Getreidefeldes für diese Zeit beweisen will. Denn Getreidekörner begegnen sowohl geröstet in den Fundschichten wie als Abdruck in den Scherben der Tongefäße. Ein wichtiges Zeugnis der Seßhaftigkeit ist, im Hinblick auf die zu seiner Erstellung notwendige Arbeit, sowohl das Großsteingrab wie das Haus[1]. Schon der Neolithiker hat große Pfostenhäuser errichtet mit senkrecht aufgehenden Wänden und Satteldach, und wenn, wie es heute als sicher gilt, die sogenannten Pfahlbauten im Uferbereich ebenerdig auf dem Lande gestanden haben, so bleiben doch auch sie ein Zeugnis technischen Könnens wie seßhafter Lebensweise. Bewiesen wird diese Seßhaftigkeit noch durch den Nachweis des *Baumbaues*, denn sowohl aus den »Pfahlbauten« wie aus einem südschwedischen Moorfund sind kultivierte Äpfel bekannt. Fast stets zeigen sie sich der Länge nach durchgeschnitten und gedörrt; auch fällt die Menge auf, in der sie sich finden. Die Übergänge zum Holzapfel, die ebenfalls vorkommen, machen es wahrscheinlich, daß der Kulturapfel auf europäischem Boden dadurch gezogen worden ist, daß man wildgewachsene junge Bäume in guten Boden versetzte und hier eine gewisse Pflege auf sie verwandte. Wie der Apfel nicht zu den Elementen der Pflugkultur gehört, so auch nicht andere Gewächse von regionaler Bedeutung, die zum Teil von den Mesolithikern stammen dürften. Unter ihnen ist besonders die Wassernuß zu nennen, ein für die Brotbereitung geeignetes Gewächs, das im Neolithikum von Laibach an die Stelle der Getreide zu treten scheint. Dieser Lokalfärbung im Bereiche der Vegetabilien entspricht eine solche in der Jagdbeute des Mannes. An der preußischen Küste ist man weitgehend auf den Fang von Fischen und Robben eingestellt, während eine Siedlungsschicht vom Hinter-Rhein mit zahlreichen Resten des Steinbocks und der Gemse ein ausgesprochen alpines Gepräge trägt.

Die Bauern der jüngeren Steinzeit stehen im wesentlichen auf der Stufe der *Eigenwirtschaft*. So weit als möglich befriedigen sie die Bedürfnisse durch die Arbeit der *Hofgemeinschaft*, zu der neben den Angehörigen der eigenen Familie wohl auch die Hintersassen gehören. Dieser Zustand wirtschaftlicher Selbstgenügsamkeit, der Autarkie, wird durch die Entwicklung von nur ganz wenigen *Gewerben* durchbrochen, die sich aus der Nutzung einerseits individueller Fertigkeiten, andrerseits von

Rohstoffen ergeben, die es nicht überall gibt. Die technischen und künstlerischen Fähigkeiten, die für die Herstellung ganz verschiedenartiger Dinge notwendig sind, können nicht Allgemeingut der Bevölkerung sein. Viel eher darf man sich vorstellen, daß einzelne ihre besondere Veranlagung nutzen und es durch große Übung auf ihrem Gebiet zu Meistern bringen. So wird es Leute geben, die Steingeräte fertigen, namentlich solche aus Feuerstein, und ebenso Gefäße aus Ton. Bei Silex, Bernstein und Ton handelt es sich um Baustoffe, die räumlich nur begrenzt vorkommen und deren Verteilung über ein größeres Gebiet die Aufgabe des Handels ist. So konnten sowohl der Feuerstein von Pressigny (Frankreich) wie der buntgebänderte Silex aus Polen in Mitteleuropa einströmen. Parallel geht diesem Vorgang die Einfuhr der ersten Metalle, für die ebenfalls eine Gegengabe bereitgestellt werden muß. Zumindest die jüngere Hälfte des Neolithikums kennt bereits Kupfer und Gold; wenn auch Gold noch selten bleibt und das Kupfer wegen seiner weichen Beschaffenheit den Stein nicht zu verdrängen vermag, so erweisen sich doch schon jetzt sowohl Mitteleuropa wie das südliche Skandinavien als aufnahmefähiges Absatzgebiet. Vom Orient aus geht ein Handel zur See nach Westen und nutzt die Einfallpforten in das Innere der Länder, wie z. B. das Tal der Rhône. Dabei zeigt sich ein Wissen um die natürliche Ausstattung und die Bedürfnisse der verschiedenen Räume, das für den Ausbau der Handelsbeziehungen in der Folgezeit große Bedeutung gewann.

Die Verteilung dieser Handelsgüter wird auf Märkten vor sich gegangen sein, die an bestimmte Termine gebunden waren. Natürlich kann dieser Vorgang lediglich in Andeutungen nachgewiesen werden, wie denn überhaupt die wesentlichen Elemente des gesellschaftlichen Lebens entweder nicht unmittelbar in den Funden bezeugt sind, oder in einer archäologischen Form, die verschiedene Deutungen zuläßt. Auf die *Familie* als kleinste Zelle verweist das Vorherrschen von einräumigen Häusern bescheidenen Ausmaßes. Bei den gelegentlich vorkommenden größeren Bauten ist daran zu denken, daß sie zugleich wirtschaftlichen Zwecken dienten. Der Mann waltete über der kleinen Herde und den Zugtieren; er führte den Wagen wie den Pflug. Die Tätigkeit der Frau war im wesentlichen auf Haus und Hof beschränkt; sie besorgte die Gartenbeete und sammelte die wildwachsende Nahrung. Auch wird sie das Mahlen des Getreides und die Behandlung des Flachses, das Spinnen und Weben überwacht haben. Sie verstand es, Kräuter einzusäuern und die von der Brotbereitung her bekannte Hefe zur Herstellung eines Rauschgetränks zu verwenden. Es spricht nichts gegen die Auffassung, daß der Mann das öffentliche Leben beherrscht und auch den Mittelpunkt der Familie gebildet hat. Da er in der wirtschaftlichen Betätigung seiner Gemeinschaft eine ebenso fest umrissene wie auch wichtige Aufgabe hatte, so erscheint es nicht denkbar, daß die Beziehungen der verschiedenen Familienglieder zueinander und zu ihrer Umwelt auf dem Wege des Mutterrechts geregelt worden sind. Wenn es auch möglich ist, daß sich einzelne Rechtsbegriffe dieser Art als Ergebnis der eifrigen wirtschaftlichen Tätigkeit der Frau herausgebildet hatten, so waren die Kinder doch nicht einseitig ihr überlassen; im Gegenteil bedurften die Knaben der väterlichen Lehre auf dem Acker und bei der Jagd, und ferner blieb ja der Mann allem Anschein nach der Familie nur in begrenztem Umfang fern[2].

Aus der Verbundenheit mehrerer Familien ergaben sich die Dorfsiedlungen und die gemeinsamen Arbeiten, die nicht nur die Kräfte des Einzelnen überstiegen, sondern von einem einheitlichen Willen getragen waren. Hierzu gehören insbesondere die Einfriedungen der Dörfer, welche teils nur die Aufgabe hatten, Menschen und Vieh zusammenzuhalten und vor dem Raubzeug zu schützen, teils aber mit ihren tiefen und breiten Gräben sowie den festen Palisadenzäunen dazu dienten, feindliche Angriffe abzuwehren. Das Vorhandensein einer größeren *Gemeinschaft*, eines Stammes oder Volkes, zeigt sich in der Möglichkeit, den Fundstoff in Kulturprovinzen zu gliedern. Natürlich spiegeln diese nicht unbedingt die Lebensgemeinschaft selbst, sondern vielfach die über eine Volksgrenze hinausstrahlende, einem Menschenkreis innewohnende Kraft; doch wird davon die Vorstellung nicht berührt, daß das archäologische Material dieser Zeit, im Unterschied zu dem vorangegangenen Mesolithikum, menschliche Gesellungen zu erkennen gibt. Man wird annehmen dürfen, daß die Verbände bei religiösen Veranstaltungen zusammenkamen, und daß mit diesen sowohl ein Austausch der Gedanken wie ein Markt verbunden war. Derartige Begegnungen aber halten das Gefühl der Zusammengehörigkeit aufrecht und wirken dem Zerfall der mit ihrem Boden verbundenen Bauern in kleinere Gemeinschaften entgegen. Dieser Vorgang ergibt sich sehr leicht aus dem Wachsen der Siedlungsräume, zumal ihnen oftmals die räumliche

Geschlossenheit fehlt. Doch leben zumindest in den Kultverbänden die älteren Vereinigungen weiter. Mächtiger als die besonderen Interessen einiger nordischer Germanenstämme, die sogar mit der Waffe verteidigt werden können, ist die Gemeinsamkeit ihrer Verehrung der Nerthus, die sie zu Tagen des Friedens und der Freude vereint.

Vielgestaltiger und in seiner Aussage von ganz anderer Bestimmtheit ist das Material, das vom *geistigen Leben* Nachricht gibt. Wohl beherrscht der Zauber- und Dämonenglaube das Denken schon der vorangegangenen Zeit, und in Bestattungsbrauch wie Totenkult spiegeln sich die Seelenvorstellungen der Sammlervölker; aber erst jetzt tritt diese Gedankenwelt vermittels ihrer Bräuche deutlicher in Erscheinung. Mit dem Erbe aus der Zeit der Wildbeuter und Sammler verbindet sich das Neue, welches die Welle der Pflugkultur nach Mitteleuropa bringt. Für die Verwendung einer Schrift ist hier noch kaum Gelegenheit; insbesondere geht es nicht an, die selten vorkommenden, als Zeugnis des Besitzes gedeuteten Kerben und Zeichnungen als Beginn einer in Mittel- und Westeuropa erfundenen Buchstabenschrift anzusehen. Aus dem täglichen Leben ergeben sich auch die Anfänge der *Heilkunst*[3]. Ein äußerlich sichtbarer Schaden des Körpers bildet ebenso die erste Veranlassung wie der Bruch eines Knochens, den zu heilen man nach den Befunden verstanden haben muß. Wichtiger aber als diese Brüche und die bei ihrer Behandlung gewonnenen Erfahrungen ist für die Entwicklung der Medizin die Vorstellung, daß die Krankheit ein in den Menschen eingedrungener Fremdkörper sei. Sie geht auf die Ähnlichkeit mancher Krankheitsäußerungen mit den Wirkungen von Fremdkörpern auf die menschliche Gesundheit zurück, die durch einen Analogieschluß miteinander verbunden werden. Dieser Krankheitserreger, den man sich sehr verschieden vorstellt, muß auf jede nur denkbare Art beseitigt werden, und so schreitet man hier selbst zu chirurgischen Eingriffen. Aus dieser Tätigkeit wächst von der Zeit der Urkultur an im Laufe der Jahrtausende ein Schatz wertvoller Erfahrungen. Wie weit die Fertigkeiten der neolithischen Bauern auf diesem Gebiet gediehen sind, lehren zahlreiche Beispiele ausgeheilter Eröffnungen des Schädeldachs; man hat, wohl von schweren Verletzungen des Schädels und den bei ihrer Behandlung gesammelten Erfahrungen ausgehend, von der Trepanation die Beseitigung auch solcher Störungen erhofft, die sich ohne eine Verletzung des Kopfes einstellten. Von entscheidender Bedeutung für die Weiterentwicklung dieser Künste und Vorstellungen ist es nun, daß der Glaube an magische Kräfte in das Krankheitsbild eindringt, und daß ein Medizinmann dem Schatz der Erfahrungen seine magischen Eigenschaften und die Kunst der seelischen Beeinflussung hinzufügt. Indem der Zauberglaube dieses Gebiet durchdringt, schlägt die Heilkunde eine neue Richtung ein, in der die Herrschaft der Gedankenwelt alles andere zurücktreten läßt. Diese Entwicklung ist auch sonst noch zu beobachten; auch auf anderen Gebieten der Zivilisation stellt sich der Zeitpunkt ein, in dem das menschliche Vorstellungsleben genügend ausgebildet ist, um die ursprünglich ganz auf Beobachtung gegründete Erfahrung zu überwuchern. Am deutlichsten zeigt sich dies im Bereich der *Kunst*, wo bei den Neolithikern das abstrakte, wenn auch der Gefäßform angepaßte Ornament herrscht[4]. Der in diesen geometrischen Stil als Beiwerk gelegentlich eingeschaltete figürliche Vorwurf ist so gestaltet, wie sein Verfertiger ihn sich denkt. Doch kann er mit seiner gedanklichen Arbeit unmöglich die Lücken ausfüllen, die bei ihm durch die Verminderung seiner natürlichen Beobachtungsgabe entstanden sind. Seine Vorfahren hatten die Tiere, mit denen sie sich beschäftigten, so lebendig vor Augen, daß sie ihr naturgetreues Bild ohne weiteres wiedergeben konnten. Jetzt aber ist der Mensch schon so sehr zum Denken erzogen, daß er auch dann mit dem Verstande arbeitet, wenn ihm das Auge viel bessere Dienste leisten würde.

Im Vergleich mit der Aussage dieser Lebensäußerungen ist der Ertrag aus den Grabdenkmälern und den Zeugnissen des *Kultes* nur gering[5]. Die wesentlichen Züge des Seelenglaubens sind in der Zeit der Sammlervölker schon sehr weit vorbereitet. Es herrscht die Vorstellung vom lebenden Leichnam, der im archäologischen Bereich mannigfaltig zur Geltung kommt; mancherorts führt die Furcht vor ihm zu seiner gänzlichen Vernichtung, die man in der Verbrennung sieht. Neben dem Stoff der Gräber treten die Denkmäler des Zauberglaubens sowie der Dämonen- und Göttervorstellungen an Zahl sehr zurück. Wichtigster Fetisch scheint die Axt zu sein, die oft als Anhänger aus Bernstein vorkommt. Der schon von den Wildbeutern geübte Fruchtbarkeitszauber deutet sich, zumindest für die Folgezeit, in Klappern und Musikinstrumenten sowie der in Ton gearbeiteten Gesichtsmaske an; die segenspendende Umfahrt wird durch die kleinen Kesselwagen der Bronzezeit veranschaulicht. Aus diesem Zauberglauben ergibt sich auch das Opfer, das in einem Teil der Depotfunde begegnet und sich wohl bis zur Hergabe eines Menschen steigert. Menschen- und tiergestaltige Bilder dieser Kräfte sind sehr selten. Eindeutig ist das Vorhandensein einer weiblichen Fruchtbarkeitsgöttin, die anläßlich ihrer Umfahrt den Segen spendet; neben ihr steht ein nicht minder fest zu umreißender männlicher Partner. Der germanische Balder ist niemand anderes als der orientalische Tammuz; wie der in die Form der Nerthus gebrachte Kult der weiblichen Gestalt kommt auch der seinige in dieser frühen Zeit nach Europa und wird hier weitergebildet. Archäologisch kann er nicht nachgewiesen werden, doch fügt er sich zwanglos in das auf dem ganzen Fundstoff aufgebaute Gesamtbild. Daß der Orient mehrere Vegetationsgottheiten sendet, hat nichts Auffälliges an sich. Die Gestalt, in welcher die Pflugkultur in Europa Eingang findet, setzt eine sehr lange Entwicklung voraus, in deren Verlauf es zu der Ausbildung ganz verschiedener Kulte kommt; auch im germanischen Götterhimmel stehen Nerthus, Gefion, Freyr und Freyia nebeneinander, die alle ihrem Wesen nach Fruchtbarkeitsgottheiten sind[6]. So zeigen noch die frühen Schriftquellen, wie die Sorge um Wachsen und Gedeihen das Denken dieser neolithischen Bauern beherrscht hat.

[1] R. HENNING, Das dt. Haus in seiner hist. Entwicklung (1882), verband in einer sonst nicht wieder erreichten Gründlichkeit die Aussagen von Sprache und Schriftquellen mit dem volkskundl. Stoff; an prähist. Material gab es damals nur die Hausurnen, und gerade ihnen gegenüber hält sich H. sehr zurück. Heute liegt ein recht reiches, schon vor dem Neolithikum beginnendes Material vor, das nur in geringem Umfang überzeugend zu ordnen ist; auch sind die Aussagen der Fundberichte recht ungleichwertig. Wenn das sog. Niedersachsenhaus westlich der Elbe schon lange vor der Zeit begegnet, in der Sachsen dort wohnen sollen, dann wird damit auch wieder zur Vorsicht bei der Nutzung des Stoffes gemahnt. – Viel Material, z. T. weit über Mitteleuropa hinausgreifend: O. MENGHIN, Hdb. d. Archäol. (im Rahmen d. Hdb. d. Altertumswiss.) 2, Lfg. 1 (1951), S. 91–176,

auf Neolithikum u. Bronzezeit beschränkt; ferner FR. SCHLETTE, Die ältesten Haus- u. Siedlungsformen d. Menschen, auf Grund d. steinzeitl. Fundmaterials Europas u. ethnolog. Vergleiche, Ethnogr.-Archäol. Forsch. 5 (1958), S. 9–185.
[2] Die kulturgeschichtl. Bedeutung d. Mutterrechts sollte nicht überschätzt werden; vgl. THURNWALD in: EBERT, Reall. 8, S. 360 ff.
[3] G. WILKE, Die Heilkunde in der europ. Vorzeit (1936); zur Trepanation: A. RIETH u. H. ULRICH, Germania 26 (1942); F. PAUDLER, Scheitelnarbensitte, Anschwellungsglaube u. Kulturkreislehre (Prag 1932).
[4] M. HOERNES, Urgesch. d. bild. Kunst in Europa, 3. Aufl. v. O. MENGHIN (1925); F. A. VAN SCHELTEMA, Die Kunst d. Vorzeit (1950).
[5] M. EBERT, Die Anfänge d. europ. Totenkultes, Prähist. Zs. 13/14 (1921/22);

K. Helm, Altgerman. Religionsgesch. 1 (1913); C. Clemen, Religionsgesch. Europas (1926); ders., Urgesch.- Religion. Die Religion d. Stein-, Bronze- u. Eisenzeit (Text- u. Tafelbd. 1932); L. Franz, Religion u. Kunst d. Vorzeit. Von vorgeschichtl. Zauberglauben, Totenkult u. Kunstschaffen (1937); C. Clemen, Die Religion d. Kelten, Arch. f. Religionswiss. 37 (1941).

[6] Die (in Mitteleuropa selteneren) Einritzungen im Inneren neolith. Steinkammern entfalten für die neuere Forschung eine stärkere Aussagekraft, als man lange gedacht hat. Über das Steinkammergrab der Schnurkeramik aus der Heide bei Halle vgl. H. Kirchner, Jschr. f. mitteldt. Vorgesch. 40 (1956), S. 25 ff.; hier werden das »Eirund«, die »westeurop. Große Göttin« und anderes zunächst als Formelemente umrissen und dann ihre Deutung versucht. Hinsichtlich einer Einzelheit in den vielen »Bildern« der Steinkammer von Züschen wagt Kirchner von einer »steinzeitlichen ›Nerthus‹-Darstellung« zu sprechen: Studien aus Alteuropa 1 (1964). – Über die Deutung d. Menhirs als »Ersatzleib« s. H. Kirchner (s. Lit. zu Kap. 2).

Kapitel 8
Das Problem in seiner geschichtlichen Entwicklung

Der *Begriff der Indogermanen* hat sich aus der Sprachvergleichung
ergeben und ist auch jetzt noch in erster Linie ein Begriff der
Philologie. Er gründet sich auf die enge Verwandtschaft einer
Reihe von Sprachen, die in Europa und in Teilen Asiens heute
gesprochen werden oder einstmals gesprochen worden sind.
Zunächst konnte Franz Bopp die Übereinstimmung ihrer Kon-
jugationssysteme beweisen (1816); später hat er eine vergleichende Grammatik geschrieben. Im Lichte der damaligen Erkenntnis waren die Inder der östlichste, die Germanen der west-
lichste Zweig dieser Sprachfamilie, welche daraufhin, erstmals
wohl von J. v. Klaproth (1823), als indogermanisch bezeichnet
wurde.

Diese im Laufe der Zeit bestätigten und erweiterten Tatbestände wurden recht bald im Sinne einer urzeitlichen Einheit
aller hierher gehörigen Völker aufgefaßt, so daß sich die Frage
nach der indogermanischen *Ursprache* und dem *Urvolk* sowie
seiner *Heimat* aufdrängte. Der Versuch, auf philologischer
Basis frühe Geschichte zu schreiben, lockte auch insofern, als
die indogermanische Herkunft aller wichtigeren Völker Europas eindeutig war und es an Schriftdenkmalen über eine so weit
zurückliegende Vergangenheit fehlt. Aus der Nutzung der verschiedenen Verwandtschaftsgrade zwischen den Sprachen der
Teilvölker ergab sich die Möglichkeit, in die Aufspaltung des
Urvolkes einzudringen. Dieses lokalisierte man nicht nur im
Hinblick auf die mosaische Überlieferung gern in Vorderasien;
das Alter des Sanskrit und seine Bedeutung im Rahmen der anderen indogermanischen Sprachen wurde damals noch sehr
überschätzt. Als späte Teilerscheinung einer von dort aus-
gehenden Völkerbewegung glaubte man sich die Einwanderung der Griechen (»Dorische Wanderung«) und der Italiker
in ihre historischen Sitze vorstellen zu können, ebenso die der
alten und späteren Bewohner Mitteleuropas, der Kelten und
Germanen, der Illyrier, Veneter, Slaven und Ostbalten.

Aus der Rekonstruktion der indogermanischen Grundsprache erwuchs das Bild der *Kultur des Urvolkes*. Der erste Ver-

such dieser Art von A. Kuhn (1845) hat Epoche gemacht. Trotz empfindlicher Lücken des Sprachschatzes fand Kuhn eine über patriarchalische Zustände hinausgehende Entwicklung staatlicher Gemeinschaft, das indogermanische Hirtenleben und die Kenntnis des Ackerbaus. Einer seiner Nachfolger, A. Pictet (Genf), hat dieses Verfahren als »linguistische Paläontologie« bezeichnet (1859) und damit seine Bedeutung für die geschichtliche Erkenntnis besonders betont. In die Geschichtsschreibung ist es von Th. Mommsen eingeführt worden, der auf philologischem Wege eine gräko-italische Kulturepoche ermittelte und sie zwischen diejenige des Urvolkes einerseits, der selbständig gewordenen Teilvölker andrerseits einschob (Röm. Gesch. 1, 1854, 12 ff.); während man in der Urzeit ein Hirtenleben geführt habe, seien die Gräko-Italiker bereits im Besitz des Korns und vielleicht sogar schon des Weins gewesen, als sie in ihre historischen Sitze einwanderten.

Für die Ausgestaltung dieser Versuche, die Kultur des Urvolks zu ermitteln, wurde es von entscheidender Bedeutung, daß O. Schrader (1883 und späterhin) die Brücke von den Wörtern der Grundsprache zu den Sachaltertümern schlug. Sein Bild gewann auch dadurch an Farbe, daß er die Frage der *Urheimat* durch planmäßige Nutzung der geographischen, botanischen und zoologischen Begriffe zu lösen versuchte, welche die Grundsprache aufweist. Er stellte ein neolithisches Kulturniveau fest und fand es in den »Pfahlbauten« des schweizerischen Alpenvorlands wieder, die damals noch kein ihnen gleichwertiges jungsteinzeitliches Material auf europäischem und vorderasiatischem Boden neben sich hatten. So erlag er auch zunächst (1883) der Versuchung, an eine uralte Ansässigkeit der Indogermanen im Innern Europas zu denken, und es entspricht weiter den damaligen Ansichten, daß er dem neolithischen Urvolk die Kenntnis sowohl der Metalle wie der Metallurgie absprach. Seine spätere Vorstellung, daß das Urvolk die Bezeichnungen für Gold und Silber sowie vielleicht auch für ein unedles Metall, das Kupfer, gehabt habe, entspricht dem heutigen Bilde des Neolithikums. Wichtiger aber ist, daß ein gemein-indogermanisches Wort für die Bronze offenbar fehlt und daß man jetzt die nomadische Komponente des Urvolkes mehr betont als seinen Ackerbau. Denn hieraus wird als Zeit der Aufspaltung in die Teilvölker das späte Neolithikum erschlossen und als Heimat des Urvolkes der eurasiatische Steppengürtel, der bis in den Südosten Europas hineinreicht.

Mit dieser durch O. Schrader vertretenen Epoche der Indogermanistik geht nicht nur eine sehr lebendige Entwicklung der Prähistorie parallel, sondern auch der Eingang anthropologischer Fragestellungen in die Geschichtswissenschaft. Beide Disziplinen bemächtigen sich des Indogermanenproblems, das unter ihrer Obhut in gewissem Umfang zu einer »nationalen« Angelegenheit wird und sich auf die Erörterung einiger weniger Fragen beschränkt. Indem der Begriff des Germanentums hier mit dem des Indogermanentums zusammenfließt, festigt sich die Vorstellung von einem nordischen Ausgangsgebiet des Urvolkes. Eng verbunden ist mit ihr das Bild von der Eigenständigkeit und einer besonderen Höhe der indogermanischen Urkultur, welcher insbesondere der nomadische Einschlag fehlen soll.

Th. Poesche identifiziert (1878) die frühen Indogermanen mit den »blonden Völkern« und findet ihre Heimat zwischen Ostsee und Schwarzem Meer, die Bedeutung gerade des Waldlandes für ihre Heranbildung betonend. Die Übereinstimmung des »arischen Typus« mit demjenigen mancher altsteinzeitlicher Bewohner Mitteleuropas wird von K. Penka im Sinne seiner These genutzt, die Skandinavien als Kerngebiet des Vorkommens der nordischen Leibesform in der Nacheiszeit betrachtet und die Heimat des Urvolkes demgemäß dorthin verlegt (1883 und späterhin).

Die Prähistorie unterstützt in der Folgezeit diese Vorstellung. Sie vermag nun die nordisch-neolithische Fundprovinz schärfer zu umreißen und eine Reihe von Erscheinungen als ihre Tochtergruppen zu deuten; so kommt sie zu der Unterscheidung eines Kerngebiets und seiner Ableger, welche sich bis zum Fuße der Alpen und bis in die Gegend von Kiew verfolgen lassen. Zugleich setzt sich in ihr die Vorstellung durch, daß als Träger eines jeden geschlossenen archäologischen Kreises ein Volk anzunehmen sei. Diese beiden Gesichtspunkte werden insbesondere von G. Kossinna konsequent genutzt; in der Aufspaltung einer großen Fundprovinz, einem Vorgang, der innerhalb des vormetallzeitlichen Stoffes einmalig ist und noch dazu im Gebiet der nordischen Körperform vor sich geht, spiegelt sich für ihn die Dynamik des Urvolkes, die aus den auf philologischem Wege ermittelten Tatbeständen notwendig gefolgert werden müsse. So erscheint ihm »die indogermanische Frage archäologisch beantwortet« (Titel eines Aufsatzes, 1902). Den darauf folgenden Versuchen Kossinnas, die indogermani sche Keimzelle archäologisch wie anthropologisch in dem Mesolithikum der Randländer des westlichen Ostseebeckens zu verankern, blieb in Anbetracht der Einseitigkeit des vorneolithischen Stoffes ein überzeugendes Ergebnis versagt. Trotzdem hatte er zahlreiche Nachahmer, die jedoch in zunehmendem Maße dazu neigten, das indogermanische Kerngebiet in Mitteleuropa zu suchen. So findet J. Andree seine Wurzel in den altpaläolithischen Handspitzenkulturen dieses Raumes (1939); der archäologischen Kontinuität aber geht die der Rasse parallel, wie G. Heberer glaubte nachweisen zu können.

Neben diese mehr und mehr von einem politischen Wunschbilde bestimmte Richtung tritt in den letzten Jahrzehnten eine andere, die gegenüber der ethnischen Deutung frühgeschichtlicher Kulturprovinzen zur Vorsicht mahnt, dagegen die von der Archäologie noch kaum behandelte Frage nach der besonderen Kultur des Urvolkes in den Vordergrund stellt. Die auffallende Dynamik der nordisch-neolithischen Zivilisation wird von ihr keineswegs bestritten. Sie beobachtet jedoch, daß diese, ebenso wie manche andere europäische Kulturprovinzen, in der spätesten Steinzeit von dem Kreis der Einzelgräberleute überlagert werden, welcher mannigfach schattiert und in seinen Grundzügen doch sehr einheitlich, eine internationale Erscheinung und die Basis verschiedener Zivilisationen der Metallzeit ist. Besonders auf den Überlegungen des Dänen S. Müller fußend, hat erstmals G. Schwantes (1926) die Bedeutung dieser Fundprovinz herausgestellt. Später faßte E. Wahle sie als ein Ergebnis der Aufspaltung des indogermanischen Urvolkes auf und zeigte, daß in Zusammenhang mit ihr charakteristische Elemente der Hirtenkultur in Mitteleuropa und dem südlichen Skandinavien Eingang fanden (1932). Den ethnologischen Ergebnissen, die damals seine Deutung stützten, haben sich seitdem weitere hinzugesellt, wie denn überhaupt, parallel mit dieser neueren Strömung in der Archäologie, unter der Führung von W. Koppers das Indogermanenproblem zu einem Problem auch der vergleichenden Völkerkunde geworden ist.

Diese von der neueren Prähistorie vertretene Auffassung knüpft also in verschiedenen Punkten an diejenige an, welche um die Jahrhundertwende von O. Schrader vertreten wurde. Seitdem hat die philologische Bearbeitung des Problems eine beträchtliche Weiterbildung erfahren. Indem man aber hier weder an der nomadischen Komponente des Urvolkes und damit der Lokalisierung seines Ausgangsgebietes in der Steppe zweifelt, noch an der spätneolithischen Periode als Zeit der Aufspaltung, ist eine feste Plattform gefunden, um den Wurzeln des Indogermanentums auch vermittels der anderen Stoffgebiete näherzukommen. Wie sich der Einbruch der Teilvölker auf europäischem Boden abzeichnet, so kann er bis zu einem gewissen Grade auch im Vorderen Orient heute verfolgt werden. Genau so wie in Mitteleuropa, lenken die dortigen Tatbestände den Blick nach dem eurasiatischen Steppengürtel und seinen Randgebieten, wo die Ethnologie schon weitgehend hat arbeiten können, Prähistorie und prähistorische Anthropologie aber noch in vieler Hinsicht Neuland vor sich haben.

Literatur: Gesch. der Indogermanistik u. der Probleme des Urvolkes ausführlich bei O. SCHRADER, Sprachvergleichung u. Urgesch.; Linguistisch-hist. Beitrr. z. Erforschung d. indogerman. Altertums (^{2}1890), S. 1–23 u. 111–148 (^{3}1906/07), S. 1–236. Über G. Kossinna u. die Weiterbildung seiner Auffassung bis zu J. Andree s. E. WAHLE, SB Heidelberg 1940/41, 2. Abh., S. 64 ff. Ferner: G. HEBERER, Rassengeschichtl. Forschungen im indogerman. Urheimatsgebiet (1943); G. SCHWANTES, Die Germanen, Volk u. Rasse 1 (1926); E. WAHLE, Dt. Vorzeit (^{3}1962). Der weitere Gang der Arbeit ist besonders gekennzeichnet durch die Konsolidierung der ethnolog. Komponente (vgl. Lit. zu Kap. 9–12) und die stärkere Heranziehung der Namenforschung für die histor. Ethnographie; dazu bes. H. KRAHE, Sprache u. Vorzeit, Europ. Vorgesch. nach dem Zeugnis der Sprache (1954).

Im Bereich der Prähist. hat die Bearbeitung des stark angewachsenen Fundstoffes zu zahlreichen Monographien über die Becherkulturen des späten Neolithikums geführt; heute herrscht die Ansicht, daß diese weltweite Einheitlichkeit des Fundstoffes als Ergebnis einer ganz großen, offenbar indogerman. Expansion aufgefaßt werden darf. Dagegen findet das Indogermanenproblem als Ganzes seit dem Zweiten Weltkrieg in der mitteleurop. Prähistorie wenig Beachtung, was wohl auf den polit. Mißbrauch des Fachs in der Zeit vorher zurückzuführen ist. Wichtig sind aber zwei in Amerika erschienene, archäolog. orientierte Arbeiten: M. GIMBUTAS, Cultural Change in Europe at the Start of the Second Millenium b. C., a Contribution to the Indoeuropean Problem, Selected Papers of the Fifth Int. Congr. of Anthrop. and Ethn. Sciences (Philadelphia 1956); P. BOSCH-GIMPERA, El Problema Indoeuropeo, Univ. Nacional Autonoma de Mexico, Instituto de Historia (Mexico 1960), angezeigt von M. GIMBUTAS, The Indoeuropeans: Archeol. Problems, American Anthropologist 65 (1963). Sehr lehrreich das Sammelwerk von A. SCHERER, Die Urheimat der Indogermanen, Wege der Forschung 166 (1968).

Kapitel 9
Das Wesen des indogermanischen Urvolkes

Die Zivilisation der neolithischen Bauernvölker ist in den Grundzügen so einheitlich, daß ihrem räumlichen Nebeneinander die belebende Wirkung von Gegensätzen fehlt. Dazu kommt, daß das spätsteinzeitliche Mitteleuropa einen Gleichgewichtszustand seiner Kulturprovinzen zu bieten scheint und ihren Zerfall in kleinere Verbände zu erkennen gibt. So vermag nur ein Eingriff von außen her dieses Bild grundlegend zu ändern, und in der Tat führt die jetzt erfolgende Einwanderung der Indogermanen einen entscheidenden Wandel der Verhältnisse herbei. Ihre große, einen gewissen Zeitraum beanspruchende Westwärtsbewegung ist in vielen Teilen Europas nachweisbar; nicht minder deutlich als etwa in Schonen oder im südlichen England geben sie sich auf späterhin griechischem Boden zu erkennen, beispielsweise in Gestalt der Burgherren von Mykenai. Vielleicht veranlaßt allein schon das Vorhandensein der Bauernvölker die Söhne der Steppe dazu, diese zu verlassen. Möglich, daß sie in jenen brauchbare Knechte sehen für die Feldarbeit, die ihnen selbst ihrem ganzen Wesen nach nicht liegt. Jedenfalls sind die Umstände ihrer Ausbreitung nach Westen hin recht günstig; sie setzen sich sogar im nordisch-megalithischen Raum durch, wo sie offenbar stärkeren Widerstand finden, und prägen auch hier das Bild der Folgezeit.

Die Überlegenheit der Indogermanen beruht nicht auf der Kenntnis eines Metalls; auch die neolithischen Bauern hatten einen gewissen Bestand an kupfernen Gegenständen. Ihre Besonderheit ist vielmehr in dem Lebensstil zu erblicken, der sich in den weiträumigen Steppen des Ostens heranbildet und von Zeit zu Zeit auf die benachbarten Räume übergreift.

Die Indogermanen kennen, wenigstens in ihrem europäischen Zweig, den Kentum-Völkern, den *Ackerbau*. Sie haben den Pflug sowie Egge, Hacke und Sichel und bauen etliche Getreide wie auch andere Kulturpflanzen. Wichtiger aber ist für sie der Besitz an *Vieh*. Sie haben das Rind und in einer noch bedeutenderen Rolle das Schaf. Das Vieh dient ganz allgemein als Wertmesser; so kommt es, daß sich aus seiner indogermanischen Benennung im Lateinischen das Wort für Geld entwickelt, daß die Waffen ebenso wie die Braut, bei Homer sowohl wie in den Gesängen des Rigveda, mit einer bestimmten Anzahl von Rindern gekauft werden. Die indogermanische

Sammelbezeichnung für Vieh leitet sich von dem Wort ab, das man für das Vlies des Schafes und ebenso für das Ausraufen der Wolle gebraucht. Auch besitzt das Urvolk ein eigenes Wort für Wolle, und es fällt weiter auf, daß die Indogermanen das Schaf wiederholt als ihr eigentliches Opfertier bezeichnen. Diese Bedeutung des Schafes teilt das Urvolk mit anderen Nomaden, ebenso aber auch die gesellschaftliche Einschätzung jedes einzelnen aufgrund der Größe seiner Herden.

Dieser Besitz an Vieh bedingt viel Mühe und für den Hirten oftmals den Einsatz des Lebens. Die Weideplätze müssen gegen die Nachbarn abgegrenzt und ihrem Ertrag entsprechend eingeteilt werden. Mannigfaches Raubwild folgt der Herde, welche die Nacht in ihrem Pferch verbringt und deren Versorgung während des Winters genau überlegt sein will. Hier ist ein weites Feld für die Übungen der heranwachsenden Knaben, die außerdem noch besonders in der Wartung und Verwendung des Pferdes unterrichtet werden.

Denn man besitzt das gezähmte *Pferd* und spannt es vor ein leichtes zweirädriges Fahrgestell, aus dem der Streitwagen der späteren Zeit hervorgeht. Dieses Pferd ist zunächst noch kein eigentliches Wirtschaftstier; es zieht das Luxusfahrzeug der gehobenen Schicht im Wettkampf, auf der Jagd und im Krieg. Es steht aber auch im Dienst übermenschlicher Gewalten, und seine Opferung ist, wie im Rahmen der innerasiatischen Hirtenkultur, bei den Teilvölkern weit verbreitet und besonders bewertet.

Die nomadische Komponente in der Kultur des Urvolkes gibt *Führer*naturen oftmals Gelegenheit, durch ihre Fähigkeiten den Gang der Dinge entscheidend zu beeinflussen. Aus der häufigeren Verlegung der Wohnsitze erwachsen Auseinandersetzungen mit den Nachbarn; der sachlichen Notwendigkeit tritt die Rivalität zur Seite, und in einer Welt, die täglich die Basis ihres gesellschaftlichen Ansehens gegenüber Bär und Wolf verteidigen muß, den Ur jagt und das Jungvieh vor dem Adler schützen muß, greift man sehr rasch zur Waffe. Sodann stellen die Wechselfälle in der Natur, ein ungewöhnlich strenger Winter, ein Steppenbrand oder Seuchen, die Lebenskreise jeweils vor besondere Aufgaben. Damit aber sind die Voraussetzungen für das Wirken von Führergestalten so gut wie ständig gegeben, und es kann zur Vererbung der Häuptlingswürde wie auch zur Herausbildung eines Kreises von führenden Geschlechtern kommen.

Bezeichnend für ein der offenen Steppe entstammendes Volk ist der *Kult* der Sonne und des Himmelsgottes. Wie ihm in der eintönigen Steppe in erster Linie die Gestirne den Weg weisen, so sucht es auch die übermenschliche Gewalt am Himmel. Die Darstellung der Sonne als einer von einem Pferd gezogenen Scheibe findet sich sowohl im Westen wie bei den Indern, veranschaulicht also eine urindogermanische Vorstellung. Wichtiger aber noch ist die Gestalt des Himmelsgottes oder Weltkönigs. Menschengestaltig aufgefaßt, hebt diese andere indogermanische Gottheit ihre großen, bis zum Himmel reichenden Hände nach oben; so begegnet sie in den Veden wie auf den nordischen Felsenbildern der Bronzezeit, wo sie als Zeichen der Macht, die dem Götterkönig zukommt, einen Speer oder eine Axt trägt. Zwischen diesem Kult und demjenigen der Sonne besteht ein innerer Zusammenhang; wie der Himmelsgott hoch über der Erde thront und von dort aus die Geschicke der Menschen leitet, so weist seine hochgehobene Hand auch der Sonne den Weg. Mit diesem Weltenherrscher bringen die Indogermanen einen in Menschengestalt gedachten Gott von ganz besonderer Bedeutung nach Mitteleuropa. In dem Glauben der späteren Germanen stehen neben ihm zahlreiche andere und ganz anders geartete Gottheiten: die von den neolithischen Bauern verehrten Naturgewalten, die sich gegenüber dem Himmelsgott behaupten und ihm einen Teil seiner beherrschenden Stellung nehmen. Vielfach aber macht sich doch noch die alte Bedeutung dieser Gottheit geltend, welche als ein Geschenk der Steppenländer des Ostens die Entwicklung zum Monotheismus bereits langsam anbahnt.

Literatur. O. Schrader, Die Indogermanen; neubearbeitet von H. Krahe (1935); O. Schrader, Reallexikon d. indogerman. Altertumskunde, 2. Aufl. bearb. v. A. Nehring (2 Bde. 1917/29); W. Koppers, Die Indogermanenfrage im Lichte der hist. Völkerkunde, Anthropos 30 (1935); ders., Der nord. Mensch u. die Indogermanenfrage, ebd. 33 (1938); Die Indogermanen- und Germanenfrage. Neue Wege zu ihrer Lösung, hg. v. W. Koppers, Wiener Beitr. z. Kulturgesch. u. Linguistik 4 (1936); W. Koppers, Urtürkentum und Urindogermanentum im Lichte der völkerkundl. Universalgesch., in: Belleten 20 (Istanbul 1941); ders., La question raciale et indoeuropéenne dans la lumière de l'hist. universelle, in: Nova et Vetera, Revue Catholique pour la Suisse Romande 19 (1944); A. Scherer, Das Problem d. indogerman. Urheimat vom Standpunkt der Sprachwissenschaft, AKG 33 (1950); ders. in: Preliminary Reports for the Seventh Linguistic Congress (London 1952); ders., Hauptprobleme der indogerman. Altertumskunde (Forschungsbericht seit 1940), Kratylos 1 (1956).

Grabstätten, in denen jeweils nur ein Leichnam beigesetzt worden ist, gibt es immer fast überall; im Vergleich mit ihrem Vorkommen stellt sich das Sippengrab, wie etwa im nordischen Megalithikum, als Ausnahmefall dar. Trotzdem wird die Bezeichnung Einzelgrab und des hinter ihm stehenden Menschenkreises der *Einzelgräberleute* nur auf eine ganz bestimmte Fundprovinz angewandt. Denn diese fand sich unerwartet auf der Jütischen Halbinsel, also im Weichbild von Großsteingräbern, und so entspringt ihr Name dem dort so auffälligen Unterschied in der Bestattungsweise; in einem Gebiet, in dem das Neolithikum bis dahin nur in Form von Megalithgräbern bekannt geworden war, entstieg immer deutlicher diese neue Welt dem Boden.

Doch wiederholt sie im wesentlichen nur, was man in einigen anderen Räumen bereits hatte umreißen können und was sich in weiteren Gebieten in sehr verwandter Form andeutete. Ihr mittel- und süddeutscher Verwandter ist der *schnurkeramische Kreis*, der sich im Flußgebiet der Saale besonders gut zeigt und hier schon früh der Gegenstand einer selbständigen Studie war. Während im Vergleich mit ihm sich die Becherkulturen Westdeutschlands noch längere Zeit der Beobachtung entzogen, hatte sich Entsprechendes bereits jenseits des Kanals und in Südrußland gezeigt. Überall handelt es sich um Teilerscheinungen eines großen Kreises, desjenigen nämlich der Einzelgräberleute, der sich vom Schwarzen Meer bis zur Irischen See erstreckt, fast ganz Mitteleuropa einnimmt und weit nach Skandinavien hineinreicht.

Weniger bestimmt als hier begegnet er in Südeuropa. Allerdings entspricht die führende Schicht, die in Mykenai und Tiryns greifbar ist, weitgehend dem Bilde, welches die Sprachwissenschaft von dem Leben der indogermanischen Großleute entwirft. Aber es fehlt hier im südlichen Teil der Balkanhalbinsel vorläufig noch an weiteren eindeutigen Zeugnissen eines von der Steppe her erfolgten Einbruchs. Sodann geht es nicht an, einzelne Erscheinungen auf italienischem Boden schon heute für den Einzelgräberkreis zu beanspruchen. Ob und wie weit mit ihm die Zivilisation der Glockenbecherkultur zusammenhängt, deren Heimat auf der Pyrenäenhalbinsel gesucht wird, bleibt ebenfalls noch offen, und dasselbe gilt von der zentralrussischen, nach dem Fundort Fatjanovo benannten Gruppe.

So erscheint es ratsam, den Begriff des Einzelgräberkreises in räumlicher Hinsicht nicht zu scharf abzugrenzen. Im Gegenteil entspricht dieses Verblassen bestimmter Eigentümlichkeiten an den Rändern eines so großen Verbreitungsgebiets der Vorstellung, daß hier eine Dynamik ihren Ausdruck findet, die sich in den einzelnen Räumen mit örtlichen Kräften auseinandersetzen muß und vornehmlich gerade dort fremde Züge annimmt, wo ihre Energie bereits geringer geworden ist. Die Geschlossenheit und Einmaligkeit dieser archäologischen Formenwelt wird dadurch nicht beeinträchtigt. Sie gehört überall in das späteste Neolithikum, einschließlich der peripheren Auswirkungen und der Glockenbecherkultur; nur die Herrensitze in Griechenland sind bereits bronzezeitlich. Trotz aller landschaftlichen Verschiedenheiten ist ihre Erscheinungsform außerordentlich einheitlich. Man hat den Eindruck, als ob lediglich in denjenigen Gebieten, in welchen dieser Stoff in mehrere aufeinanderfolgende Schichten gegliedert werden kann, diese Zeit der Einzelgräber sich über einige Jahrhunderte erstreckt hat; vielerorts dürfte sie relativ kurz gewesen sein. Aus der Einheitlichkeit der wesentlichen Züge darf man auf einen Kontakt der Verbände über weite Räume hinweg schließen. So wird beispielsweise hinsichtlich Großbritanniens und Irlands betont, daß die »Becher-Invasion« dort eine kulturelle Einförmigkeit herbeiführt, wie sie vordem daselbst nie vorhanden war und bis zur Römerzeit auch nicht wieder erreicht worden ist.

Andererseits muß beachtet werden, daß die Funde auch in diesem Beispiel der Einzelgräberkultur vorläufig im wesentlichen nur das Gewordene zeigen, daß insbesondere das langsame Übergreifen einer in der Steppe beheimateten Zivilisation auf die von Bauernvölkern besiedelten Gebiete nicht nachweisbar ist. Indem aber diese neue Kultur unvermittelt in Erscheinung tritt, hebt sie sich um so eindrucksvoller von dem Vorangegangenen ab; an die Stelle der außerordentlichen Vielgestaltigkeit des späten Neolithikums tritt in dem gleichen großen Gebiet eine auffallende Einheitlichkeit. Damit ist nicht gesagt, daß es dem Einzelgräberkreis an innerem Leben fehlt. Die Analyse der Grabinventare zeigt nicht nur Veränderungen, aus denen ein zeitliches Nacheinander des Stoffes gefolgert werden darf; zu ihnen treten Unterschiede im räumlichen Nebeneinander. Es gibt zahlreiche Hinweise auf Stauungen hier und spärlich besiedelte Räume dort, auf rasche Bewegungen wie auch eine gewisse Stagnation, auf Verschmelzungen, Trennungen und sonstige Formen der Auseinandersetzung.

Ob diese verschiedenartigen Vorgänge einmal so deutlich erkennbar werden, daß sie in die von Sprachwissenschaft und antiker Ethnographie ermittelten Tatbestände einmünden, steht noch dahin. Dagegen sprechen zwei Umstände nachdrücklich dafür, daß der Einzelgräberkreis als Ganzes mit der *Aufspaltung der Kentum-Völker* (d. h. der Westgruppe der Indogermanen) in Zusammenhang steht. Mit dieser neuen Zivilisation ist eine ganze Reihe von Kulturelementen verbunden, die dem Wesen eines Steppenvolkes entsprechen. Außerdem können, vermittels des bronze- und eisenzeitlichen Fundgutes auf mitteleuropäischem Boden, drei Fundprovinzen aus ihr abgeleitet und mit *Germanen*, *Kelten* und *Nordillyriern* in Zusammenhang gebracht werden. Mit der Gesamtheit der indogermanischen Teilvölker ergeben sich auch diese drei aus der Aufspaltung des Urvolkes. Wenn man aber die Träger der Einzelsprachen aus einer gemeinsamen Wurzel ableitet, dann muß jeder von ihnen eine ihm eigentümliche Geschichte haben. In der Tat entspricht dieser Vorstellung die Einmaligkeit des Werdeganges in jeder der drei genannten Fundprovinzen, und es liegt nahe, ihre Ausmündung in die von den ältesten Schriftquellen überlieferten Vorgänge zu beobachten. Diese bestehen darin, daß die Kelten große Teile ihres mitteleuropäischen Siedlungsgebietes aufgeben und ihren Raum gegen Westen und Süden hin verlagern, während die Germanen, von einer nordischen Keimzelle ausgehend, in Mitteleuropa an Boden gewinnen. Sodann weist in Ostdeutschland eine Schicht *topographischer Namen* darauf hin, daß hier einmal eine Bewohnerschaft illyrischen Stammes vorhanden gewesen sein muß; da die antiken Schriftsteller nichts von ihr wissen, und da als Nachfolger der von ihnen genannten Ostgermanen erst die Slaven und dann die Deutschen in Betracht kommen, so können jene Namen nur der vorgermanischen Zeit zugewiesen werden. Diese individuellen Werdegänge der Völker spiegeln sich in den großen Veränderungen des archäologischen Bildes; verfolgt man aber die Fundprovinzen, die nach diesen Anhaltspunkten den Germanen, Kelten und Nordillyriern zugehören, nach rückwärts, dann entsproßt jede von ihnen in einem jeweils einmaligen Vorgang der Einzelgräberkultur.

Es spricht nicht gegen die Zuweisung des Kreises der Einzelgräber an die europäischen Indogermanen, wenn seine räumliche Verbreitung nicht mit der auf die Schriftquellen gegründeten Völkerkarte einer späteren Zeit übereinstimmt. Er begegnet in Gebieten, für welche eine indogermanische Besiedlung nicht nachweisbar ist, und umgekehrt fehlen seine Zeugnisse mitunter gerade dort, wo man schon für recht frühe Zeit mit Indogermanen glaubt rechnen zu dürfen. Ein Teil dieser Fälle kann mit Lücken im Fundbild erklärt werden, ein anderer damit, daß die von einer lebendigen Kraft getragene indogermanische Zivilisation über die Grenzen des Volkstums hinausgegangen ist. Auch besteht die Möglichkeit, daß nicht alle Kentum-Indogermanen die Zivilisation der Einzelgräber erlebt haben, wie etwa frühe Abspaltungen oder solche, denen der Zusammenhalt mit dem größeren Ganzen rasch verloren ging. Weiter aber erscheint es denkbar, daß sich die Indogermanen auf die Dauer nicht überall durchsetzten, sondern in der Vorbevölkerung aufgingen; liegen doch zwischen der Zeit der Einzelgräber und derjenigen der antiken Völkerkarte rund anderthalb Jahrtausende. Auch haben neben und zwischen den indogermanischen Zuwanderern manche Menschenkreise ihre Selbständigkeit behaupten können; als Räter und Etrusker, Ligurer und Iberer kennt sie die Antike, als Basken und Finnen noch die Gegenwart.

Der Einzelgräberkreis besteht, wie die Mehrzahl aller Fundprovinzen, aus der vielfachen Wiederholung eines bestimmten Grabinventars; im Vergleich mit diesen Hunderten von Bestattungen nimmt sich die Anzahl der *Siedlungsreste* sehr bescheiden aus. Daneben aber gibt es eine kleine Gruppe von Funden mit ganz besonderer, die gesellschaftlichen Verhältnisse und das geistige Leben betreffenden Aussagekraft. Andrerseits ist jede Wiederholung bereits bekannter Erscheinungen, die ein neuer Grabfund zu bieten vermag, weit mehr als nur ihre Bestätigung. Sie ist ein Beitrag zur Statistik sowohl des ganzen Kreises wie seiner einzelnen Elemente, ein neues Glied in der Fundkarte, welche die Aufschlüsselung des Gesamtgebietes in zeitlicher und räumlicher Hinsicht ermöglicht, die Strömungen des materiellen Gutes wie vielleicht auch ihrer Träger zu erkennen gibt und weiter der siedlungsgeographischen Betrachtung den Weg weist.

Die *Toten* sind, gewöhnlich in Hockerstellung, in einen Schacht gebettet, den man in den gewachsenen Boden eingetieft hat; doch kommen nicht selten auch ebenerdige Bestattungen vor oder solche im Erdreich des Hügels, den man über dem Grab aufführt. Neben diesen Hügeln, einzeln oder in Gruppen und gewöhnlich sehr flach, gibt es auch Schachtgräber ohne Erdhügel darüber (Flachgräber); auch sie kommen sowohl vereinzelt vor wie gruppenweise. Es fällt auf, daß sich mancherorts, z. B. in Mainfranken, Hügelgruppen und Flachgräberfelder nebeneinander finden, ohne daß irgendein Unterschied in der Ausstattung der Toten feststellbar ist. Dieses Nebeneinander, das hier und noch anderwärts alle weiteren Jahrhunderte hindurch besteht, in denen die Sitte des Hügels überhaupt lebendig bleibt, bedarf noch der Erklärung. In seltenen Befunden sind sitzende Hocker festgestellt und ebenso Fälle von Leichenverbrennung; häufiger begegnet der Brauch, den Leichnam mit Rötel zu bestreuen.

Zu dem Inventar der Männergräber gehört sehr oft eine *steinerne Axt*, die in der Mehrzahl der Fälle sowohl großen Aufwand an Arbeit wie Sinn für schöne Linienführung zu erkennen gibt. Recht häufig sieht man an diesem Gerät auch Formelemente, die in Metallguß bequem herstellbar sind oder sich aus der Verwendung des weichen Kupfers von selbst ergeben, dem Stein also aufgezwungen sind. Sie alle, z. B. die verbreiterten Bahnenden, die Schafthülsen und die Längsrippen, weisen auf metallene Vorbilder hin, die denn auch in Gestalt eines Knaufhammers und einiger anderer kupferner Prunkäxte vorliegen. Dort, wo man sich eines Rohstoffs von besonders schöner Farbe oder eines Gerölls bedient, das durch Bänderung oder Sprenkelung belebt wird, kann die Form wesentlich schlichter sein. Es ist sehr charakteristisch, daß die früheste Bronzezeit den Versuch unternimmt, dieses dem Manne eigene, keinesfalls für den täglichen Gebrauch bestimmte Gerät auch in dem nun besser erreichbaren Metall herzustellen. Ein begrenztes Gebiet, der norddeutsch-südskandinavische Raum, bringt den Typus einer schweren, massiven Axt hervor. Aber es darf als nicht minder bezeichnend angesprochen werden, daß sich diese Form nicht durchsetzt. Sie war wohl zu schwer, als daß man sie bequem hätte handhaben können; sodann aber beansprucht sie zu viel von einem Material, dessen vielseitige Verwendungsmöglichkeit man eben gerade erlernt.

Welche Bedeutung neben der Streitaxt die Keule hat, steht noch dahin. Dagegen sind Pfeil- und Lanzenspitzen sowie andere Geräte aus Feuerstein eine sehr gewöhnliche Erscheinung. Im Norden, wo dieser Werkstoff ansteht, ist man in seiner Verarbeitung besonders geübt und fertigt aus ihm auch große Dolche von sehr schöner Gestalt. Das zweite Naturprodukt dieses Gebiets, der Bernstein, findet sich dort in den Gräbern wesentlich häufiger als anderwärts, zu einzelnen Schmuckstücken wie zu Halsketten verarbeitet. Um den Hals trägt man, auf Schnüre gereiht, gern auch Tierzähne, die an der Wurzel durchbohrt sind. Im Unterschied zu diesem im Binnenlande weit verbreiteten Schmuck werden kleine Anhänger aus Kupfer nur selten beobachtet; der Fund eines schmalen Armreifs wie auch mehrerer kleiner Spiralen aus Gold in einem nahe der unteren Oder gelegenen Flachgräberfeld stellt eine ganz vereinzelte Erscheinung dar. Unter den *Gefäßen* ist der Becher die am weitesten verbreitete Form; die nicht minder charakteristische Amphore begegnet in einem scharf zu umgrenzenden Gebiet und läßt dort offenbar einige Wanderbewegungen erkennen. Amphore und Becher erscheinen in Sachsen-Thüringen und Süddeutschland gern nebeneinander in Bestattungen, die durch die Streitaxt als Männergräber ausgewiesen sind; hier ist der Krieger also auch mit seinem Trinkgeschirr ausgerüstet. Wie diese beiden Gefäßformen, so tragen noch andere des Einzelgräberkreises oft die *Schnurverzierung*. Sie kommt zustande, indem man eine Schnur in den noch weichen Ton drückt; neben den geometrischen Mustern, die durch einen gespannten Faden erzielt werden, bezeichnet die Schnurornamentik in Bogen- und Wellenlinien ein kleines Sondergebiet. Im Bereich dieser sogenannten *Schnurkeramik* findet man aber noch weitere Verzierungsweisen, und andererseits ist das Schnurornament keineswegs auf den Kreis der Einzelgräber begrenzt.

Literatur: Sie beginnt mit einer der frühen Dissertationen in Prähistorie: A. Götze, Die Gefäßformen u. Ornamente d. neolith. schnurverzierten Keramik im Flußgebiet d. Saale (1891). Eine Gesamtdarstellung d. Einzelgräberleute auf mitteleurop. Boden fehlt noch. Das z. T. verwandte Material aus dem osteurop. Tiefland bei A. J. A. Brjussow, Gesch. d. neolith. Stämme im europ. Teil der UdSSR (1957). – In dem Schema von Grimm (s. Lit. zu Kap. 6) setzt die Schnurkeramik relativ früh ein und begleitet etliche Stufen der lokalen Ausprägung d. mitteldt. Neolithikums. Die dänische Forschung beobachtet das schrittweise Vordringen der Einzelgräberleute u. versucht, die Stadien ihres Raumgewinns durch Karten zu veranschaulichen: J. Brønd-sted, Danmarks Oldtid 1: Stenalderen (1938, dt. 1960), er betont, »daß die Nachkommen des Einzelgrabvolkes die herrschende, die Ganggrableute die dienende Klasse bildeten«. Trotz derartiger in die Einzelheiten gehenden Beobachtungen wird der Vorgang der Einwanderung der Indogermanen und ihr Ausgangsbereich wohl niemals mit den Gesichtspunkten der derzeitigen Typologie zu ermitteln sein. Eine neue Sicht der Tiefengliederung und Deutung des Fundstoffes bei U. Fischer, Mitteldtld. u. die Schnurkeramik. Ein kultursoziolog. Versuch, Jschr. f. mitteldt. Vorgesch. 41/42 (1958).

Durch Beobachtungen besonderer Art erfährt das Bild dieser Zivilisation eine außerordentliche Belebung. Es handelt sich dabei zunächst um einmalige, nicht aus Gräbern stammende Funde, die dem Zufall ihre Erhaltung verdanken; dazu kommen die Aussagen der nordischen Felsenbilder, und weiter solche Einzelgräber, deren Ausgestaltung auf eine Persönlichkeit von besonderer Bedeutung verweist. Ein Teil dieses Stoffes gehört bereits der älteren Bronzezeit an, ein anderer entstammt der Kontaktzone des Einzelgräberkreises mit seinen neolithischen Vorgängern. Seine Verwendung in dem hier gegebenen Zusammenhang ist jedoch insofern möglich, als sich die Zivilisation der Einzelgräber deutlich in die Metallzeit hinein fortsetzt; auch kann die Grenze der Becherleute gegen die jungsteinzeitlichen Bauern nicht nur auf der Basis der archäologischen Formenkunde gezogen werden. Insgesamt handelt es sich hier um eine nur kleine Gruppe von Funden, noch dazu sehr verschiedener Art; doch ist es bezeichnend, daß sie eine Reihe von Zügen des gesellschaftlichen und geistigen Lebens erkennen läßt, welche die vergleichende Sprachwissenschaft als Besonderheit des indogermanischen Urvolkes ermittelt hat. Damit erhält die Vorstellung, daß sich in den Einzelgräberleuten die Aufspaltung europäischer Indogermanen spiegelt, eine weitere Stütze.

Die Steigerung des Grabbrauches ist eine große Seltenheit; sie besteht auch nicht in besonderen Beigaben; man hat den Eindruck, daß das Wesen der Persönlichkeit in ihren Handlungen gesehen wird, nicht im Besitz, zumal das materielle Gut einen noch sehr einfachen Charakter trägt und somit die Ausrüstung der *führenden Schicht*, im ganzen gesehen, recht einheitlich ist. Das Grab von Kivik in Schonen hängt in seinem reichen Bilderschmuck mit den nordischen Felsenzeichnungen zusammen. Die Kiste von Göhlitzsch bei Merseburg steht jedoch ganz vereinzelt inmitten eines Gebiets, in dem die Schnurkeramiker die für ihre Hockerleichen bestimmten Schächte gern mit Steinplatten verkleiden. Hier hat man die für den Toten bestimmte Kammer mit Einritzungen belebt, die anscheinend Vorhänge oder Teppiche nachahmen; wichtiger aber sind die zwischen ihnen eingeritzten Bilder einer geschäfteten Streitaxt sowie von Bogen, Bogenspanner und Köcher. In ihnen zeigt sich das Lebenselement des hier bestatteten Großen ebenso wie in der Streitaxt und dem Trinkgefäß, die als Beigaben neben seinen Knochenresten lagen. Die reiche Ausstattung der Schachtgräber von Mykenai, eine ebenfalls einmalige Erscheinung, bezeugt den Einfluß der vom benachbarten Kreta her vermittelten städtischen Zivilisation. Im Vergleich damit bietet der Norden in nachneolithischer Zeit zunächst nur wenige äußere Kennzeichen der Herrscherwürde. Ein solches darf man beispielsweise in dem hölzernen Klappstuhl als Grabbeigabe sehen. Während die Menge sich zwanglos auf der Erde lagert, bei manchen Völkern in eine Hockerstellung geht, bleibt der Stuhl dem Führer vorbehalten. In seiner zusammenklappbaren Gestalt stammt er wohl aus der Steppe, deren unstete Bewohner auf die leichte Transportfähigkeit ihrer Einrichtung bedacht sind. Man überlegt, ob die bereits erwähnten sitzenden Hocker derartige Stühle unter sich hatten, die aber nicht erhalten sind. Ein weiteres nicht alltägliches Gerät ist eine kupferne Streitaxt, deren Stiel ganz aus Metall besteht, und als Schmuckstück des hervorragenden Mannes der Armring aus Gold.

Die hier in Betracht kommenden *Felsenbilder* gehören zu einer sehr großen Quellengruppe, die an die skandinavische Grundgebirgs- und Rundhöckerlandschaft gebunden ist. Südlich davon hat man sie nur sehr selten auf Findlingen. Sie dürften hier nicht minder zahlreich vertreten gewesen sein, sind jedoch, weil sie nur in Lehm oder Sand graviert werden konnten, nicht erhalten geblieben. Auf diesen Bildern, die im wesentlichen der Bronzezeit angehören und mit dem Kult zusammenhängen, sieht man Pferdekampf und Streitwagen. Auch auf einer Platte des Grabes von Kivik sind zwei Rösser dargestellt, wie sie gegeneinander springen. Der Kampf zweier Hengste ist noch im mittelalterlichen Island gelegentlich der Volksversammlungen eine beliebte Veranstaltung. Vielleicht hängt dieser Brauch mit den Leichenspielen zusammen, bei denen dann also das Pferd eine besondere Rolle spielte. Häufiger, einmal auch wieder unter den Bildern von Kivik, kommt die Darstellung eines zweirädrigen Gefährts vor, das von zwei Pferden gezogen wird; in dem Beispiel von Kivik ist sogar noch der Rosselenker sichtbar, wie er sein Gespann mit den Zügeln dirigiert. In einem anderen Bilde hat man eine ganze Anzahl derartiger Gefährte so nebeneinander gestellt, daß in dieser Aufreihung der Start zu einem Rennen gesehen werden darf.

Im Unterschied zu diesem Stoff betreffen die Funde einmaliger Art bestimmte Züge des *geistigen Lebens*. Die im Moor von

Trundholm (Seeland) niedergelegte metallene Weihegabe ist das verkleinerte Abbild einer Kulthandlung. Eine große runde Scheibe, durch ihren Goldbelag als Sonne gekennzeichnet, wird von einem Pferd gezogen; abermals erscheint also das Roß in einer besonderen Verwendung, und zwar im Zusammenhang mit der Verehrung der Sonne. Eine andere Komponente des Kults veranschaulicht der Widder von Jordansmühl in Schlesien, eine 32,5 cm hohe Plastik in Ton, wiederum eine andere die aus Mähren bekanntgewordene kleine tönerne Darstellung einer Menschengestalt mit hochgehobenen Händen. Gemeinsam ist diesen beiden Gegenständen, daß sie an heiliger Stätte, im Freien oder unter einem Dach, im Kult verwendet worden sind; besondere Umstände müssen wirksam gewesen sein, damit sie in die schützende Erde gelangten. In außergewöhnlichem Maße aber war dies der Fall bei dem Funde aus dem Ullstorpbach in Schonen, dem nur teilweise erhaltenen Schädel eines jungen Pferdes, in dessen Stirnnaht mit sicherem Hieb ein Feuersteindolch hineingetrieben ist. Wie oft hat man in diesem Menschenkreis im Laufe vieler Jahrhunderte ein Pferd geopfert; aber welche Kette glücklicher Umstände war nötig, um ein Zeugnis dieser Handlung auf die Gegenwart zu bringen, angefangen damit, daß der sie datierende Dolch in dem Schädelknochen steckenblieb, über die zufällige Bettung dieses Stückes »Tempelschutt« in durchfeuchtetem, der Erhaltung des Knochens günstigem Erdreich, bis zu seiner Auffindung durch einen wachen Geist.

Diese in sachlicher Hinsicht verschiedenartigen, inhaltlich jedoch eng zusammengehörenden Aussagen erfüllen nun jene anderen, die sich aus den Einzelgräbern ergeben, mit besonderem Leben. Jetzt kann man es sich vorstellen, wie die Schnurkeramiker im Laufe der Zeit die besonderen Widerstände überwanden, die sie im Flußgebiet der Saale vorfanden; jetzt wird es verständlich, daß sie sich auf dem Wege über die Jütische Halbinsel den nordisch-megalithischen Kreis dienstbar machten, der doch selbst so lange einen Überschuß an Kraft besaß. Zwanglos erklärt es sich auch, daß die Besiedlung nunmehr auf die Sandgebiete und die Kalklandschaften übergreift, daß sich in den Heiden sowohl der Lausitz wie am Niederrhein Grabhügel finden und ebenso auf der Rauhen Alb wie im Frankenjura. Die Herden, die nun ganz anders als vordem die Landschaft beleben, verlangen viel Raum, und dasselbe gilt von denjenigen Beschäftigungen der führenden Schicht, bei denen

Pferd und Hund Verwendung finden. Es gibt Gebiete, die gemäß ihrer besonders starken Belegung mit Grabfunden wohl als Brennpunkte des damaligen Lebens aufgefaßt werden dürfen; zu ihnen gehört neben den Heiden auf der Jütischen Halbinsel die weitere Umgebung von Halle (Saale). Auch die Gegend von Salisbury (Wiltshire) ist mit sehr vielen Grabhügeln der Becherleute besetzt; doch haben diese in ihrer Mitte noch das megalithische Bauwerk Stonehenge, das als Heiligtum gedeutet wird. Die Vorstellung, daß das geistige Leben damals hier viele Menschen zusammengeführt hat, wird noch verstärkt durch die Nachbarschaft von zwei langgestreckten Wallanlagen, die man wegen ihres Grundrisses als Rennbahnen erklärt. Die größere von ihnen ist nicht weniger als 2700 m lang und dem leichtwelligen Gelände so angepaßt, daß man sie in ihrer ganzen Ausdehnung übersehen kann. Sie können ebensogut für die Gestaltung eines Sonnenzaubers hergerichtet worden sein wie für Spiele, die zu den Leichenfeiern gehörten oder aus ihnen hervorgegangen sind. Jedenfalls legen sie es nahe, sowohl an einen großen Kreis von Beteiligten zu denken wie auch daran, daß in einem Raum von solcher Gestalt das Pferd eine bestimmte Aufgabe gehabt haben kann.

Im Vergleich mit den reichen Funden aus den Gräbern des mykenischen Fürstengeschlechts ist die Sprache dieser nordischen Tatbestände sehr karg, auch trotz der besonderen oder nur einmal begegnenden Objekte. Einige Züge des gesellschaftlichen und geistigen Lebens werden nur angedeutet, und ohne ihre Übereinstimmung mit dem von der vergleichenden Sprachwissenschaft erarbeiteten Bild könnten sie nur sehr begrenzt verwertet werden. Sieht man davon ab, daß der mykenischen Welt nennenswerte Hinweise auf religiöse Vorstellungen fehlen, dann entspricht ihre Aussage derjenigen des Nordens. Auch dort fährt, wie die Grabstelen zeigen, der Herr auf dem Streitwagen einher; die Ausschmückung des Megarons redet von Pferd und Hund, Jagd und Kampf, während anderwärts die Männer auf der Löwenjagd dargestellt sind. Lediglich die Aussagekraft ist da anders, nicht die Aussage selbst. Hier wie dort zeigt sich eine den Einsatz des Lebens gewohnte Herrenschicht, und so werden denn die Träger des Einzelgräberkreises nach der ihnen eigenen Waffe gern *Streitaxtleute* genannt und ihr Wesen als Streitaxtgesinnung bezeichnet.

Literatur: Die hier vereinigten Tatbestände sind erstmals bei E. WAHLE, Dt. Vorzeit (1932), in den hist. Zusammenhang eingebaut worden; vgl. die dort (³1962) gege-

benen Hinweise sowie die betreffenden Stichworte bei Ebert, Reallex. Eine spezielle
Untersuchung des archäolog. Niederschlages auf die Probleme der indogerman. Ge-
sellschaft hin steht noch aus; über die Denkmäler der Religion: W. Koppers, Die
Religion d. Indogermanen in ihren kulturhist. Beziehungen, Anthropos 24 (1929);
ders., Pferdeopfer u. Pferdekult d. Indogermanen, Wiener Beitr. z. Kulturgesch. u.
Linguistik 4 (1936); vgl. die betr. Stichworte bei Schrader-Nehring (s. Lit. zu
Kap. 9). Zu der Steinkiste von Göhlitzsch jetzt eine Parallele in einem großen Hügel
in der Heide bei Halle: vgl. Kap. 7, Anm. 6. – Die sehr verschieden orientierten
Arbeiten über das Indogermanenproblem halten sich, soweit sie den Fundstoff heran-
ziehen, gewöhnlich allein an die Einzelgräber. Die regionale Bearbeitung dieses Nachlasses in Arbeiten über die einzelnen archäolog. Gruppen bzw. den Stoff aus polit. Be-
zirken der Gegenwart kommt aber gewöhnlich über eine typolog. Studie nicht hinaus.
Die Hervorkehrung der ungleich ergiebigeren Sonderfälle des Materials, welche vielfach einmalige, die Kultur der Streitaxtleute betreffende Befunde darstellen, erscheint
somit als besondere Aufgabe der Zukunft.

Kapitel 12
Das Erbe aus der Zeit des indogermanischen Urvolkes

Die in den Gebieten neolithischer Bauern seßhaft werdenden
Zweige der Indogermanen fügen die von ihnen vorgefundene
Bevölkerung in ihre Wirtschaft und damit in ihre Lebensgemeinschaft ein. So entstehen aus den in den einzelnen Räumen
wirksamen Kräften die Teilvölker. Die indogermanische Herrenschicht vertauscht die grenzenlose Steppe mit relativ kleinen, von Wald umgebenen Siedlungsgebieten; hiermit aber
wie mit dem Übergang zur Seßhaftigkeit streift sie manche Besonderheiten ihres bisherigen Lebens und Denkens ab.

Daß die Streitaxt verschwindet, hat freilich einen anderen
Grund: Indem man schon sehr bald aus dem bronzenen Dolch
das Schwert entwickelt, wird nun dieses zur Waffe des freien
Mannes. Auch der Klappstuhl begegnet nach der älteren
Bronzezeit nicht mehr; aber da er im wesentlichen nur in Gestalt bestimmter bronzener Beschläge, also einer an eine recht
enge Zeit gebundenen Verzierung greifbar ist, kann hier eine
Lücke im Stoff vorliegen. Bei der germanischen Volksversammlung setzt man sich in Wehr und Waffen nieder, sobald
es die Menge für angezeigt hält; andrerseits fällt es auf, daß der
Vornehme nach den literarischen Zeugnissen auch stehend
empfängt. Etwas bestimmter ist die Aussage der Quellen hinsichtlich des Sonnendienstes, der in dem Bildwerk von Trundholm und anderen Befunden der Bronzezeit bezeugt ist. Den
heiligen Wagen, vor den man die blendend weißen, durch

keinerlei irdische Dienstleistung entweihten Rosse spannt, erwähnt Tacitus (Germ. c. 10) nur beiläufig; doch geht aus seinen Worten hervor, daß mit ihm eine Umfahrt veranstaltet wird, und so erscheint es denkbar, daß jene alte Vorstellungswelt zu seiner Zeit noch lebendig war. Die den Römern näher bekannt gewordenen Südgermanen verehren in Tiu (Ziu) den Haupt- und Himmelsgott aus der Zeit des indogermanischen Urvolkes; sie kennen aber keine Gestalt, die das Gestirn des Tages in der Art eines Hochgottes verkörpern würde. Ist man hier offenbar bei dem alten Zustand verblieben, so hat sich in anderen Bereichen des religiösen Denkens manches geändert. Insbesondere ist es dem in der Nerthus verkörperten Kult gelungen, bei den neuen Herren einen festen Platz zu erringen. Tacitus (Germ. c. 40) beschreibt diesen so wichtigen Bestandteil der neolithischen Naturreligion sehr genau, obwohl er ihm für einen Teil Germaniens bezeugt ist, welcher der römischen Beobachtung sehr fern lag; dieser Tatbestand verdient besondere Beachtung. Die Prozession der Göttin, die man am ehesten wohl auf Seeland lokalisiert, stellt ein Glied des alten bäuerlichen Fruchtbarkeitsdienstes dar. Nicht weniger wichtig, als daß während dieser Umfahrt über die Grenzen mehrerer Lebensgemeinschaften hinweg alle Streitigkeiten ruhen, ist es, daß der Wagen der Göttin von Kühen gezogen wird. Hier hat das Pferd, obwohl es die Sonnenscheibe ziehen darf und ein wichtiges Element indogermanischen Denkens ist, eine Grenze vorgefunden. Das Rind jedoch behauptet sich nicht nur weiterhin vor dem Fahrzeug großer Gestalten des geistigen Lebens, sondern wird sogar das Zugtier des weltlichen Herrschers. Noch im älteren europäischen Mittelalter werden die Gebeine vieler Heiligen auf einem mit Rindern bespannten Wagen gezogen. Saxo Grammaticus berichtet von der Fahrt der Leiche des sagenhaften Dänenkönigs Frotho. Wenn aber auch vom König der Franken berichtet wird, daß er Rinder vor seinen Wagen gespannt habe (Einhard, Vita Karoli c. 1), so unterscheidet sich das merkwürdig von der Vorstellungswelt, die vor dem Fahrzeug des höchsten Vertreters der weltlichen Macht nur edle Rösser kennt; hier muß etwas von jener göttlichen Macht auf den König übergegangen sein, die einst die Fruchtbarkeitsgöttin allein ausgeübt hat. Wie sich in diesem Falle das einheimisch-neolithische Element durchsetzt, so ist in einem anderen das zugewanderte nicht von Dauer. Für die Beibehaltung des indogermanischen Streitwagens fehlt in Mitteleuropa jeder Beleg; offenbar kommt dieses Gefährt nach dem Übergang zur Seßhaftigkeit bald außer Gebrauch. Es ist wohl auch bezeichnend, daß es auf dem durch die Quellen viel intensiver beleuchteten Boden Griechenlands über die mykenisch-homerische Zeit hinaus ebenfalls nicht nachgewiesen werden kann. Das leichte zweirädrige Gefährt, das sich nördlich der Alpen gelegentlich in Fürstengräbern der eisenzeitlichen Kelten findet und wohl mit dem bei den antiken Schriftstellern genannten »essedum« identisch ist, dürfte eher eine Art Sportwagen gewesen sein; Caesar (BG IV, 32 u. 33), der dieses Fahrzeug in Britannien kennen lernt, beschreibt genau, wie der Krieger von ihm abspringt und zu Fuß kämpft, während der Pferdelenker das Getümmel verläßt und sich bereitstellt, um seinen Herrn später wieder aufzunehmen. Im Orient und in Ägypten findet sich der Streitwagen in Zusammenhang mit dem Einbruch indogermanischer Völker von Norden her; in zahlreichen Reliefdarstellungen kämpfen hier die Könige von seiner Plattform herab gegen die Feinde oder schießen in voller Fahrt die Löwen. Dieselbe Sicherheit in der Nutzung dieses Gefährts ist auch für die mykenische Welt zu belegen, aber sie verliert sich späterhin.

Andererseits bleiben manche Bestandteile des ursprünglichen indogermanischen Lebens deutlich erhalten, wenn auch seine *nomadische Komponente* ihrer Natur nach weniger in archäologischen Funden als in den Schriftquellen erkennbar ist, besonders bei Tacitus. Das Fehlen entsprechender Angaben über die Illyrier hat darin seinen Grund, daß die Kenntnis von diesem Volk überhaupt recht gering ist. Die Kelten aber sind zu der Zeit, in der sie ins Blickfeld der antiken Geschichtsschreibung kommen, schon seit einigen Jahrhunderten stärkeren südlichen Einflüssen ausgesetzt und damit im Besitz einer Zivilisation, welche die ältere Lebensform der herrschenden Schicht nicht mehr so deutlich erkennen läßt. In den Germanen dagegen, die weiter gegen Norden wohnen, blieben manche Züge des Urvolkes stärker lebendig und damit noch in der literarischen Überlieferung der Römerzeit greifbar.

Der Germane hat an der Menge der *Rinder* seine Freude; sie sind, wie Tacitus (Germ. c. 5) sagt, »sein einziger, ihn hochbeglückender Reichtum«. Weitgehend beruht auf ihm seine gesellschaftliche Stellung; es ist bezeichnend, daß im Sanskrit das Wort »Herr« ursprünglich »Rinderherr« bedeutet. Caesar bekundet (BG VI, 22 u. 29), daß sich die Germanen mit dem

Ackerbau keine besondere Mühe geben, und Tacitus (c. 15) bestätigt ihn mit der gewiß nicht wörtlich zu nehmenden Angabe, daß die Sorge für Haus, Hof und Felder den Greisen, überhaupt den Schwächlichsten der Sippe vorbehalten bleibe. Die Herde stellt eben unverändert den wesentlichen Teil des Besitzes dar, und bei mannigfachen Gelegenheiten greift man auf sie zurück. Strafen werden mit Vieh bezahlt; gegen die Hergabe von einem Joch Rinder und einem gezäumten Pferd empfängt der Mann die Gattin; erlesene Rosse bringt man als Geschenk den Fürsten dar. In dem Kreise von Ältesten und Priestern, der eine eigene Schrift plant und das sogenannte ältere Runenalphabet zustande bringt, setzt man den Lautwert F an die erste Stelle der 24 verschiedenen Zeichen; die entsprechende Rune wird altgermanisch »fehu« genannt, und dies bedeutet sowohl Vieh wie Besitz überhaupt und später im besonderen soviel wie Geld. Nicht minder bezeichnend ist, daß Wulfila bei seiner Übersetzung der Bibel das griechische Wort für Geld mit der gotischen Bezeichnung für Vieh wiedergibt.

Die Notiz des Tacitus (c. 10), daß man das *Pferd* vor den heiligen Wagen spannt, findet außer in dem Funde von Trundholm ihre Bestätigung in einer schwedischen Felsenzeichnung, auf der ein Kultschiff von zwei Pferden gezogen wird. Diese Tiere hegt man in dem heiligen Hain; aus späterer Zeit liegt eine Nachricht über derartige Pferde vor, die in der Nähe eines Heiligtums bei Drontheim weiden. Sie haben noch die besondere Eigenschaft, mit ihrem Wiehern und Schnauben das Kommende vorauszukünden. Ob die Sitte, Schädel von Pferden als Giebelzier zu verwenden, ursprünglich eine magische Bedeutung hat, bleibt offen. Es fällt auf, daß dieser Schmuck des alten niedersächsischen Hauses im Schutt des im Jahre 15 n. Chr. zerstörten Mattium in einer abgekürzten Form in Holz erscheint; sollte er also schon zu dieser Zeit eine längere Geschichte hinter sich haben? Die Untersuchung dieses Hauptortes der Chatten, bis zu dem Germanicus damals vordrang, ergab auch eine Anzahl von Hufeisen. Diese Beobachtung bestätigt andere Hinweise darauf, daß das Pferd außerhalb des kultischen Bereichs an Bedeutung gewonnen hat. Daß es im Laufe der Metallzeit auch in Mitteleuropa zum Reittier geworden ist, ergibt sich aus einigen archäologischen Hinweisen und aus den Schriftquellen. Strabo berichtet, daß die Römer den besten Teil ihrer Reiterei von den Galliern hätten, die als Reiter besser kämpften denn zu Fuß, und Tacitus rühmt die

Reiterei der Tenterer. Jene Rösser aber, die den Kriegern der Merowingerzeit und der Wikingerzeit ins Grab folgen, haben als Aufschirrung ein oftmals sehr schönes metallenes Zaumzeug, lassen jedoch den Hufbeschlag vermissen. Nach diesem verlangt in erster Linie das Zugpferd, dessen Huf besonders beansprucht wird, und dafür dürfte das Hufeisen zuerst gebraucht worden sein. Demnach ist die Verwendung des Pferdes vor Wagen und Pflug in Mattium üblich gewesen; im übrigen aber bleibt uns dieser Vorgang der Profanierung des heiligen Zugtieres und des besonderen Günstlings der Herrenschicht noch verschlossen. Die hiermit verbundene Verdrängung des Rindes aus seiner alten Stellung aber ist eine Eigenheit des germanischen Kulturgebiets; in großen Teilen Deutschlands und Skandinaviens, in Nord- und Ostfrankreich sowie in England wird in historischer Zeit das Pferd vor Pflug und Wagen gespannt.

Es fällt Tacitus (c. 15) auf, daß der Germane um so weniger arbeite, je tapferer und kriegslustiger er sei, daß die gleichen Menschen das Faulenzen lieben, sich dem Müßiggang, dem Schlaf und dem Essen hingeben und andrerseits doch die Ruhe hassen. Aber es liegt hier doch nur scheinbar ein Widerspruch vor. Denn lediglich die Feldarbeit, die Sorge für den täglichen Unterhalt wird gering geschätzt; der Herr empfängt ja auch, wie Tacitus an anderer Stelle (c. 25) sagt, von dem selbständig wirtschaftenden Unfreien ein bestimmtes Maß Getreide, Vieh oder Zeug. Das Sinnen dieser führenden Schicht bewegt sich eben in anderer Richtung. Sie erzieht ihre Jugend im Gebrauch der Waffen, im Reiten und in der Pflege der Pferde. Die Verleihung von Schild und Speer ist eine feierliche, in der Öffentlichkeit vollzogene Handlung, und der von Tacitus (c. 24) erwähnte Schwerttanz stellt vielleicht eine der Proben dar, denen sich die Anwärter unterziehen müssen. Wichtiger noch ist die Vereinigung jugendlicher Waffenfähiger unter einem Gefolgsherrn; denn eine derartige Gemeinschaft vermag dann, wenn sie besondere Macht und entsprechendes Ansehen besitzt, mit der Volksversammlung in Wettbewerb zu treten. Tacitus (c.13) schildert die Gefolgschaft sehr ausführlich; ihr Ruhm verbreite sich auch bei den Nachbarstämmen, und so werbe man um sie. Wenn, wie er sagt, schon ihr Vorhandensein genügen kann, um einen drohenden Krieg niederzuschlagen, so ist dies noch nicht das Ziel des Gefolgsherrn. Er weiß, und Tacitus bestätigt dies, daß man ein großes Gefolge nur mit Gewalt und

Kriegshandlungen zusammenhält, daß die Gefolgsleute mit der Freigebigkeit ihres Führers rechnen, und daß dieser die Mittel zum Geben durch Krieg und Raub beschaffen muß. Ein ganz einzigartiges Denkmal des Gefolgschaftswesens ist das dem 4. Jh. n. Chr. angehörende Boot von Nydam (Sundewitt), das seine Erhaltung dem darüber gewachsenen Moor verdankt. Es mißt 23 m in der Länge und ist für 28 Ruderer eingerichtet, hat aber etwa 45 Mann tragen können. In einer Zeit, die den Verkehr mit Massengütern noch nicht kannte, fehlen die Voraussetzungen für ein Handelsschiff von derartiger Größe; auch bliebe bei einem solchen eine so starke Bemannung unverständlich. Mit dieser wie mit dem Fahrzeug selbst hat man an fremden Ufern Aufsehen erregen und gegebenenfalls auch kämpfen wollen. In der Tat ist das Boot zusammen mit einem nicht erhalten gebliebenen zweiten und mit vielen Waffen der Gottheit geopfert worden. Seine Erbauung war eine große Leistung, nicht nur wegen schiffsbautechnischer Probleme, sondern auch wegen der Mittel, die dazu aufgewendet werden mußten, von den schweren eichenen Planken und dem sonstigen ausgesuchten Material bis zu der Entlohnung der Werft, die den Auftrag übernommen hatte. So ist es also ein Zeugnis einer ganz besonderen Macht. Zugleich belebt es die Vorstellung von den Plünderungszügen über See und längs den Küsten. Tacitus (Ann. XI, 18) berichtet, wie die Chauken im Jahre 47 n. Chr. auf leichten Fahrzeugen die Küste der Gallier verheerten, deren Reichtum ihnen bekannt gewesen sei. Als Zweig der Indogermanen hatten die Germanen von Haus aus keine nautischen Kenntnisse; fehlte doch dem Urvolk das Verhältnis zum Meer. Aber sie fanden sie bei der Vorbevölkerung vor, die schon lange an der Nordsee und in den Ländern des westlichen Ostseebeckens wohnte. Ganz anders als das Binnenland gibt das Meer den Germanen eine besondere Gelegenheit, die unstete Lebensweise ihrer nomadischen Vorfahren wachzuhalten. Von dieser Möglichkeit, sie auf ein anderes Gebiet zu übertragen, machen sie denn auch recht bald und ausgiebig Gebrauch.

Es geht nicht an, die Träger einer derartigen Gesittung einfach als Bauern zu bezeichnen[1]. Gewiß leben sie in erster Linie von den Erzeugnissen der Landwirtschaft, aber sie betreiben diese nicht selbst. Der Vergleich mit dem Grundherrn der historischen Zeit liegt nahe, ist aber nur hinsichtlich einiger Verhaltensweisen zutreffend. Auch die Bezeichnung dieses Zustandes als Bauern-Aristokratie hat ihre Schwächen. Patriarchalische und feudale Züge sind unverkennbar; doch dürfen auf diese prähistorische Welt keine Begriffe angewandt werden, die erst den besonderen Verhältnissen späterer Zeit erwachsen. Die Vereinigung der zwei sehr verschiedenen Komponenten, einer neolithisch-bäuerlichen von mitteleuropäischer Prägung mit den in ihr Gebiet gelangten Zweigen halbnomadischer Indogermanen, ist ein durchaus einmaliger Vorgang. Dasselbe gilt insofern, als das Ergebnis dieser Überschichtung in Gestalt der Germanen besonders lange erhalten bleibt. Und so nennt Tacitus diese »eine eigenartige, nur sich selbst gleiche Nation«[2].

[1] Der Aufsatz von R. MUCH, Waren die Germanen Wanderhirten?, Zs. f. dt. Altert. 36 (1892), wendet sich gegen die Vorstellung von einer primitiven Form der Nahrungsbeschaffung; die sogenannte Dreistufentheorie wirtschaftlicher Entwicklung (Jäger-Hirt-Ackerbauer) war noch nicht widerlegt, und die Germanen sollten das letzte Niveau noch nicht erreicht haben. Die ältere Forschung hatte aus den Schriftquellen die Kenntnis des Ackerbaus herausgelesen und die Göttinger Diss. von CHR. HOSTMANN (Über altgerman. Landwirtschaft, 1855) sie auf breiter Basis noch einmal bestätigt. In der Folgezeit aber war das Bild vom Nomadentum der Germanen aufgekommen, einerseits in falscher Verallgemeinerung der Angaben Caesars über die ihm begegnenden, in Bewegung befindlichen Sweben, sodann unter dem Einfluß einer ganz allgemeinen Unterschätzung der german. Kultur überhaupt. Dabei hatte bereits ein Jahrhundert zuvor kein Geringerer als Justus MÖSER zu bedenken gegeben, daß Caesar nur wenige Stämme kennen lernte, und daß sich diese in einem Ausnahmezustand befanden. Außerdem bewies die seit der Entdeckung der Pfahlbauten (1854) stetig zunehmende Menge von Siedlungsresten immer eindringlicher die Bedeutung einer bäuerlichen Wirtschaft im frühgeschichtl. Mitteleuropa. Wenn trotzdem die Vorstellung eines german. Nomadentums aufkam, so freilich auch deshalb, weil eine in dieser Richtung liegende Komponente der Zivilisation nicht zu leugnen ist. MEITZEN unterschied zwischen reichem Hirtenadel und armen Bauern, und v. D. GOLTZ stellte fest, daß eine Landwirtschaft im eigentlichen Sinne des Wortes nicht vorhanden gewesen sei. Hierzu: J. HOOPS, Waldbäume und Kulturpflanzen im german. Altertum (1905), S. 483 ff.; O. SCHLÜTER in: HOOPS, Reallex. 1, S. 402 ff., üb. dt. Siedlungswesen, in Einzelheiten überholt, aber vielseitiges Material.

[2] Zu den Nachrichten der antiken Schriftsteller: Die Germania des Tacitus, erläutert von R. MUCH (German. Bibl., 1. Abt. V, 3, 1937), in 3. Aufl. (1967) von W. LANGE u. H. JANKUHN stark ergänzt auch durch prähist. Erläuterungen; W. SCHULZ, Die german. Familie in d. Vorzeit (Vorzeit 3, 1925); ders., Staat und Gesellschaft in german. Vorzeit (ebd. 4, 1926); in beiden Arbeiten eine ansprechende Verknüpfung archäolog. Tatbestände mit den Schriftquellen.

D. Die indogermanischen Teilvölker

Kapitel 13
Naturvölker und antike Welt

Die Bauerngemeinschaften des mitteleuropäischen Neolithikums haben in zahlreichen Ländern des Erdteils ihre Entsprechungen, selbst in der südrussischen Steppe, erreichen aber nirgends im Norden die natürliche Grenze des Getreidebaus. Hier bleibt die Zivilisation der Wildbeuter und Sammler bestehen, so wie in Teilen der Steppe die nur in Andeutungen greifbare Lebensform der Halbnomaden. Die Nachbarschaft von Bauern und Sammlervölkern stellt ein Kulturgefälle dar, und so kommt es zur Aneignung von Elementen des bäuerlichen Lebens durch die einfachere Zivilisation. Soweit ein derartiger Kontakt vorläufig überhaupt festgestellt werden kann, beschränkt er sich auf eine relativ schmale Zone und nur wenige Kulturgüter. Denn was der Bauer in materieller Hinsicht zu bieten hat, ist bescheiden; seine Stärke liegt in der Wirtschaftsform, deren Aneignung aber den Übergang zu seßhafter Lebensweise verlangt und deshalb nicht ohne den Druck besonderer Umstände vollzogen wird. Erst mit der städtischen Kultur ist in Europa eine Lebensform aufgekommen, die ein lebendiges Nebeneinander verschiedener Gesittungen mit sich bringt. Von dieser Zeit an herrscht hier der große Gegensatz zwischen der im Orient beheimateten staatlichen und städtischen Organisation einerseits, den ihr benachbarten Naturvölkern andrerseits. Schritt um Schritt, wie sich der Schwerpunkt weltgeschichtlicher Entwicklung von Asien nach dem Westen verlagert, bekommt das prähistorische Europa die Nähe der antiken Kultur zu spüren. Doch bleibt es hierbei nicht nur der nehmende Teil; in demselben Umfang, wie es den Einflüssen dieser höheren Welt ausgesetzt ist, gibt es Anregungen zurück und greift in ihre Geschicke ein.

In Mitteleuropa findet die städtische Kultur erst Eingang, nachdem sie in der antiken Welt eine Um- und Weiterbildung erfahren hat. Die festgefügten Stadtstaaten in den Stromoasen gehen den Bauerngemeinschaften des europäischen Neolithikums parallel. In der kretischen Kultur erscheinen Stadtwirtschaft und staatliche Organisation erstmals auf europäischem

Boden; sie setzt kurz vor dem Beginn des 2. Jahrtausends ein und kann durch mehrere Jahrhunderte verfolgt werden, greift aber zunächst nicht über den äußersten Südosten des Erdteils hinaus. Die weitere Entwicklung ist noch im Dunkel der Schuttschichten verborgen, die in den Küstengebieten des Mittelmeers an den Plätzen alter Siedlungen von städtischem Charakter erwartet werden müssen; es kommen hier sowohl einige Stätten in Griechenland wie auch orientalische Handelskolonien in Betracht. Wichtig für die mitteleuropäischen Verhältnisse sind wohl diejenigen Gemeinwesen, die sich nach dem Beginn des letzten Jahrtausends v. Chr. in Etrurien entwickeln und ihre wirtschaftliche Kraft wahrscheinlich auch auf die dortigen Bodenschätze gründen. Damit gelangen Oberitalien und die Zone nördlich der Alpen an den Rand der Gebiete städtischer Kultur und festerer Staatenbildung. Noch während der Bronzezeit herrschen in den meisten Teilen Europas relativ gleichartige Zustände; die Lebenskreise scheiden sich im wesentlichen nur durch den Grad der innewohnenden Dynamik. In der Folgezeit dagegen wirkt sich das Nebeneinander der zwei Zivilisationen von verschiedenem Niveau aus, und es fällt auf, daß gerade große Teile Mitteleuropas von den Einflüssen der höheren Kultur betroffen werden. Hier kommt es zu der Heranbildung von *Hallstatt- und La-Tène-Kultur*, die ohne Anregung von Süden her nicht denkbar sind, andrerseits aber deren selbständige Weitergestaltung bekunden.

Ihr Gebiet reicht etwa von der Marne bis zu den westlichen Ausläufern der Karpaten; die Nordgrenze der deutschen Mittelgebirge wird nur an wenigen Stellen überschritten. Hier begegnen die Handelsgüter des Südens, von den in etrurischen Werkstätten gefertigten Bronzegefäßen bis zu den großen tönernen Amphoren, die dem Transport von Wein gedient haben. Daneben beobachtet man das Aufkommen neuer Fertigkeiten, etwa den Gebrauch der Töpferscheibe oder die Kunst, menschliche Gestalten in Stein zu bilden. Insgesamt handelt es sich um Zeugnisse einer Lebensführung, die der vorangehenden Zeit noch fremd ist, aber sich im wesentlichen auf den Teil der Bevölkerung beschränkt, den man heute noch in den großen, wahrhaft fürstlich ausgestatteten Grabhügeln und in gleichzeitigen Burgen erkennt. Der Aufstieg dieser führenden Geschlechter bleibt noch dunkel; immerhin sieht man sich in dem gut durchforschten württembergischen Raum bereits in der Lage, den Machtbereich des Fürsten von Hohenasperg zu umreißen. Aber so eindeutig in diesem Falle die soziale Stellung des Fürsten ist, – der Hinweis auf seine Macht, die sich in Burgenbau, Grabhügel und südlichem Fremdgut dokumentiert, genügt allein noch nicht. Es muß nach den wirtschaftlichen Grundlagen des Aufwands gesucht werden, und es kann als gesichert gelten, daß sie für die Herren im Salzkammergut in den Bodenschätzen bestanden hat, besonders im Salz und wohl auch im Kupfer. Weiter wird daran gedacht, daß die Einbeziehung des Nordens in die antike Wirtschaft zu gesellschaftlichen oder gar verwandtschaftlichen Bindungen an den Süden führte, daß Einheimische in Italien gelernt haben oder daß einzelne Kunstbegabte nach dem Norden berufen worden sind. Bei der Überlegung, wer die Arbeitskräfte in den Bergwerken und Siedehütten gestellt hat, muß die Prähistorie sehr verschiedene, zumeist von den Nachbarwissenschaften gebotene Möglichkeiten auf ihre Anwendbarkeit im vorliegenden Fall prüfen. Die Spannweite reicht von der Verwendung einer bestimmten Auswahl aus den Einheimischen bis hin zur organisierten Sklavenjagd.

In den gleichen Räumen begegnen sich dann einige Jahrhunderte später ein Weltreich und die alteingesessenen bodenständigen Kräfte. Für die römische Staatsgewalt lag zunächst kein unmittelbares Bedürfnis vor, die Länder nördlich der Alpen zu erobern. Doch ergab sich aus der Herrschaft über die Gallia Narbonensis die Notwendigkeit, nördlich davon, wo sich die Gallier in einer langsamen Bewegung vom Rhein gegen die Pyrenäen hin befanden, konstante Verhältnisse zu schaffen. Mit dieser Einflußnahme auf Gallien aber war das Interesse an jenen Germanen eng verbunden, die im Laufe des letzten Jahrhunderts v. Chr. am Rhein erschienen. Die Sequaner riefen die Hilfe Caesars herbei, als sie sich von Ariovist bedroht fühlten (Bell. Gall. I, 31 ff.), und im weiteren Verlauf des Gallischen Krieges hat sich Caesar noch zweimal veranlaßt gesehen, von einer heute im Neuwieder Becken gesuchten Basis aus gegen die in Wanderung begriffenen Sweben zu Felde zu ziehen (Bell. Gall. IV, 17ff.; VI, 10 und 29). Aus der Einrichtung der Provinz Gallien ergab sich dann eine Grenznachbarschaft in breiter Front und die Notwendigkeit, ein Verhältnis zu diesem Naturvolk zu finden, das man schon in den Kimbern und Teutonen kennengelernt hatte. Wie die antike Zivilisation so gleichsam zwangsläufig auf dem Wege westlich um die Alpen herum nach dem Rhein gelangt war, hat sie sich im Osten des Gebirges an die Donau hingetastet, bevor die Bewohner der Alpen zu den Gliedern des Reiches wurden, ja sie ist von der Adria aus sogar relativ früh nach Norden gegangen und hier offenbar eine der Grundlagen für denjenigen Zweig der Hallstattkultur geworden, der sich in Randgebieten der Ostalpen herangebildet hat. Indem sich von Beginn unserer Zeitrechnung an die antike Kultur im Westen und Süden Mitteleuropas ausbreitet, zerfällt diese bisherige Einheit in zwei Teile. Der deutsche Boden ist jetzt unmittelbarer Zeuge des großen Gegensatzes zwischen der antiken Welt und den *prähistorischen Zuständen der freien Germanen.*

Das Besondere der Alteingesessenen zeigt sich in einer sehr starken Dynamik. Sie deutet sich schon bald nach 1000 v. Chr. im sogenannten *Urnenfelderkreis* an, der als eine vom östlichen Teil des küstenfernen Mitteleuropas ausgehende Kulturbewegung besser zu erkennen ist denn als eine Wanderung von Menschen. Eine mit ihm zusammenhängende Bronzeindustrie veranschaulicht nur einen Teil seines recht selbständigen Lebens, das dann in der nach dem Fundort *Hallstatt* benannten Kultur eine besondere Ausprägung erfährt. Einmalig wie die keltische Machtausbreitung, die für einige Zeit sogar eine römisch-keltische Grenznachbarschaft auf italienischem Boden mit sich bringt, sind der ihr parallel gehende *La-Tène-Stil* und die sonstigen Zeugnisse eigener Gestaltung materiellen Gutes. Die Germanen sind, bis sie zu Angrenzern des Römischen Reiches werden, den antiken Einflüssen im wesentlichen entrückt. Ihre führende Schicht ist in der Lage, sich ganz der Pflege von wehrhafter Gesinnung und Standesüberlieferung zu widmen. Auf sie geht ein Teil jener germanischen Eigenschaften zurück, welche die Aufmerksamkeit der Römer erregten. Sie führen schließlich zu der Gestalt des Arminius und zur Schlacht im Teutoburger Wald und damit zu dem Verzicht auf eine römische Expansionspolitik, die auf Elbe und March als Grenze des Reiches abzielte.

Literatur: K. KROMER, Von frühem Eisen u. reichen Salzherren. Die Hallstattkultur in Österreich (1964); W. H. ZÜRN, Die Fürstengräber am Hohenasperg, Germania 44 (1966); ders., Die menschengestaltige Stele von Hirschlanden, Kr. Leonberg, ebd. 42 (1964). Über die Folgen des Kulturgefälles als einer Erscheinung längs den Grenzen der gesamten Antike vgl. Kap. 19, Anm. 2.

Kapitel 14
Die ethnischen Gemeinschaften

Die Völkerkarte Mitteleuropas, die aus den Schriftquellen für die Zeit um Christi Geburt entworfen werden kann, nennt in erster Linie *germanische Stämme*[1]. Sie können am Rhein ebenso festgelegt werden wie an der Weichsel, als Angrenzer der Donau wie als Bewohner des südlichen Skandinavien. In einem großen, nach Norden offenen Bogen, der am Kanal beginnt und wenig östlich der Weichselmündung endet, wird dieses geschlossene Siedlungsgebiet von nichtgermanischen Völkern umrahmt. An Maas und Mosel, am Hochrhein und im Alpenvorland wohnen keltische Stämme, auch im westlichen Teil der Karpaten, wo sich, wie schon in den östlichen Ausläufern der Alpen, Gemeinschaften illyrischer Herkunft zwischen sie einschalten. Die von Tacitus (Germ. c 46) genannten Venedi werden östlich von der mittleren Weichsel lokalisiert und als Slaven angesehen, während man ihre in Ostpreußen ansässigen Nachbarn, die Aestii (Germ. c. 45), den Ostbaltischen Völkern zurechnet. Dieser Zustand ist das Ergebnis eines Werdegangs, dem mit der Errichtung einer festen Grenze längs Rhein, Limes und Donau durch das Römische Reich nur für eine relativ kurze Zeit ein Halt geboten wird. Tacitus macht darauf aufmerksam, daß die zu seiner Zeit im Alpenvorland ansässigen Helvetier ehedem nördlich der Donau gewohnt hätten, und daß in dem Namen Boihaemum die Erinnerung an die einstmaligen gallischen Bewohner dieses Landes, die Boier, weiterlebe (Germ. c. 28). In beiden Gebieten sind Germanen an die Stelle der Kelten getreten, und wie hier, so weisen noch anderwärts Nachrichten auf eine Vergrößerung des germanischen Siedlungsraums. Sie betreffen, eine ganze Reihe von Stämmen nennend, sehr verschiedene Räume und Zeiten; doch sind sie einheitlich in ihrem Hinweis auf ein in Norddeutschland und dem südlichen Skandinavien zu suchendes Ausgangsgebiet dieser Bewegungen. Von Norden her erreichen die Sweben des Ariovist den Rhein; von jenseits des Stromes sind vor langer Zeit die von Caesar erwähnten Germani cisrhenani gekommen und ebenso die germanische Komponente der Belgen (BG II, 4). Die Namen der ostgermanischen Burgunder und Goten weisen ebenso nach Norden wie bei den Langobarden die nationale Überlieferung, welche die Landschaft Schonen als ihre Heimat angibt. Mit den Bastarnen erscheint um 200 v. Chr. in der

Nachbarschaft der Donaumündung eine frühe Abspaltung, der in der Weite des Osteuropäischen Tieflandes eine nennenswerte geschichtliche Wirkung versagt bleibt. Anders als ihr Schicksal gestaltet sich das der Kimbern, deren Heimat nahe dem Ozean gelegen war (Germ. c. 37). In diesen Tatbeständen deutet sich ein wichtiger Vorgang der historischen Ethnographie Mitteleuropas an: das Hineinwachsen der Germanen in jenen Raum, in dem sie von den antiken Berichterstattern vorgefunden werden. Doch ist die Bevölkerungsgeschichte hier, nachdem die Indogermanisierung ihr Ende gefunden hat, viel mehr als nur eine ständige Ausweitung des germanischen Siedlungsgebiets. Allerdings tauchen die Slaven erst wesentlich später auf, und die Ostbaltischen Völker verhalten sich offenbar recht passiv. Sie wohnen allem Anschein nach schon sehr früh in denselben Räumen wie später, aber sie haben hier weder eine eigene Bronzezeit noch eine selbständige Eisenzeit, die sich mit den gleichaltrigen Erscheinungen etwa bei den Germanen oder Kelten messen könnte. Erst sehr spät wird der Wert des ostbaltischen Bernsteins entdeckt, und zudem liegt der ostpreußische Siedlungsraum ja schon in neolithischer Zeit abseits der Brennpunkte des damaligen Lebens wie der großen Verkehrswege. Sieht man jedoch von den Verhältnissen östlich der Weichsel ab, dann kommen als Bewohner Mitteleuropas außer den Germanen noch Kelten und Illyrier in Betracht. Zwar ziehen sich diese im Verlaufe einer größeren Zeitspanne nach Süden und Westen zurück, doch prägen sie einige Jahrhunderte lang die Geschichte des binnenländischen Mitteleuropas, und so erhebt sich die Frage, wie weit der Vorgang der Germanisierung von ihnen beeinflußt wird.

Die historischen Sitze der *Illyrier* liegen im nordwestlichen Teil der Balkanhalbinsel, doch war hier allem Anschein nach, gemäß den Ortsnamen, vor ihnen eine nichtindogermanische Bevölkerung ansässig, deren Einfluß sich auch in ihrer Sprache zeigt. Manche Umstände weisen darauf hin, daß die Heimat dieses Volkes weiter nördlich zu suchen ist. Zwischen dem Illyrischen und den baltischen Sprachen bestehen engere Beziehungen; es steht ihnen näher als dem Griechischen und dem Lateinischen. Nur im Norden wird man wohl auch das Gebiet zu suchen haben, wo finnische Völker zeitweise den Illyriern so benachbart wohnten, daß sich zwischen beiden sprachliche Beziehungen entwickeln konnten; es gibt lexikalische Übereinstimmungen zwischen dem Albanischen und den finno-ugrischen Sprachen. Der Annahme einer ehemaligen illyrischen Bevölkerung nördlich der Donau entspricht das Vorkommen von topographischen Namen illyrischer Herkunft sowohl in den Sudetenländern wie in Ostdeutschland[2]. Die Sprachforschung kann dieses ostmitteleuropäische Ausgangsgebiet der Illyrier nur in großen Zügen umreißen; ihm entspricht jedoch ein geschlossener und nach allen Himmelsrichtungen hin gegenüber seiner Nachbarschaft abgehobener archäologischer Kreis. Er geht aus einem Zweig der Streitaxtkultur hervor und ist zuerst in Ostdeutschland umrissen worden, doch wird seine dorther stammende Bezeichnung als *Lausitzer Typus* heute auf ein wesentlich größeres Gebiet angewandt. Diese Fundprovinz zeigt eine starke Lebenskraft, die in einer bald nach 1000 v. Chr. fallenden Expansion gipfelt. Nach Westen sich wendend, überfremdet sie als sogenannte *Urnenfelderstufe*[3] die süd- und mitteldeutsche Hügelgräberbronzezeit und begegnet sowohl in der Kölner Bucht wie im schweizerischen Alpenvorland. Vielerorts weisen hier Brandschutt und verborgene Metallschätze sowie die Lage von Siedlungen auf den zu verteidigenden Höhen auf eine sehr unruhige Zeit hin. Da diese Unruhe recht plötzlich aufkommt, so war ein Teil dieses Vorganges wohl sicher von Menschen getragen; doch bleibt die Grenze gegen diejenigen westeuropäischen Räume noch unbestimmt, die nur eine Kulturbewegung erlebt haben. Damit aber wird die in den Urnenfeldern greifbare Ausweitung nicht zu einer belanglosen Episode. Nach den Ergebnissen der Sprachwissenschaft hat das Keltische damals seine Komponente illyrischer Herkunft bekommen; auch haben die Kelten um diese Zeit von den Illyriern sowohl das Eisen entlehnt wie die Benennung dieses neuen Metalls. So stützt hier also die Philologie die Deutung der archäologischen Beobachtungen im Sinne einer Überfremdung desjenigen Lebenskreises, dessen Träger späterhin die Kelten sind. Illyrier müssen in der Folgezeit auch die wesentlichen Bildner der nach dem Fundort Hallstatt benannten Zivilisation gewesen sein. Ihr reicher Stoff beweist eine Fortdauer der Lebenskraft, darf jedoch nicht darüber hinwegtäuschen, daß zugleich größere Veränderungen innerhalb der Gemeinschaften vor sich gingen. Das materielle Gut zeigt eine starke Veräußerlichung und den Zerfall in kleinere Verbände; Burgen und Fürstengräber geben die regionalen Gewalten zu erkennen, die vordem dieser Betonung nicht bedurften. Auch setzt jetzt die große Südwärtsbewegung ein, die zur Räumung fast aller illyrischen Gebiete nördlich der Donau führt. Die Gründe dafür sind noch unbekannt; der große Einbruch der Skythen um die Mitte des Jahrtausends kommt als Ursache kaum in Betracht, denn er ist eine nur vorübergehende Erscheinung, die sich am Fuße der Ostalpen genauso bemerkbar macht wie längs der Oder. Doch stecken im Wallkörper ostdeutscher Wehranlagen die charakteristischen Pfeilspitzen der Steppenreiter, und auch der Brandschutt weist auf die Umstände hin, unter denen die Illyrier nach Süden abgezogen sind. Daß sie lediglich einem Druck der Kelten oder auch der Germanen nachgegeben haben, ist unwahrscheinlich. Ein in der Heimat verbliebener Rest übermittelt den Nachfolgenden sowohl materielles Gut wie topographische Namen illyrischer Form, bevor er in ihnen aufgeht.

Für die von den Schriftquellen verzeichneten Wanderungen der *Kelten* ist ein im westlichen Teil des küstenfernen Mitteleuropa gelegenes Ausgangsgebiet anzunehmen; in dem Raum von Ostfrankreich bis etwa Niederösterreich muß die engere Heimat dieses Volkes gesucht werden. Auf die gleichen Gebiete deutet aber auch der archäologische Befund. Die Kelten der letzten Jahrhunderte v. Chr. sind die Träger der *La-Tène-Kultur*, und diese ist in eben den Gebieten beheimatet, aus welchen heraus die Wanderungen erfolgen. Mit aller Deutlichkeit kann gezeigt werden, daß diese eigenartige Zivilisation der entwickelten Eisenzeit dem genannten Kerngebiet ebenso entstammt wie das keltische Volk. Hier in Süddeutschland und den angrenzenden Räumen wird ein Zweig der Streitaxtkultur zur sogenannten Hügelgräberbronzezeit, einer insgesamt recht einförmigen Erscheinung, die auch die Anregungen von außerhalb nicht nennenswert weiterverarbeitet. Vielleicht liegt hierin die Erklärung dafür, daß in der Urnenfelderstufe eine Überfremdung dieses Gebiets stattfinden konnte. In den auf sie folgenden Schichten kommt, im Vergleich zu den Einflüssen des Hallstattkreises, das bodenständige Element nur begrenzt zur Geltung. Doch wird an den auch hier vorhandenen Fürstensitzen der La-Tène-Stil geschaffen, dessen Gediegenheit und Strenge eine Abkehr von dem Flitter und dem Aufdringlichen des hallstättischen Kunstgewerbes verrät. Es scheint, als ob die führende Schicht die Seele einer großen Bewegung ist, die das Keltenvolk zu jener Macht emporführt, die es gegen 400 v. Chr. erreicht. Ihr archäologischer Niederschlag findet sich an der Marne ebenso wie in Schlesien und weit die Donau hinab. Unter den Ortsnamen[4] bietet Eisenach nicht nur wegen seiner ungermanischen Bildung einen Festpunkt; er zeigt auch, daß seine Gegend erst nach der Lautverschiebung von Germanen besiedelt worden ist. Man hat darauf aufmerksam gemacht, daß er für einen keltischen »acum«-Namen recht weit nördlich liege[5]; aber gerade im Thüringer Becken lassen die Funde eine engere keltisch-germanische Grenznachbarschaft erkennen[6]. Demgemäß liegt die Vorstellung nahe, daß hier im Umkreis des Hercynischen Waldes der Name der keltischen »Volcae« den Germanen geläufig gewesen ist und sie dazu geführt hat, als »Walhoz« (Welsche) ganz allgemein ihre südlichen Nachbarn zu bezeichnen[7].

Die *Germanen* sind erstmals greifbar als Träger einer Fundprovinz der älteren Bronzezeit, welche, soweit sie nicht in Skandinavien liegt, das Land zwischen der unteren Weser und dem Mündungsgebiet der Oder beansprucht, die Aller nicht erreicht, wohl aber die untere Havel. Die Ausbreitung aus diesem Raum heraus, die zu dem von den Schriftquellen gebotenen Bilde führt, erfolgt in Form von größeren, verschiedene Richtungen einschlagenden Bewegungen, die vielfach durch Zeiten relativer Ruhe voneinander geschieden werden[8]. Zuerst wird das Gebiet zwischen den Unterläufen von Oder und Weichsel hinzugewonnen sowie der ganze westliche Teil des Tieflands; schon am Ausgang der Bronzezeit begegnen charakteristische germanische Brandgräber an der Lippe und in den Niederlanden. Etwas später kommt es zu einem großen Vorstoß über den Niederrhein, doch behaupten sich hier links der Maas die keltischen Menapier, erwachsen aus Eingesessenen und Zuwanderern die belgischen Stämme, und es gibt Germanen links des Rheins zu Caesars Zeiten nur noch in kleineren Verbänden an den Rändern der Eifel. Ein sehr ähnlicher Vorgang scheint sich etwa zur gleichen Zeit in Hessen und Thüringen abzuspielen, doch ist er dem Licht der Schriftenquellen entrückt, und nach Ausweis der Gräberfunde werden diese Gebiete erst von einer späteren Welle endgültig germanisiert. Mit ihr stehen die Sweben des Ariovist und ihre Verwandten in Zusammenhang, welche die Lande am Oberrhein und Süddeutschland nördlich der Donau sowie Böhmen und Mähren besiedeln, vielerorts sich aber mit einer keltischen Restbevölkerung auseinandersetzen müssen. Ein weiterer Vorstoß, in größerem Umfang von Zuwanderern aus verschiedenen Teilen Skandinaviens genährt, geht von dem hinterpommersch-westpreußischen Raum aus nach Süden und Südosten. Er führt zur Germanisierung großer

Teile des Oder- und Weichselgebiets, zugleich jedoch zu Absplitterungen in Richtung des Schwarzen Meeres, die dem geschlossenen Volkskörper in Mitteleuropa verloren gehen.

[1] Vgl. Kap. 12, Anm. 2. Zum Begriff u. zum Werden der »Stämme« s. R. WENSKUS, Stammesbildung u. Verfassung (1961); S. GUTENBRUNNER, German. Frühzeit in den Berichten der Antike (1939); in vielen Einzelheiten überholt, sind heute doch noch brauchbar: R. MUCH, Dt. Stammsitze, ein Beitrag zur ält. Gesch. Dtlds., aus: Beitr. z. Gesch. d. dt. Sprache u. Lit. 17 (1892, mit mehrfarbigen Karten), und O. BREMER, Ethnographie der german. Stämme, aus H. PAUL, Grundriß d. german. Philol. ([2]1900); E. WAHLE, Dt. Vorzeit ([3]1962), S. 96 ff., mit Karten.

[2] Auf Ortsnamen illyrischer Herkunft in Ostdtld. hat erstmals R. MUCH aufmerksam gemacht, Korrespondenzbl. d. Dt. Anthropolog. Ges. 36 (1905), S. 105.

[3] Die Bedeutung der in der Urnenfelderstufe sich ausdrückenden Bewegung wird heute wohl überschätzt; lehrreich die knappe Übersicht (mit Karte) in Oldenbourgs Abriß d. Vorgesch. (1957, s. Lit. zu Kap. 1), S. 66 ff.

[4] Eine planmäßige Bearbeitung der süd- u. mitteldt. topograph. Namen auf ihre keltische Komponente hin fehlt noch.

[5] H. KRAHE, Sprache u. Vorzeit (1954), S. 124.

[6] Z. B. H. KAUFMANN, Jschr. f. mitteldt. Vorgesch. 50 (1966), S. 218 f.

[7] L. WEISGERBER, Deutsch als Volksname, Ursprung u. Bedeutung (1953), bes. S. 162–178; H. KUHN in: HACHMANN-KOSSACK-KUHN, Völker zwischen Germanen u. Kelten (1962), S. 114, denkt hinsichtlich des ersten stärkeren Kontakts zwischen Germanen u. Kelten weniger an den böhmischen Raum als an einen solchen nördlich oder nordwestlich des Gebirges, an Thüringen oder Sachsen. Er betont weiter die Bedeutung des Übergangs über den Thüringer Wald bei Schmalkalden in Richtung Rhön-Kinzig-Hanau (S. 119 f., mit Karte) für die Bewegung der Sweben nach Südwesten.

[8] Wanderungen d. Germanen: L. SCHMIDT, Die Ursachen d. Völkerwanderung, N. Jb. f. d. klass. Altertum 11 (1903); R. MUCH, Urgerman. Kolonien im Spiegel d. Völkerschaftsnamen, Volk u. Rasse 5 (1930); K. HELM, Ver sacrum bei den Germanen?, Beitr. z. Gesch. d. dt. Sprache u. Lit. 69 (1947).

Zur Auflockerung d. Vorstellung von den ethnischen Verbänden: W. E. MÜHLMANN, Assimilation, Umvolkung, Volkwerdung. Ein globaler Überblick u. ein Programm (1944); ders., Colluvies Gentium, Volksentstehung aus Asylbildung, Studium Gen. 3 (1950); ders., Soziale Mechanismen d. ethnischen Assimilation, Abh. d. 14. Internat. Soziologenkongresses (Rom 1950), II 1 ff.

Kapitel 15
Die Kultur der indogermanischen Teilvölker

Im Aufkommen der bäuerlichen Lebensform und in ihrer Bereicherung durch eine nomadische Komponente erschöpfen sich die wesentlichen Wandlungen in der landwirtschaftlichen Kultur des frühgeschichtlichen Mitteleuropas. Was die Folgezeit ihr hinzufügt, ist im Vergleich damit von untergeordneter Bedeutung. Dies gilt von dem Erwerb des Hafers während der Bronzezeit und später noch des Roggens, von der Einführung des Sohlpfluges, seiner Ausgestaltung mit einer eisernen Schar und dem Vorschneidemesser, von dem schweren Räderpflug, dem Eingang des Pferdes in die profane Wirtschaft und von der Kunst, es dort, wo es als Zugtier dient, mit Hufeisen zu beschlagen. Ungleich größere Bedeutung als diese technischen Einzelheiten hat die Frage nach dem Vorhandensein einer Art von *Grundherrschaft*[1]. Manche Bauerndörfer haben nicht nur eine Einfriedung, sondern eine Umwehrung; ob auch Herrensitze nachweisbar sind, ist noch fraglich. Wohl aber weisen ebenso alte Grabhügel von monumentalem Ausmaß in Mitteldeutschland auf Gewalten hin, deren Wille einen größeren Kreis von Menschen beherrscht hat. Die Nachrichten über die gesellschaftliche Gliederung bei den Kelten wie den Germanen lassen es als undenkbar erscheinen, daß die tragende Schicht selbst den Acker bestellte. Von der Zeit an, seit die Wildbeuter durch die neolithischen Bauern überschichtet worden sind, gibt es Unfreie in beträchtlicher Zahl wohl überall. Über die große Schar der Gemeinfreien, bei denen die Größe des Hofes der Zahl der von ihm Lebenden entspricht, erhebt sich ein Kreis von Familien, deren gesellschaftlicher Aufwand durch eine genügende Menge von Hintersassen befriedigt werden muß. Sei es, daß ihr Oberhaupt waffenfähige Jungmannen um sich vereint oder daß ihm aus seinem Ansehen in der Volksversammlung besondere Verpflichtungen erwachsen, in jedem Fall ist ein zusätzliches Maß an Arbeit nötig, um die Bedürfnisse zu befriedigen, die über den normalen Bedarf eines auf wirtschaftliche Selbstgenügsamkeit gegründeten Bauernhofes hinausgehen. Haben sich Persönlichkeiten der neolithischen Zeit durch besondere Leistungen zu Führern emporgeschwungen, so werden sie ihr Ansehen sich und ihren Erben gewiß auch durch eine breite wirtschaftliche Basis gesichert haben. Insofern hat auch in diesem Bereich die Folgezeit nichts Wesentliches geändert.

Im Unterschied hierzu ist in den auf das Neolithikum folgenden Perioden die *gewerbliche Wirtschaft* einer bemerkenswerten Entwicklung unterworfen. Jetzt gibt es Bronzegießer und Schmiede, und zu ihnen kommen die Hüttenleute, die das Metall gewinnen. Schon während der späteren Abschnitte der Jungsteinzeit tasten ausländische Händler den mitteleuropäischen Markt im Hinblick auf seine Aufnahmefähigkeit ab. Irisches und siebenbürgisches Gold stehen in Wettbewerb miteinander, spanisches und britannisches Zinn, Kupfer aus Südeuropa und dem Orient sowie von jenseits des Kanals. Die Kupferschätze der Salzburger und Tiroler Alpen werden um die Mitte des 2. Jahrtausends v. Chr. erschlossen und mehrere Jahrhunderte hindurch ausgebeutet. Gold gewinnt man spätestens von der La-Tène-Zeit an aus den Sanden des Oberrheins. Nur ein kleiner Teil der Metallquellen liegt in Mitteleuropa selbst, und das ganze Tiefland muß ebenso wie das südliche Skandinavien seinen Bedarf durch Einfuhr decken[2]. Für die außerordentlichen Mengen von Kupfer, Zinn und auch Gold, die hier verwendet worden sind, mußte eine Gegenleistung bereitstehen. Sie wird in erster Linie in dem jütländischen Bernstein bestanden haben, der nach jedem Sturm längs der Westküste der Halbinsel aufgesammelt werden konnte und schon in der jüngeren Steinzeit gern zu Schmucksachen verwendet wurde. Das Aufkommen des Eisens bedeutete für die Stätten der Kupfer- und Zinnproduktion ebenso einen Rückschlag wie für die Bronzegießer; doch ist der Beruf des Feinschmiedes damit nicht überflüssig geworden. Auch der *Fernhandel* wird diesen Wandel verspürt haben, da man im Laufe der Zeit lernte, die mannigfachen mitteleuropäischen Vorkommnisse an Eisen abzubauen. Schon vor der Römerzeit ist im Juragebirge das Bohnerz ausgiebig gewonnen worden, und im Tiefland kann das sogenannte Sumpferz, der Raseneisenstein, nicht minder bequem gewonnen werden. Mit der stärkeren Heranziehung solcher einheimischer Rohstoffe sind die Gegenwerte dieser Arbeitsleistung dem Lande selbst erhalten geblieben. Nicht weniger wichtig als diese Vorgänge ist die Einbeziehung der Völker des Nordens in die antike Wirtschaft. Die städtischen Gewerbe des Südens suchen hier neue Absatzgebiete und nehmen Rohstoffe in Tausch[3]. So macht sich bereits im Hallstattkreise eine Verfeinerung der äußeren Lebensführung geltend, und bei den Kelten und Belgen der Folgezeit ist sie vollends feststellbar. Doch hat die Einfuhr von Fertigwaren die Entstehung neuer Gewerbe zur Folge; denn man versucht, die fremde Anregung in eine eigene Form zu bringen. Die Germanen stehen im wesentlichen abseits dieser Entwicklung, weil sie von ihr nicht mehr erreicht werden. Caesar betont (BG VI, 24), daß die Nähe der Provinzen den Galliern manchen Besitz gewähre, der ihren germanischen Nachbarn unbekannt sei, und den Ubiern am Rhein glaubt er es anzusehen, daß Kaufleute viel bei ihnen verkehren und daß sie sich an die Sitten ihrer gallischen Nachbarn gewöhnt hätten (BG IV, 3). Erst von der Zeit der römisch-germanischen Grenznachbarschaft an wird das freie Germanien bis weit nach Norden hin und auch das Gebiet der Ostbaltischen Völker in den Bannkreis der Industrien gezogen, die in den Ländern am Rhein und südlich der Donau heimisch wurden. Man hatte das Vorbild provinzial-römischer Lebenshaltung jetzt unmittelbar vor Augen, und so bekamen die Gräber des germanischen Adels eine oftmals geradezu verschwenderische Aufmachung. Nicht minder ein-drucksvoll als dieses Material ist das keltische Münzwesen, dessen Zeugnisse in zahlreichen Schätzen und Einzelstücken vorliegen. Man prägt nach griechischen Vorbildern, gelangt aber sehr bald zu einem eigenen, der figürlichen Kunst des La-Tène entsprechenden Stil. Aber es geht doch nicht an, in dieser Goldwährung den Höhepunkt des Einflusses der antiken Stadtwirtschaft auf den Norden zu erblicken. Denn wenn sie auch teilweise mit dem Zustrom an Gold zusammenhängt, der sich für die Kelten im Süden aus Beute, Lösegeld und Sold er-gibt, so gründet sie sich doch andrerseits auch auf einheimische Rohstoffquellen und, wichtiger noch, auf eine bereits in der Hallstattzeit erkennbare fürstliche Macht, die das an heiligen Plätzen aufgestapelte Edelmetall genauso kontrolliert wie die laufende Produktion.

Veränderungen im *gesellschaftlichen Leben* deuten sich im archäologischen Stoff mehr nur an, als daß sie unmittelbar nach-gewiesen werden können. Langsam dringt das Blut der unter-worfenen Bevölkerung in die Familien der Gemeinfreien ein; eingeheiratete fremde Frauen ändern das körperliche Bild auch der führenden Schicht, das ehedem sehr einheitlich gewesen sein dürfte. Wohl gelten die Germanen und die Kelten den Römern als blond, blauäugig und hochgewachsen; doch be-trifft diese Vorstellung die Völker nur als Ganzes und wahr-scheinlich vor allem die Oberschicht, mit der die Römer vor-wiegend in Berührung kamen; sodann fällt dem südeuropäi-schen Beobachter zunächst auf, was in seiner Heimat anders ist. Dazu bedenke man die Vergrößerung des germanischen Sied-lungsgebiets gerade in der Richtung gegen Süden, wo schon im Neolithikum der Anteil der kurzschädligen Bevölkerung von dunkler Komplexion stärker gewesen sein dürfte als im Norden, und wo dann auch die dinarische Leibesform begegnet. Nicht weniger wichtig als dieser Vorgang ist die *Herausbildung kleinerer Lebensgemeinschaften* infolge sowohl von Seßhaftigkeit als auch des Wachsens der Siedlungsgebiete. Sie äußerte sich im Aufkommen regionaler Sondererscheinungen innerhalb des Fundgutes und in den Reibungen zwischen Stammesgruppen und Stämmen. Tacitus berichtet (Germ. c. 33) von der Ausrottung der Brukterer durch ihre Nachbarn sowie (Ann. XIII, 57) vom Kampf zwischen Chatten und Hermunduren um einen Salzfluß. Gegenstücke zu den umwehrten Plätzen, wie sie die Kelten errichten, von denen auch Caesar ausgiebig berichtet, fehlen bis auf wenige Ausnahmen bei den Germanen. Diese sogenannten oppida entsprangen wohl einer Anregung aus dem Mittelmeerraum, die nicht weiter nach Norden reicht. Aber auch später, in der Zeit der provinzialen Grenznachbarschaft, liegt es den führenden germanischen Familien offenbar fern, ihrer gesellschaftlichen Stellung in derartigen Anlagen Ausdruck zu geben. Trotz der Kämpfe untereinander, der Ausweitung des Raumes und der Aufnahme fremder Vorbevölkerungen, bleibt bei Kelten wie Germanen das Gefühl der Zusammengehörigkeit in gewissem Umfang erhalten[4]. Arminius wird noch lange nach seinem Tode besungen (Tac. Ann. II, 88), und wie den Germanen fehlt es auch den Kelten nicht an Persönlichkeiten von besonderem Ausmaß. Wanderungen und andere Anlässe geben den Führernaturen Gelegenheit, ihre Kräfte zu entfalten, und nur durch seine Begegnung mit Caesar wird Ariovist zu einer geschichtlich greifbaren Gestalt[5]. Acht Jahre hindurch werden die Gallier von ihren führenden Geschlechtern gegen die römische Fremdherrschaft aufgerufen; der Arverner Vercingetorix steigt zum Rang eines Nationalhelden empor. Ohne die kraftvolle Erscheinung des Indutiomarus ist der Aufstand der Treverer im Jahre 54 v. Chr. nicht denkbar, so wenig wie derjenige, den noch 69 n. Chr. der Bataver Civilis unternimmt. Doch auch die anderen Bereiche des Lebens sind ohne hervorragende Begabungen nicht denkbar. Der La-Tène-Stil wird von einem ganz kleinen Kreis späthallstattzeitlicher Edelschmiede geschaffen, und sogar die Sprachforschung bedient sich zur Erklärung von Sprachneuerungen und mundartlichen Besonderheiten des »autoritären Individuums«.

Eine wesentliche Änderung des wirtschaftlichen und gesellschaftlichen Lebens setzt bei den Naturvölkern nördlich der Alpen erst mit dem Augenblick ein, in dem der antike Staat dorthin übergreift; bis dahin bleiben auch diejenigen geistigen Vorstellungen bestehen, die sich am Ausgang des Neolithikums aus der Überlagerung eines bäuerlichen Zustandes durch den halbnomadischen ergeben hatten[6]. Anreize für die Weitergestaltung des geistigen Lebens gab es nur sehr wenige. Gewiß bieten provinzialrömische Funde und Schriftquellen ein ungleich reicheres Bild als in der vorangegangenen Zeit; doch täuscht hier der Stoff, indem seine Einzelheiten, trotz aller Vielgestaltigkeit kaum mehr besagen als die wesentlich bescheideneren Befunde älterer Perioden. Auf einem Münzbild hat Dubnorix, Fürst der Häduer, das Haupt eines erschlagenen Feindes in der Hand; eine andere Darstellung zeigt einen einhersprengenden Reiter, dessen Pferd auf der Brust ein menschliches Haupt trägt. Köpfe Erschlagener begegnen in Form von Masken auf Bildwerken des Keltengebiets, und einmal hat ein steinerner Pfahl eine Ausarbeitung, die nach ihrer besonderen Form offenbar für ein menschliches Haupt bestimmt war. Dieses archäologisch vielseitige Material läßt jedoch ein besonderes Interesse am Kopf als Zeugnis des Sieges nur undeutlich erkennen. Im Unterschied zu zahlreichen Beispielen dieser Art kann lediglich dort, wo die Antike zu den Naturvölkern ausstrahlt, die Verarbeitung von Anregungen festgestellt werden. Zeugnis einer solchen ist insbesondere die Entstehung der *Runenschrift*[7] während der letzten Jahrhunderte v. Chr.; sie entstand im küstenfernen Mitteleuropa in der Begegnung eines Kreises sprachbegabter Germanen mit Kennern eines nordetruskischen Alphabets. Doch besteht das Besondere ihrer Erschaffung weniger in der neuen Schrift selbst als in der Art ihrer Verwendung, insofern sie zunächst lediglich dem Zauber dient. Damit aber ist gesagt, daß sogar zu dieser Zeit noch im täglichen Leben der Germanen eine Schrift nicht vermißt wird, und dem entspricht auch der Mangel einer nennenswerten Entwicklung von Zahlenvorstellungen und Zeitrechnung. Maskentänze und Pfluggang, Fetische in Form eines Pfahls oder einer Axt zeugen von dem Weiterleben eines Zauberglaubens, der teilweise schon in vorbäuerlicher Zeit nachweisbar ist. Er betrifft die Fruchtbarkeit und das sonstige Ergehen von Haus und Hof, und er bezieht Garten, Feld und die freie Natur mit ein, soweit man an ihr ein Interesse hat. So vielgestaltig aber die archäologischen Belege der Naturverehrung auch sind, so einheitlich ist doch ihre Aussage. Die alten Naturdämonen nehmen langsam menschliche Eigenschaften an, sie werden zu Göttern, die im Laufe der Zeit auch häufiger in Bildern begegnen. Sodann kommt es zu einer gegenseitigen Durchdringung und Überschichtung von vorbäuerlichen Elementen, solchen der Pflugkultur und der Indogermanen; aus der Verschiedenheit der Kraft, die diesen Komponenten in den einzelnen geographischen Räumen und Zeitabschnitten eigentümlich ist, ergibt sich ein langsamer, aber fortdauernder Wandel, und so zeigt denn auch das von den Schriftquellen gebotene Bild eine gewisse Abwandlung des religiösen Denkens[8]. Die skandinavischen Felsenbilder, die insbesondere in die Bronzezeit fallen, deuten zumindest für die Nordstämme der Germanen auf die Vorherrschaft eines Wanendienstes hin, die Belege aus späterer Zeit jedoch auf den Raumgewinn des Wodankultes[9].

[1] Über die Frage der Grundherrschaft und des »Adels« bei den Germanen s. Bd. 7, Kap. 5 u. 16 f.

[2] Die vielfach begegnende Ansicht eines schon bronzezeitlichen Abbaus sowohl des mansfeldischen Kupfers wie des erzgebirgischen Zinns gründet sich weder auf Reste bergmännischer Tätigkeit noch auf einen selbständigen mitteldt. Formenkreis früher Bronzen. Der Abschnitt über den Beginn d. nord. Bronzezeit u. die Bedeutung d. Bernsteinhandels bei S. MÜLLER, Nord. Altertumskunde 1 (1897), S. 310 ff., ist noch heute lesenswert.

[3] H. J. EGGERS, Der römische Import im freien Germanien, Atlas d. Urgesch. 1, Text- u. Tafel- bzw. Kartenband (1951).

[4] Die gelegentlich vertretene Vorstellung, die um die Zeitwende festzustellende Verbreitung der Germanen vom Schwarzen Meer bis zum Kanal sei ein planmäßiger Aufmarsch gegenüber dem Röm. Reich, ist ganz abwegig. Sie entstammt einer Zeit, die das german. Gemeinschaftsgefühl viel zu hoch bewertet hat.

[5] Über Ariovist, Armin u. Marbod: FR. MILTNER, German. Köpfe d. Antike (1938).

[6] Die Frage d. vorindogerman. Komponente im Denken der Teilvölker wird angeschnitten von W. KRAUSE, Die Kelten u. ihre geistige Haltung, Schrr. d. Königsberger Gel. Ges. 12 (1936).

[7] Die reiche Literatur über die Runen s. H. ARNTZ, Hdb. d. Runenkunde

([2]1944); W. KRAUSE, Was man in Runen ritzte ([2]1943).

[8] Schwebende Fragen u. größere Zusammenhänge sind gleichermaßen behandelt von A. CLOSS, Neue Problemstellungen in d. german. Religionsgesch., Anthropos 29 (1934). Ferner: C. CLEMEN, Altgerman. Religionsgesch. (1934); J. DE VRIES, Altgerman. Religionsgesch., Grundriß d. german. Philol. 12/1–2 (2 Bde. [2]1956/57); H. SCHNEIDER, Die Götter d. Germanen (1938); FR. VON DER LEYEN, Die Götter d. Germanen (1938); H. HOMMEL, Die Hauptgottheiten d. Germanen bei Tacitus, Arch. f. Religionswiss. 37 (1940/41); R. MUCH, Der german. Himmelsgott, Abhh. z. german. Philol., Festg. Rich. Heinzel (1898); W. BAETKE, Die Religion d. Germanen in Quellenzeugnissen ([2]1938).

[9] O. ALMGREN, Nord. Felszeichnungen als relig. Urkunden (1934); G. NECKEL, Die Überlieferungen vom Gotte Balder (1920); R. MUCH, Balder, Zs. f. dt. Altertum 61 (1924). Das Nebeneinander von Wanendienst u. Asenreligion auch bei F. R. SCHRÖDER, Germanentum u. Alteuropa, German.-roman. Monatsschrift 22 (1934); ihm entspricht die Scheidung der Tempelanlagen in Freystempel, die für den kultischen Umzug eingerichtet sind, und Thorstempel, in denen die Vereinigung einer größeren Anzahl von Menschen beim Opfermahl möglich ist; vgl. W. GEHL, Das Problem des german. Tempels, Zs. f. dt. Altertum 78 (1941); vgl. auch die Lit. in Kap. 7, Anm. 5.

Kapitel 16
Kenntnis und Beherrschung der Natur

Der sogenannte Primitive beobachtet die Natur sehr genau; seinen ersten tastenden Versuchen, sich ihrer Gaben zu bemächtigen, erwächst ganz langsam ein logisches Denken und damit die Fähigkeit, sie gründlicher zu nutzen. In demselben Maße, in dem der Mensch die Fäden vermehrt, die ihn mit der Umgebung verbinden, wird er immer unabhängiger von den Zufälligkeiten, die in der Natur ständig eintreten und damit seine Lebensgrundlage beeinflussen können. Indem er lernt, seine Umwelt stärker auszubeuten, nehmen seine Beziehungen zu ihr fortgesetzt zu. Diese Beobachtung der Natur ist in der *Nutzung der Bodenschätze* unmittelbar zu greifen, und zwar schon für das Paläolithikum. Wie hier zur Diluvialzeit Mitteleuropas, so wird auch anderwärts auf der Erde der Feuerstein und anderes ihm gleichwertiges Material, wie z. B. der Obsidian, zum Werkstoff genommen. Derartige Silexgeräte gibt es beispielsweise auch in Kamtschatka und bei den nordamerikanischen Indianern, in Somaliland wie am Oranjefluß. Ihr Material ist zwischen vielen Geröllen von anderer Art beobachtet und als brauchbar erkannt, sowie dann planmäßig gesucht worden, ein Vorgang, der sich vielerorts auf der Welt wiederholt haben dürfte[1]. Wo man dieses Rohstoffes in oberflächlichem Ablesen des Geländes oder im Tagebau nicht habhaft werden konnte, wurden Schächte in den Boden getrieben, und die in ihnen angetroffene, den Silex führende Schicht vermittels horizontaler Stollen weiter verfolgt. Das setzt voraus, daß man den Bau des Gebirges angesehen, die Abfolge und das Streichen der Schichten richtig beobachtet hat und somit wußte, wie die Aufgabe anzufassen sei. Derartige Zeugnisse neolithischer Silexindustrie sind in Westeuropa verschiedentlich gefunden worden, in Zusammenhang mit ihnen in Belgien zweimal die Skelette von Bergleuten, welche, die Hacke aus Hirschgeweih in der Hand, durch Einsturz des Hangenden umgekommen sind. Das planmäßige Suchen zeigt sich auch in der Einheitlichkeit des Rohstoffs, wenn er gelegentlich in Depots begegnet oder in den sonstwie beiseite gelegten Ausgangsformen und Halbfabrikaten. Danach hat man im Gebiet des nordischen Feuersteins genauso nach bestimmten Knollen gesucht wie etwa am Oberrhein an einem Platz, wo Jaspis vorkommt; und wenn hier Form und Größe der Objekte in geringem Maße um bestimmte

Mittelwerte schwanken, dann darf über ihnen nicht die Menge an Rohstoff vergessen werden, die wohl dem Menschen durch die Hand gegangen ist, jedoch seinem kritischen Auge nicht genügte. Wie diese Ausbeute auf ein fortgesetztes Durchstreifen der Natur verweist, so auch die Auffindung der Lagerstätten von Kupfer und Zinn sowie des Salzstockes über dem Hallstätter See. Man ist die Schieferberge Salzburgs und Tirols bis in das Gebiet der Baumgrenze hinaufgestiegen und hat in ihnen an etlichen Stellen ein abbauwürdiges Kupfererz gefunden. Die eingehende Untersuchung von drei organisch ineinandergreifenden Einbauen lehrt, daß zu ihrem vollständigen Betrieb 180 Mann notwendig waren. Rechnet man die verschiedenen, zum Teil umfangreichen Zubringerdienste hinzu sowie die Verhüttung, dann ergibt sich eine Belegschaft von mindestens zehnfacher Größe. Es war also eine wirklich große Aufgabe, einen derartigen Betrieb in Angriff zu nehmen und aufrechtzuerhalten; aber die Funde beweisen, daß es der Mensch auch hier verstanden hat, sich die Natur dienstbar zu machen[2].

Das Wissen um die weitere Umwelt, um die entfernteren Angrenzer und ihr Land kann nicht mit derselben Bestimmtheit umrissen werden; doch weist manches darauf hin, daß sich solche Kenntnis aus den Lebensvorgängen ergab und auch wieder in ihren Dienst gestellt wurde. Weihegaben, die auf einer Paßhöhe oder sonst im Gebirge dargebracht worden sind, lassen ebenso den Schluß auf einen Weg zu wie Gegenstände, die bei seiner Benutzung verloren gingen. Die Natur hat diese Verbindungen im wesentlichen vorgezeichnet, und ein großer Teil von ihnen entspricht den heutigen Linien des *Fernverkehrs*. Aber es ist doch wohl nicht zulässig, die Gebirgswege als ein Nebenergebnis des Herumstreifens und Jagens der Neolithiker im Eichenmischwald anzusehen, und dasselbe dürfte auch von den Wegen im Flachland gelten, die zumeist nur in ihrem allgemeinen Verlauf, selten in der genauen Flucht festgestellt werden können. Sie sind viel eher ein Erbe aus der Zeit der mesolithischen Sammler und verdanken ihre Entstehung einer Geländekenntnis und Beweglichkeit, die dem jahreszeitlichen Wechsel der Jagdgründe entsprang. Für die Vorstellung, daß sich der Mensch die Wege durch den Wald in Anlehnung an die Wildwechsel geschaffen hat, ist hier kein Raum. Vielmehr haben die Pfade, die schon in der späten Tundra vorgezeichnet waren und dann in den lichten Wäldern festere Gestalt angenommen hatten, die Entstehung des Eichenmischwaldes erlebt. Sie weisen den bäuerlichen Trägern des Neolithikums und der Folgezeit den Weg in die Weite und sind teilweise auch die Linien des Fernhandels, der einer seßhaften Bevölkerung fremde Güter und Nachricht von anderen Ländern bringt.

Die Wanderung von Verbänden über Land ist nicht denkbar ohne eine gewisse Kenntnis der Räume, die man durchqueren und in denen man seßhaft werden wollte. Schon bei relativ geringer Kopfzahl von Wandernden ergab sich eine lange Wagenkolonne und mußte überlegt werden, was jeweils für die Ernährung der mitgeführten Tiere zur Verfügung stehen würde[3]. Wie sehr ein natürliches Hindernis den Marsch aufhalten konnte, veranschaulicht Caesars Bericht vom Übergang der Helvetier über die Saône; zwanzig Tage seien nötig, um drei Viertel des Stammes auf Kähnen und Flößen überzusetzen, und dies, obwohl das Gewässer ganz träge dahinfließt. Als ein Zeugnis guten Orientierungssinnes kann der Rückmarsch der Eruler in ihr nordisches Heimatgebiet gelten, denen es nicht gelungen war, an der mittleren Donau heimisch zu werden; sie sind, unter ihnen die Angehörigen des königlichen Geschlechtes, den Strom abwärts gewandert, dann den Pruth hinauf zur oberen Weichsel und weiter über die Jütische Halbinsel nach Skandinavien.

Schon früh dürfte ein *Fernhandel* den Weg die Rhône aufwärts und durch die Oberrheinische Tiefebene weiter nach Norden hin gefunden haben; er kann für die neolithische Zeit noch nicht nachgewiesen werden, zeichnet sich aber in der Bronzeperiode sehr deutlich ab[4]. Ebenso wie die Natur dem Menschen diese Richtung weist, so auch die von der Rhône zum Ärmelkanal. Hier wurde in großen Transporten das Zinn aus Cornwall auf den Flüssen und über die binnenfranzösischen Wasserscheiden hinweg zum Mittelmeer gebracht. Auch der Bernstein, der zeitweise in erster Linie an der Westküste Jütlands, zeitweise in Samland und längs den Nehrungen gefunden wurde, ist bis nach Südeuropa gekommen. Eindrucksvoll bezeugen 27,5 Zentner Bernstein, die in Zusammenhang mit Siedlungsresten des letzten Jahrhunderts v. Chr. in drei unterirdischen Speichern bei Breslau gefunden worden sind, diesen Verkehr. Nicht minder wichtig sind die Hinweise auf gewerbsmäßige Pelztierjäger, die aus Finnland und Nordrußland für die Bronzezeit und späterhin wiederholt vorliegen[5]. Es ist ratsam, hier überall nicht an feststehende Wegverbindungen zu denken, selbst wenn der Bericht über die »Bernsteinstraße« eine solche vortäuscht. Verschiebungen der Stammesgrenzen, Rivalitäten der örtlichen Gewalten und andere Umstände können immer wieder ihre Verlegung herbeigeführt haben, wenn auch natürlich die Richtung, im großen gesehen, erhalten blieb. Ungleich wichtiger ist die Erkenntnis einer intensiven Nutzung verschiedenster Naturprodukte, indem man sie über weite Strecken hinweg an die Verbraucher heranführte. Wie gut die geographische Basis dieser Verkehrswege beherrscht wurde, geht auch aus der Überquerung der Jütischen Halbinsel in der Höhe von Schleswig hervor[6]. Von der innersten Schlei bis zu der Stelle der nach Westen fließenden Treene, von wo an diese für frühgeschichtliche Verhältnisse schiffbar wird, sind es nur etwa 15 km; die Überquerung dieser kurzen Landstrecke wog den Zeitverlust und die Gefahren auf, die der Weg um Kap Skagen herum mit sich brachte, und wenn die Benutzung dieser Abkürzung auch erst für die Wikingerzeit nachgewiesen werden kann, so ist es doch sehr wahrscheinlich, daß man sie bereits viele Jahrhunderte früher gekannt hat. Das beste Zeugnis einer guten Kenntnis der Räume bietet jedoch die Zeit des römischen Angriffs auf das freie Germanien. Ausgangspunkte der Heere des Augustus sind die großen Lager Castra Vetera am Rhein gegenüber der Mündung der Lippe, Moguntiacum am Platze des heutigen Mainz, dazu Carnuntum an der Donau, wo die March einmündet. Von dort aus wird versucht, das nordwestliche Germanien durch den Vorstoß eines Landheeres längs der Lippe und einer Flotte auf dem Weg über den Drususkanal und das Wattenmeer zu erobern. Man erstrebte die Besitznahme eines größeren Gebietes, wenn im Zusammenwirken mit einer Aktion im Küstengebiet das Heer von Mainz aus durch die Hessische Senke die Weser erreichen soll. Die Linie der Elbe jedoch hofft man zu gewinnen, indem eine Flotte auf dem linken Flügel operiert und in den Fluß einfährt und von Carnuntum aus ein Heer die March aufwärts marschiert, um an den Oberlauf des Stromes zu kommen. Bei alledem handelt es sich um wohldurchdachte Zangenbewegungen; ihre Ansatzpunkte nehmen Bezug auf die Topographie des freien Germanien, und ihre Ziele sind Weser und Elbe. Den Römern muß also ein recht genaues Bild des Landes von seiten Einheimischer übermittelt worden sein. Seinen Niederschlag hatte es schon im 2. Jh. v. Chr. in jenen antiken Materialsammlungen gefunden, die dann späterhin von dem Geographen Ptolemäus für seine Karte Mitteleuropas benutzt wurden. So war es auch möglich gewesen, eine feste Operationsbasis zu gewinnen, obwohl ihre beiden Flügelpunkte, Castra Vetera und Carnuntum, in Luftlinie etwa 830 km voneinander entfernt sind.

Mit gleicher Bestimmtheit kann auch die *Beherrschung der Meere* aufgezeigt werden. Man hatte eine allgemeine Vorstellung von ihrer Größe, und man muß es schon früh verstanden haben, aus den Gestirnen die Fahrtrichtung abzulesen; ebenso sind die Strömungen bekannt gewesen und die Anzeichen plötzlichen Wechsels des Wetters. Da der Mensch zum Anrainer von Nord- und Ostsee wird, lange bevor diese Wasserflächen ihren heutigen Zustand erreichen, so wächst er in ihre Gegebenheiten langsam hinein. Die mesolithische Bevölkerung vermag im Laufe einiger Jahrtausende ihre Erfahrungen zu sammeln, beim Austernfang und auf der Seehundjagd. Sie ist bereits zu der Zeit anwesend, in der die Deutsche Bucht ihre Gestalt annimmt und die Landbrücke zwischen Jütland und Schonen durch die Entstehung des Sundes und der beiden Belte langsam aufgelöst wird. So wenig der Mensch damals diese Vorgänge bewußt erlebt haben dürfte, so sehr hat doch die Küste ihn gelockt, die jenseits des ihm vertrauten Gewässers lag. Dazu kommt die unbeabsichtigte Entdeckung weiteren Landes durch diejenigen, die von einem Sturm verschlagen wurden und doch wieder nach Hause gefunden haben. Auf diese Weise hat man wohl Island kennengelernt, das vor seiner Besitzergreifung durch die norwegischen Wikinger von etlichen Einsiedlern keltischen Stammes erreicht wurde[7]. Ebenso dürfte die Kenntnis des kürzesten Wasserweges zwischen Schottland und Norwegen zustande gekommen sein, der spätestens von der Bronzezeit an relativ häufig befahren worden ist. Die so zusammengekommenen Kenntnisse sind dann auf die neolithischen Bauern übergegangen, die z. B. die Haustiere nach den Britischen Inseln gebracht haben. Rinder und Ziegen, Schafe und Schweine, später auch Pferde sind in Einbäumen über den Kanal verfrachtet worden, mit dem man also in nautischer Hinsicht vertraut gewesen sein muß. Eine entsprechende Kenntnis der See muß auch bei den westeuropäischen Megalithikern angenommen werden, die auf dem Wasserweg nach dem Norden gegangen sind. Wenn von Gotland aus die Kurländische Küste angerudert werden sollte, mußte ein bestimmtes Mindestmaß an Trinkwasser und Nahrung mitgenommen werden; außerdem aber war eine genaue Kenntnis der Richtung erforderlich, die man einzuschlagen hatte. Im Besonderen galt dies von einer

Fahrt nach Island oder nach Bornholm, einer von mesolithischer Zeit an ständig besiedelten Insel. Wollte man etwa von Schonen aus Bornholm erreichen oder von Norwegen über die Shetlandinseln und Faröer nach Island kommen, dann mußte man sicher sein, daß die Inseln nicht etwa seitwärts außer Sicht blieben und die Fahrt an ihnen vorbeiging. Wie in einem derartigen Fall die Lebensmittel und besonders der Vorrat an Trinkwasser zu Ende gehen konnten, bevor eine rettende Küste in Sicht kam, so auch die Kräfte der Besatzung. Es fehlt an Zeugnissen dafür, daß der Norden seit alters mit dem Segel vertraut gewesen ist; vielmehr sind hier nach zahlreichen Befunden noch in den ersten Jahrhunderten n. Chr. die Wasserfahrzeuge ganz allgemein gerudert worden. Für die Entdeckung dieser Seewege und dann Jahrtausende hindurch für ihr Befahren hat also lediglich die Muskelkraft zur Verfügung gestanden. Zähigkeit und Nutzung der geistigen Gaben aber haben den Menschen in die Lage versetzt, das geringe Maß der technischen Hilfsmittel auszugleichen und sich auch diesen Teil der Natur dienstbar zu machen.

[1] E. SCHMID, Steingerät u. handelnder Mensch, in: Ur- u. Frühgesch. als hist. Wissensch. (Festschr. f. E. Wahle 1950).

[2] K. ZSCHOCKE u. E. PREUSCHEN, Das urzeitl. Bergbaugebiet von Mühlbach-Bischofshofen, Materialien zur Urgesch. Österreichs 6 (1932).

[3] E. SADÉE, Frühgerman. Wagenzüge u. Wagenburgen, in: Festschr. A. Oxé (1938).

[4] M. JAHN, Gab es in der vorgeschichtl. Zeit bereits einen Handel? Abh. Ak. Leipzig 48, 4 (1956); eine Karte der Funde bronzener Wagenräder (Prähist. Zs. 18, 1927, S. 175) deutet, ebenso wie weiteres Material, Beziehungen an, die vom mediterranen Südfrankreich auf kontinentalem Wege bis zur Mündung der Elbe gehen. Betreffend das westeurop. Zinn, mit einer Karte d. Handelswege: BÉNARD LE PONTOIS, Le Finistère Préhistorique (1929), S. 162 ff. Über Bernsteindepots u. Bernsteinstraße: W. NOWOTHNIG, Nachrichtenbl. f. dt. Vorzeit 12 (1936), S. 173 ff.; W. SCHULZ, Forsch. u. Fortschr. 25 (1949), S. 230 ff.

[5] Die geograph. u. gesellschaftl. Grundlagen des Pelzhandels berührt A. M. TALLGREN, Die »altpermische« Pelzwarenperiode an der Pečora, Finska Fornminnesföreningens Tidskrift 40 (1934), S. 152 ff.; seine Ergebnisse können sinngemäß auf andere Zeiten und Räume übertragen werden. Nach R. MUCH, (Sudeta 2, 1926, S. 71 ff.) verweist das Wissen der Südgermanen um das Rentier auf weitreichende Beziehungen in nordöstl. Richtung und damit auf den Handel mit Pelzen, der von Tacitus (Germ. c. 17) angedeutet wird; der Hercynische Wald (BG VI, 25) müsse sich, mit einer Längenausdehnung von mehr als 60 Tagereisen, sehr weit nach Rußland hinein erstreckt haben, und so sei denn hier auch die Begegnung mit demjenigen Cerviden möglich gewesen, welchen Caesar (ebd. VI, 26) als »Einhorn« beschreibt, bei dem es sich aber nur um das Rentier handeln könne.

[6] Transitverkehr von der Schlei zur Treene: S. MÜLLER, Bd. 2, S. 227 ff., u. H. JANKUHN, Nachrichtenbl. 8 (1932), S. 188.

[7] Zur frühesten Besiedlung Islands: V. GUDMUNDSSON in: HOOPS, Bd. 2, S. 601 f.

Kapitel 17
Die frühgeschichtliche Kulturlandschaft

Die Summe derjenigen Arbeitswerte, die der Mensch in der Natur verankert und die das natürliche Landschaftsbild verändern, wird von der Kulturlandschaft verkörpert. Diese Werte können auf den älteren Stufen menschlicher Gesittung nur gering sein, sowohl entsprechend der geringen Kopfzahl der Bevölkerung wie auch infolge des ebenso unbedeutenden Umfangs ihrer Ansprüche an die Natur. Sie sind verschieden nach Klimazonen und sonstiger natürlicher Ausstattung der einzelnen Räume. Die Kulturlandschaft gibt zu erkennen, in welchem Umfang und in welcher besonderen Form sich der Mensch die Natur dienstbar macht. Sie ist also der Ausdruck einer geschichtlichen Leistung und gehört damit zu dem historischen Bild, das für die verschiedenen Völker und Landschaften erstrebt wird.

Die frühgeschichtliche Kulturlandschaft[1] beschränkt sich in Mitteleuropa keineswegs auf das offene Land, das in den Urwald eingebettet ist. Denn der Mensch meistert auch große Wald- und Moorgebiete und zieht die Randzonen der Wälder in seine Verrichtungen mit ein; dasselbe gilt von den Küsten und der Vorzone des Hochgebirges. Am ehesten treten bäuerliche Siedlungen und Felder in Erscheinung, zumal sie an relativ kleine Landstriche gebunden sind; Stätten des Gewerbefleißes verschwinden ihnen gegenüber ebenso wie etwa die Herrensitze, und die Wurten längs der Nordseeküste sind eine auf das Wattenmeer begrenzte Erscheinung[2]. Alles andere aber ist in die wenig oder gar nicht berührte Natur gebettet, der heilige Platz wie die Gräberstätte, die entfernter gelegenen Weiden und die Verkehrswege.

Die Bauern siedeln in Einzelhöfen oder wohl zumeist in kleinen Dörfern. Mit dem langsam verwitternden Holz, dem Lehm der Wände und dem Stroh oder Schilfbelag der Dächer passen sich die *Bauten* der Farbe der Landschaft an. Nur Häuser, welche »recht sorgfältig mit einer Erdart bestrichen sind, so rein und licht, daß der Anstrich fast wie eine Malerei oder eine farbige Zeichnung aussieht« (Tacitus Germ. c. 16), heben sich etwas heraus. Schon im Neolithikum gab es Pfostenhäuser von mehr als 60 m Länge und 7 m Breite, die ein stattliches Satteldach gehabt haben dürften. Dreischiffigen Ständerbau, bei 7,20 m Breite mehr als 23 m lang, bietet die Wurt Ezinge in der Provinz Groningen, deren älteste Schichten in die letzten Jahrhunderte v. Chr. fallen. In diesem Beispiel wohnen Mensch und Vieh unter demselben Dach; aber ob dies in den Großbauten überall so war, steht noch dahin. Eine Siedlung, die aus einer Anzahl derartiger Behausungen bestand, dürfte anders in die Augen gefallen sein als eine, deren Häuser nur 20 bis 30 qm Grundfläche hatten. Wie sich hier die Dächer infolge ihrer Größe und Regelmäßigkeit vom Hintergrund abhoben, so die Umwehrung von Fürstensitzen oder ganzen Dörfern mit Holzkonstruktionen und Trockenmauern.

Doch ist das Vorkommen von geraden Linien und einheitlichen Flächen damit im wesentlichen bereits erschöpft. Das frische Grün der Saat war eine ebenso vorübergehende Erscheinung wie das Gelb des reifenden Korns; auch darf die Größe der Flächen trotz der extensiven Form ihrer Bewirtschaftung nicht überschätzt werden, und ferner gilt es noch zu bedenken, daß Naturhecken, einzelne Bäume und Gruppen von solchen den Blick zumeist beschränkten. Die Belebung der Siedlungsbereiche durch Rinder- und Schafherden sowie die Pferdezucht ist zugleich ein wichtiges Element ihrer Umgestaltung. Denn wenn man das Vieh längere Zeit auf kleinem Raum zusammenhält, dann kommt es zu einem so starken Verbiß der Schößlinge, daß der Pflanzenwuchs seine natürliche Gestalt und Zusammensetzung verliert. Neben diesem Vorgang läuft der Eingriff des Menschen in den Baumwuchs einher, der dem Bedarf an glatten, gleichmäßig lang und gerade gewachsenen Ruten entspringt. Das fortgesetzte Kappen der Bäume führt den *Niederwald* herbei, in dem man nicht nur die mannigfach benötigten Flechtmittel und die Eschenschäfte für die Gere erntet, sondern auch das Laubreis für die Winterfütterung der Haustiere. Hier zwischen den Stubben aber ist der gegebene Platz des frühen Körnerbaus und, wenn dieser die erschöpfte Fläche mit einer anderen vertauscht, für die vorübergehende Entstehung kleiner Wiesen, wie sie sich auch an sonstigen offenen Stellen im Walde jederzeit bilden können. In diesem Niederwald ist weniger Raum für den Pflug als für die Hacke und erscheint die Sichel eher verwendbar als die Sense. Größere Bedeutung als das Gras dürfte also wohl das Laubheu haben; jedenfalls verlangen die vom Menschen zu Herden zusammengeballten, in der strengen Jahreszeit noch mehr als sonst von den Raubtieren bedrohten Haustiere eine planmäßige Vorsorge[3]. Neben den einzeln liegenden oder vergesellschafteten Bauernhöfen gibt es nur sehr wenige Niederlassungen gewerblicher Art. Unfern vom heutigen Hallstatt (Salzkammergut) lag die Siedlung derjenigen, die zur älteren Eisenzeit dort das Salz förderten oder sonst irgendwie vom Bergbau lebten. Auch der Abbau des Kupfers im Gebiet insbesondere der Salzach hat eine reine Industrie-Siedlung hervorgerufen, insofern sich die Lagerstätten hoch oben im Gebiet der heutigen Baumgrenze befinden, die pflanzliche Nahrung also aus den Tälern oder gar aus dem Alpenvorland heraufgebracht werden mußte. In einem Fund römerzeitlicher Weihesteine wird auf der Insel Walcheren ein Platz erkennbar, von dem aus ein Verkehr nach England vor sich gegangen ist und auch in umgekehrter Richtung. Schon das Neolithikum muß nach dem Umfang seiner Seefahrt längs der Westküste Europas auch die Fahrt über den Kanal technisch beherrscht haben. Jener glückliche Fund erlaubt es, wenigstens einen dieser Wege zu sehen und ebenso dasjenige Gewerbe, das, im sterilen Dünengebiet angesiedelt, sich die nautischen Erfahrungen einer ganzen Reihe von Generationen zunutze gemacht hat.

Was die Randzonen der großen *Wälder*[4] an Sammelnahrung und Wild bieten, ist natürlich vielgestaltig, fällt aber insgesamt doch nur wenig ins Gewicht; auch das Eintreiben der Schweine zum Zwecke der Eichelmast bleibt ohne nennenswerte Wirkung. An eine besondere Pflege der Wegverbindungen wird man nur im Ausnahmefall denken dürfen, etwa dort, wo eine Furt gangbarer gemacht werden muß, oder wo sich das Wasser der vom Menschen getretenen Pfade bedient. Eindrucksvolle Zeugnisse gemeinsamer Arbeit größerer Verbände an wichtigen Wegverbindungen sind die Moorbrücken, die besonders im nordwestlichen Deutschland bekannt sind und in den Annalen des Tacitus als *pontes longi* bezeichnet werden (I, 63). Sie hatten die Aufgabe, die Landschaften beiderseits der oft langgestreckten und unwegsamen, ja vielfach gefährlichen Moore miteinander zu verbinden; in ihrer Errichtung, die einen erheblichen Aufwand an Holz und Arbeitskraft beansprucht hat, triumphiert der frühgeschichtliche Mensch gleichsam über die Natur. In der Randzone der großen Wälder dürfte die größere Menge der Gräber zu suchen sein, besonders neben den Wegen. Insgesamt aber traten sie nicht sehr in Erscheinung. Monumentale Grabhügel gibt es nicht viele, und die große Menge der kleineren hat sich bald mit Gehölz überzogen. Bei den Bestattungen unter ebener Erde müssen oberirdische Kennzeichen vorhanden gewesen sein; Nachbestattungen sowohl wie die Rücksichtnahme auf bereits vorhandene Gräber weisen darauf hin. Man denkt hier um so eher an bemalte oder geschnitzte Totenbretter, als Spuren von Holzpfählen nachgewiesen sind und unter dem Einfluß der Antike sowohl Säulen wie Platten aus Stein in gewissem Maße Eingang fanden. Etwas tiefer im Walde dürften die *heiligen Plätze* gelegen haben, gern auf der Höhe der Berge oder im Moor sowie zwischen Felsenbildungen oder in der Verschwiegenheit eines Talschlusses. Sie müssen sehr zahlreich gewesen sein, wie beispielsweise die große Menge der im Moor niedergelegten Gegenstände beweist. Dasselbe ergibt sich aus den Felsendenkmälern im Gebiet der Treverer; hier wird eine zumeist nichtrömische Welt von Göttern und Fruchtbarkeitsdämonen in provinzialrömischem Gewande sichtbar[5]. Es handelt sich dabei um eine vorübergehende Mode, die ebenso rasch verschwindet wie sie gekommen ist, und die insbesondere dazu mahnt, für andere Zeiten und Räume Entsprechendes anzunehmen, das nicht in eine feste Form gebracht war und darum nicht erhalten ist. So zahlreich aber diese Wohnstätten übermenschlicher Gewalten gewesen sind, so wenig traten sie doch in Erscheinung.

Wie ein Grab zum andern kommt, langsam ein Friedhof entsteht oder eine Kette von Hügeln einen Weg entlang, so setzen auch in anderer Hinsicht die Nachkommen das Tun der Älteren fort. Wo einmal gesiedelt worden ist, sind Arbeitswerte angesammelt, deren sich Spätere gern bedienen. Dies gilt von dem gerodeten Land und den Hecken genau so wie von der Quellenfassung und den großen Steinen, auf die man die Grundbalken des neuen Hauses legt; es gilt ferner von dem Wall, der durch das Zusammenstürzen einer älteren Wehrmauer entstanden ist, und von dem schon teilweise zugeschwemmten Graben davor. Mitunter fällt es auf, daß Depots aus verschiedenen Zeiten sich in einem bestimmten Raum ähnlich häufen wie die Gräber. Darüber hinaus lebt bei den Nachfahren der Brauch einer viel älteren Zeit gelegentlich wieder auf. Die Wikinger bauen schiffsförmige Steinsetzungen, wie sie in Teilen Skandinaviens seit der Bronzezeit das Landschaftsbild beleben; in Gebieten, die den Menhir von der jüngeren Steinzeit her besitzen, wird es in den letzten Jahrhunderten vor Christus wiederum Brauch, Steinpfeiler zu errichten. Die in Konsolidierung begriffenen Verbände der frühen Bronzezeit türmen nur dort monumentale Grabhügel auf, wo sie solche bereits vorfinden;

im Flußgebiet der Saale, wo große Erdhügel von den Trägern verschiedener neolithischer Schichten aufgeführt worden waren, fügen sie diesen ihre eigenen hinzu. Das Wesen der Kulturlandschaft beruht also auch darin, daß sie in gewissen Bereichen das Tun der Folgezeit zu beeinflussen vermag.

[1] Von den verschiedenen Elementen der Kulturlandschaft ist erst ein ganz kleiner Teil behandelt; die systematische Bearbeitung steht noch aus. Erste Versuche: E. WAHLE, Die altgerman. Kulturlandschaft, Dt. Bildungswesen (1936), S. 118 ff.; R. PITTIONI, Zur Kulturgeographie d. Urzeit Österreichs, Mitt. d. Geogr. Ges. Wien 83 (1940), S. 205 ff. Auf eine breite Basis gründet sich, zum Vergleich mit den kontinentalen Verhältnissen anregend, J. SÖLCH, Die Entwicklung d. Kulturlandschaft Englands in der vortechnischen Zeit, Geogr. Zs. 43 (1937).

[2] Über das Wattenmeer u. die Wohnhügel (Wurten, Warfen, Terpen) in ihm: FR. KAUFFMANN, Bd. 1, S. 292 ff.; ferner A. E. VAN GIFFEN, Die Ergebnisse d. Warfengrabung, Archäol. Inst. d. Dt. Reiches, Bericht üb. d. Hundertjahrfeier 1929 (1930). Karte der Terpen in der Provinz Groningen: A. E. VAN GIFFEN, Mannus-Bibl. 45 (1930), Tafel 1; derjenigen in Niedersachsen: K. H. JACOB-FRIESEN, Einführung in Niedersachsens Urgesch. (³1939), S. 216.

[3] Auf die Bedeutung des Niederwaldes für die frühgeschichtl. Wirtschaft u. sein hieraus entspringendes hohes Alter macht nachdrücklich aufmerksam J. TRIER, Holz, Etymologien aus dem Niederwald, Münstersche Forschungen 6 (1952).

[4] R. MUCH, Der german. Urwald (Sudeta 2, 1926), behandelt einen Teil des Lebens, das im Wald seine Stätte hat, und die Beziehung des Menschen zu ihm.

[5] Über die Felsreliefs im Gebiet d. Treverer u. in ihrer Nachbarschaft liegt nur ein kurzes Referat vor (E. KRÜGER, Bonner Jbb. 135, 1930, S. 159 f.), fehlt insbesondere eine Karte, die ihre Lage im Verhältnis zu den gleichzeitigen Siedlungen veranschaulicht. Einen Einzelfall dieser Art, auch in seiner Beziehung zum bebauten Land, bietet ein von der Brigachquelle bekanntgewordenes Relief mit deutlicher Verbindung zur Tier- und Götterwelt des Waldes (E. KRÜGER u. P. REVELLIO, Badische Fundberichte 14, 1938, S. 65 ff., mit Karte); doch bleibt in diesem Fall ein Zweifel, ob sich die skulpierte Platte noch an ihrem primären Ort befindet und nicht erst in viel späterer Zeit so weit in das Gebirge hineingebracht worden ist.

Kapitel 18
Die Besitzergreifung mitteleuropäischer Gebiete

Die Einbeziehung der Narbonensis in das Römische Reich (121 v. Chr.) brachte die Notwendigkeit mit sich, auf die nördlich von ihr gelegenen Gebiete ein wachsames Auge zu haben. Denn die Gallier befanden sich in einer langsamen, aber stetigen Bewegung gegen die Pyrenäen hin, und die Grenzen der neuen Provinz erreichten sowohl die Garonne wie den Genfer See. Die Stabilisierung der Verhältnisse in Gallien erfolgte durch Unterwerfung des Landes. Im Verlaufe dieses Krieges beobachtete Caesar aber nicht nur, daß dem keltischen Raum gegen Nordosten hin eine natürliche Grenze fehlte; er fand auch, daß die Scheide zwischen Galliern und Germanen zu deren Gunsten zurückwich, und sah sich deshalb vor die Notwendigkeit gestellt, auch gegen die Germanen zu kämpfen und den Rhein zu sichern, sogar zweimal zu überschreiten. So wurde schon unter Caesar dieser Strom zur Grenze des Römischen Reiches; er eilt ja auf fast kürzestem Weg von den Alpen zur Nordsee und berührt diejenigen Gebiete, in denen man soeben um den Siedlungsraum gekämpft hatte. Diese Vorverlegung der Grenze aber machte es notwendig, die Bewohner der Alpen zu unterwerfen und gute Straßenverbindungen zum Oberrhein zu schaffen. Das mächtige Gebirge, welches Cicero als einen von der göttlichen Vorsehung errichteten Schutz Italiens vor den nordischen Fremdvölkern bezeichnet hatte (de prov. cons. 14, 34), war jetzt ein Hindernis. Den Stiefsöhnen des Augustus, Drusus und Tiberius, kam die Aufgabe zu, die Alpen dem Reiche einzuverleiben; mit der Errichtung eines Standlagers für eine Legion (oder deren zwei) am Platze des heutigen Oberhausen bei Augsburg wurde die rechte Flanke des am Rhein stehenden Heeres gedeckt. Im Hinblick auf den Druck, den die Markomannen und Quaden die Donau abwärts auf dieser Stromgrenze ausübten, war es nötig, einen Teil der in Pannonien stehenden Truppen nach Norden zu ziehen, und so kam es hier zur Entstehung des Lagers von Carnuntum (bei Wien). Ungleich wichtiger aber war die Rheinlinie, denn die von ihr vorgetragenen Unternehmungen konnten durch die flankierende Tätigkeit einer Nordseeflotte wirksam unterstützt werden. Demgemäß entstanden zur Zeit des Augustus am Rhein die großen Legionslager und die Kohortenkastelle, aus deren Lagerdörfern später einige deutsche Städte hervorgegangen sind. So nahe es aber für Rom lag, nach der im Jahre 13 v. Chr. beendeten Einrichtung der Provinz Gallien und nach Überwindung innerer Schwierigkeiten im Reich über Rhein und Donau vorzustoßen, so wenig sind doch diese Versuche, welche Elbe und March als Grenze erstrebten, von endgültigem Erfolg gekrönt worden. Wohl gelangten die Legionen bis tief nach Mitteldeutschland hinein, und eine Flotte ist in die Elbe eingefahren, so daß also die Möglichkeit besteht, einige jener Kastelle zu finden, die nach der Angabe des Florus (IV, 12) längs der Weser und an der Elbmündung angelegt worden sind. Selbst den an der Lippe errichteten Befestigungen ist nur in Zusammenhang mit den Feldzügen eine Aufgabe gestellt gewesen. Das in den Schriftquellen genannte Aliso (Velleius II, 120; Tac. Ann. II, 7) dürfte keinesfalls in dem für zwei Legionen bestimmten Erdlager von Oberaden bei Lünen zu suchen sein, das schon vor Christi Geburt und nur wenige Jahre hindurch bestanden hat, viel eher in der Anlage von Haltern, die nach Ausweis ihrer sehr gründlichen Untersuchung die Varusschlacht und ihre Folgen überdauert haben muß[1].

Die römische Besitzergreifung Mitteleuropas mußte sich auf die Gebiete an Rhein und Donau beschränken. Augustus verzichtete darauf, gewarnt durch die Niederlage seiner Legionen im Teutoburger Wald und durch das Ergebnis der weiteren Kämpfe, in denen Siege und Mißerfolge einander ablösten, das Land bis zur Elbe hin seinem Reich einzuverleiben. Nur in begrenztem Umfang greift Rom über die beiden großen Ströme hinaus. Der Obergermanisch-rätische Limes[2] verbindet Rhein und Donau in einer Linienführung, die im Zuge einer mehr als hundertjährigen Entwicklung unter Antoninus Pius erreicht wird und sich über 555 km erstreckt. Sie ist einerseits dem Gelände angepaßt, insofern sie die vor den Toren von Moguntiacum (Mainz) gelegene Fruchtkammer der Wetterau mit einbegreift; andrerseits zieht sie in ihrem schnurgeraden, 81 km langen Lauf vom Odenwald bei Walldürn bis Lorch in Württemberg durch Gebiete von wechselnder natürlicher Ausstattung. Zwischen die Reichsgrenze und das freie Germanien schalten sich Gebiete ein, auf welche die römische Grenzpolitik einen gewissen Einfluß nimmt und wo es zu der Bildung von

Schutzbezirken wie auch zur Errichtung von Garnisonen kommen kann. Hierher sind diejenigen Teile des Nordwestdeutschen Tieflands zu rechnen, die dem Wege der römischen Flotte vom Niederrhein zur Elbe benachbart liegen; wahrscheinlich bezieht sich auf sie in erster Linie die Angabe des Velleius Paterculus (II, 97), daß sich Germanien kaum noch von einer steuerpflichtigen Provinz unterschieden habe. Genauer bekannt sind die Verhältnisse in einem Gebiet zu beiden Seiten der unteren March, wo im Jahre 19 n. Chr. den dort ansässigen Quaden ein Angehöriger ihres Stammes namens Vannius als König eingesetzt wird (Tac. Ann. II, 63). Hier, nördlich der Donau, müssen nach den archäologischen Anhaltspunkten[3] kleine römische Garnisonen errichtet worden sein, die zumindest längere Zeit hindurch ein recht friedliches Leben geführt haben. Doch verweist die Nachricht vom Sturz des Vannius (Tac. Ann. XII, 29 f.), der sich nach mehr als dreißigjähriger Herrschaft unter den direkten Schutz des Kaisers nach Pannonien begibt, auf die Labilität dieses Zustandes; und wenn auch bekannt ist, daß nach dem Markomannenkrieg römische Truppen im Lande der Quaden wie Markomannen verblieben (Cass. Dio 71, 20), so gibt andrerseits eine Szene auf der Markussäule zu erkennen, daß schon vor diesem Feldzug die weiter von der Donau entfernten Stützpunkte aufgegeben worden waren.

Die Bedeutung der *Schlacht im Teutoburger Wald*[4] liegt darin, daß das Land bis zur Elbe hin nicht zu einem Gebiet provinzialrömischer Verwaltung und Gesittung wird, sondern daß die dort ansässigen Stämme als freie Germanen weiterleben. Es ist weder an der Weser noch längs der Elbe zur Gründung römischer Kolonialstädte gekommen und auch nicht zur Aufspaltung der mitteleuropäischen Germanen in zwei Teile. Die Germanen östlich der Elbe wären ohnehin in eine römische Provinz Großgermanien nicht einbezogen worden und hätten schwerlich deren Geschicke bestimmen können; dazu hätten ihre Kräfte nicht ausgereicht, und zudem war die Bewegung der Ostgermanen in Richtung nach dem Schwarzen Meer schon in vollem Gange. Indem fast alle Südgermanen außerhalb des Römischen Reiches geblieben sind, konnten sie späterhin die große Stoßkraft entwickeln, die für die Eroberung der römischen Grenzlande an Rhein und Donau notwendig war. Die Kelten werden in das Römische Reich einbezogen und verschwinden, wenigstens auf dem Festland, als selbständiges Volk[5]. Nach den Germanen aber, die im wesentlichen außerhalb des Reiches bleiben, richten sich fortgesetzt die Augen Roms. Sie sind Gegenstand der Schilderung des Tacitus; die längste Zeit hindurch steht ein Großteil der römischen Heeresmacht an ihren Grenzen, und während eines Jahrhunderts und länger residieren die Kaiser in Trier, von wo aus sie die Lage längs der Rheinfront überblicken. Wie die wandernden Germanen bei ihrem ersten Zusammentreffen mit Rom das Kriegsglück auf ihrer Seite hatten, führten sie ein halbes Jahrtausend später das Ende des Weltreiches herbei.

[1] Über die Römerkriege, Schriftquellen u. archäolog. Stoff eng verbindend, FR. KOEPP, Die Römer in Dtld. ([3]1926); das Heranreifen der Germanen infolge ihrer Berührung mit Rom, woraus Arminius und seine Tat erwachsen, behandelt H. E. STIER, Die Bedeutung d. röm. Angriffskriege für Westfalen. Ein Beitrag zum Verständnis d. »germanischen Revolution«, Westfäl. Forsch. 1 (1938); A. STIEREN u. a., Bodenaltertümer Westfalens 6: Die Funde von Haltern seit 1925 (1943); CHR. ALBRECHT, Das Römerlager in Oberaden, Veröff. a. d. Städt. Mus. Dortmund, 2 Hefte (1938/1942). Über den Forschungsstand u. offene Fragen s. W. SCHLEIERMACHER, Zur Raumordnung in den Nordwestprovinzen d. röm. Reiches, in: Histor. Raumforschung 1 (Forsch.- u. SB d. Akad. f. Raumforschung u. Landesplanung 6, 1956). Betr. Arminius s. Kap. 15, Anm. 5, außerdem H. AUBIN, Arminius, in: Die Großen Deutschen 1 (1935); E. BICKEL, Arminiusbiographie u. Sagensigfried (1949); E. HOHL, Zur Lebensgesch. des Siegers im Teutoburger Wald, HZ 167 (1943); ders., Um Arminius. Biographie oder Legende? (SB Berlin 1951); dazu K. STADE, DLZ 73 (1952), S. 76 ff.

[2] Die wichtigsten Ergebnisse der Limesforschung bestehen viel weniger in der Ermittlung des genauen Verlaufes und des Aussehens der Grenze als in der Erkenntnis, daß dem Begriff des Limes auch in seinem mitteleurop. Beispiel der Gedanke an eine Verteidigungslinie ursprünglich fehlt und daß die für die Zeit des Antoninus Pius festgestellte Linienführung das Ergebnis einer mehrfachen Vorverlegung der Kastelle gegen Norden und Osten hin ist. Indem die Limesforschung, von dem äußersten Grenzverlauf ausgehend, auch das Hinterland mit einbezogen und ferner den Garnisonen links des Rheins wie südlich der Donau ihre Aufmerksamkeit zugewandt hat, ist sie zu der Erkenntnis eines recht komplizierten Vorgangs gelangt, dessen Einzelheiten zum Teil heute noch nicht geklärt sind. Eine ausführliche Darstellung der Geschichte des Limes fehlt noch; das große Sammelwerk: Der Obergermanisch-raetische Limes des Römerreiches, im Auftr. d. Reichs-Limeskommission hg. v. den Dirigenten E. FABRICIUS, F. HETTNER u. O. v. SARWEY (15 Bde. 1894–1937), bietet neben den Tatbeständen jeweils auch ihre hist. Auswertung, jedoch keine zusammenfassende Würdigung. Knapp, aber gehaltvoll das Stichwort Limes bei PAULY-WISSOWA, Real-Encyclopädie der class. Altertumswiss. 13 (1925), S. 571 ff., von E. FABRICIUS. Über ein vor der Flavierzeit liegendes Interesse an dem Gebiet rechts des Rheins von den Südhängen des Schwarzwalds an bis Hofheim bei Wiesbaden s. R. NIERHAUS in: Badische Fundberichte 17 (1941–1947); W. SCHLEIERMACHER, Der röm. Limes in Dtld. (1959).

[3] A. GNIRS, Die röm. Schutzbezirke an der oberen Donau, ein Beitr. z. Topographie Böhmens u. Mährens in d. Zeit d. Imperiums (1929); ders., Ein Limes u. Kastelle der Römer vor der norisch-pannonischen Donaugrenze, Sudeta 4 (1928); J. KLOSE, Roms Klientel-Rand-

staaten am Rhein u. an der Donau (1934).

[4] Die große Bedeutung der Varusschlacht hat ein entsprechendes Interesse an der Ermittlung des Kampfplatzes zur Folge. Doch ist es schwer, die drei Berichte über die Schlacht (Cassius Dio 56, S. 19 ff.; Florus IV, S. 12; Velleius Paterculus II, S. 118 f.) richtig zu bewerten und miteinander in Einklang zu bringen. Hierzu KOEPP (s. o. Anm. 1), S. 22 ff., und W. KOLBE, Forschungen über die Varusschlacht, Klio 25 (1932); W. JUDEICH, Zur Varusschlacht, ebd. 26 (1933); unter dem gleichen Titel H. E. STIER, HZ 147 (1933); ders., Die Stätte der Varusschlacht, WaG 2 (1936). Mannigfachen Versuchen, den Kampfplatz auf archäolog. Wege zu finden, ist kein Erfolg beschieden gewesen. Rasch aufgeworfene Verschanzungen werden von der Natur bald eingeebnet, und wenn das zufällig angeschnittene Profil eines Spitzgrabens wirklich ein röm. Marschlager anzeigt, so kann dieses doch ebensogut von einem der anderen Züge röm. Legionen herrühren. Wichtiger aber noch ist die Überlegung, daß die Germanen die Stätten des Kampfes gründlich nach Beute abgesucht haben werden; die Auffindung einer Waffe oder sonstiger Ausrüstungsstücke auf den hist. Schlachtfeldern Mittel- und Südeuropas stellt einen seltenen Ausnahmefall dar. Ein Teil der Kriegsbeute dürfte den Kämpfern selbst zugeteilt worden sein; doch weihen sowohl Kelten (Caesar, BG VI, 17) wie Germanen (Tacitus, Ann. XIII, 57) die Beute den Göttern und stapeln sie an heiliger Stätte auf. Die großen nord. Depots von Hirschsprung auf Alsen (EBERT, Reall. 5, S. 332 f.),

Nydam auf Sundewitt (s. Kap. 12) und Thorsberg in Angeln (S. MÜLLER, Nord. Altertumskunde 2, 1898, S. 122–150), in welchen die – teilweise mit Spuren des Kampfes gekennzeichneten – Waffen vorherrschen, sind beredte Zeugnisse dieses Brauches. Man hat sie, gleich vielen anderen Weihegaben, auf dem Moor niedergelegt; indem dieses in der Folgezeit über sie hinweggewachsen ist, sind sie, zum Unterschied von den an den heiligen Eichen aufgesammelten Dingen, erhalten geblieben.

[5] Die Bevölkerung der röm. Grenzlande setzt sich im wesentlichen aus Kelten und Germanen zusammen. Der Versuch, auf der Basis von Inschriften und Götterdenkmälern die Bedeutung dieser beiden Komponenten zu sondern und das Einsickern noch anderer Elemente zu verfolgen, hat zunächst zu bedenken, daß in den Funden im wesentlichen nur der gehobenere Teil der Bewohnerschaft begegnet. Auch führen regionale Bräuche und vorübergehende Sitten zu einer Häufung des Materials hier und seiner Spärlichkeit dort. Demgemäß hat J. SCHARF, Studien zur Bevölkerungsgesch. der Rheinlande auf epigraph. Grundlage (1938), eine recht lebhafte Diskussion hervorgerufen, in der die Lückenhaftigkeit der Quellen ebenso betont wird wie die Gefahr der Verallgemeinerung: H. KOETHE, Trier. Zs. 13 (1938), S. 215 f.; R. NIERHAUS, Badische Fundberichte 15 (1939), S. 91 ff.; W. SCHLEIERMACHER, Germania 23 (1939), S. 64 f. Im Anschluß an griech. Inschriften aus Köln wird ein Teilproblem behandelt von W. REUSCH, Germania 22 (1938), S. 172 ff.

Die Besitznahme von größeren Teilen Mitteleuropas war zunächst eine rein militärische Angelegenheit. Die Einheimischen wurden zwar einer neuen Rechtsordnung unterworfen, doch änderte sich an ihren übrigen Zuständen, ihrem wirtschaftlichen und geistigen Leben, in der ersten Zeit noch nichts. Es war eine sehr kluge Maßnahme Roms, bei der Absteckung der politischen Bezirke sich weitgehend an die vorhandenen Gaugemeinschaften zu halten. Bei Kelten wie Germanen gab es eine den neuen Verhältnissen zuneigende Partei, der man durch ihre Heranziehung zu den Aufgaben der Verwaltung ebenso schmeichelt wie man ihre Kräfte benutzt. Ein anderer Teil der ehemals Führenden aber sieht sich durch die römische Herrschaft in seinen Rechten beschränkt; er ist wenig geneigt und erscheint den Römern auch nicht geeignet, an der Gestaltung der neuen Verhältnisse mitzuarbeiten. In der Tat führt er während des 1. Jh. n. Chr. einige Aufstände herbei, die von einem stärkeren Aufgebot niedergeschlagen werden müssen. Wirtschaftsgeschichtlich bedeutet das Auftreten des Heeres einen Zuwachs von Zehntausenden neuer Verbraucher mit eigenen Bedürfnissen, die von den Eingeborenen weder nach ihrem Umfang noch hinsichtlich ihrer Form befriedigt werden können. Daraus ergibt sich die Verwaltungswirtschaft des Heeres. Die Truppe selbst ersetzt in dem von ihr einstmals errichteten Erdlager die Fachwerkbauten durch solche aus Stein; auch der Palisadenzaun und die Toranlagen werden späterhin in dauerhaftem Material aufgeführt. Bevor die Ziegel gebrannt werden, drückt man in sie das Zeichen der Formation, der man angehört. Mannigfach sind die Zeugnisse dieser Betriebe, die das Militär mit sich führt; sogar der Soldatengrabstein wird in einem bestimmten Typus handwerksmäßig hergestellt. Doch ist das Heer für seinen Bedarf an Lebensmitteln auf die eingesessene Bevölkerung angewiesen; an die Stelle der zuerst geübten Beitreibung tritt von der Zeit an, da die Grenzlande Provinzen des Reiches sind, der Kauf. Damit aber wird die Kaufkraft der Einheimischen erhöht, die sich der Vergrößerung des Bedarfs anpassen, zugleich aber in den Lagerdörfern und Städten die Erzeugnisse fremden Gewerbefleißes angeboten sehen. Denn dem Heer ist überallhin der Kaufmann, der Marketender und der Krämer gefolgt, und die Einheimischen gewöhnen sich langsam an die

Bedürfnisse, die den Soldaten, den Beamten und ihrem Angang geläufig sind[1].

Im Laufe der Jahrzehnte wird das Heer in den Grenzlanden heimisch. Die Eingesessenen denken nicht mehr daran, das fremde Joch abzuschütteln; sie geben sich vielmehr den äußerlichen Annehmlichkeiten hin, die in ihre Land einströmen, deren wirtschaftliche Vorteile sie erfahren und die sie in ihrem persönlichen Leben wie auch ihren religiösen Vorstellungen doch nicht berühren. Beide Umstände führen zur Entwicklung der *provinzialrömischen Kultur*[2], in der sich Antike und einheimische Art zu etwas ganz Neuem verbinden. Die Zeit bis gegen Ausgang des 1. Jh. n. Chr. ist notwendig, um die Grundlagen dafür zu schaffen. Insbesondere macht sie die bodenständige Bevölkerung dafür reif, an der Ausgestaltung dieser provinzialen Gesittung lebendigen Anteil zu nehmen. Langsam wird die Verwaltungswirtschaft des Heeres durch freie Privatwirtschaft ersetzt, die auch im Dienst der Einheimischen steht und ihnen erlaubt, die äußere Lebensführung der Römer nachzuahmen. Damit tritt eine archäologische Welt in Erscheinung, die, entsprechend ihrem äußeren Reichtum gern als Verkörperung einer Zeit nicht nur des Friedens, sondern auch des Glücks betrachtet wird. Jetzt bauen nicht nur der Staat und ein kleiner Kreis von Privaten in Stein wie bisher; weißverputzte Wände und rote Ziegeldächer beleben überall das Landschaftsbild. Wasserleitungen und Schachtbrunnen werden angelegt, Brükken aus Holz und Stein errichtet. Wie hier die Grundgesetze der Mechanik und ein gewisses Maß von Arithmetik und Geometrie angewandt werden, die auf Erfahrungen und Überlegungen einer schon Jahrtausende alten städtischen Kultur zurückgehen, so basiert dieses provinziale Leben auch sonst noch mannigfach auf dem, was die antike Welt in ihrer römischen Ausprägung nach Norden bringt. Die *Städte*, die als Plangründungen eine schachbrettförmige Grundrißgestaltung zeigen, sind eine neue Erscheinung nördlich der Alpen, das feste Gefüge ihrer Gemeinden äußert sich in vielerlei öffentlichen Bauten, die dem Kult und dem Wohl der Gesamtheit dienen, in den Tempeln, dem Forum, den Bädern und den Kanalisationsanlagen. Das reich entwickelte Wirtschaftsleben bedarf einer festen Währung und einer von der Staatsgewalt garantierten Münzprägung, sowie der Schrift; doch bürgert sich die Kenntnis des Lateinischen bei den Bodenständigen nur langsam ein. Dem hl. Hieronymus fiel es auf, daß die Trierer etwa die gleiche

Sprache reden wie die Galater in Kleinasien; dieses Zeugnis entstammt bereits der römischen Spätzeit um 400; es wirft ein Licht darauf, wie die sprachlichen Verhältnisse weiter abseits der Brennpunkte des provinzialen Lebens liegen dürften.

Denn die Anzahl derer, die als Träger der antiken Kultur nach dem Norden gehen, ist nicht groß genug, um die ihr an Zahl weit überlegene einheimische Bevölkerung zu Römern zu machen. Gewiß suchen diese Neuankömmlinge den ihnen vom Süden her geläufigen Lebensstil auf den Kolonialboden zu übertragen; die Bauten in den Städten zeugen davon ebenso wie die prächtig ausgestatteten Landsitze. Doch übernimmt die große Menge der Bodenständigen nur diejenigen Elemente der antiken Kultur, für die sie selbst Verwendung hat, und gestaltet sie nach den eigenen Bedürfnissen aus. So ergibt sich in den Provinzen aus der Verschmelzung von Einheimischem und Fremdem etwas ganz Neues, das am Rhein ein anderes Antlitz trägt als im Innern von Gallien, an der Mosel ein anderes als im Hinterland des Limes oder in Rätien. Die bodenständigen Kräfte behaupten sich gegenüber den südlichen Einflüssen, die ihrerseits nicht stark genug sind, um aus den Unterworfenen richtige Römer zu machen. So tritt unter dem antikisierenden Firnis, der oft auf den ersten Blick ganz römisch aussieht, bei näherem Zusehen das Unitalische zutage. Dies ist insbesondere bei den Denkmälern des *religiösen Lebens*[3] der Fall, die neben Italischem und Einheimischem noch den Eingang orientalischer Kulte, etwa des Mithras und des Jupiter Dolichenus zeigen. Das Bild und die inschriftliche Anrufung der Diana haben nicht die römische Göttin im Sinn, sondern die Herrin des Schwarzwalds, die Ptolemäus (II, 11, 11) unter dem Namen Abnoba erwähnt. Zu den besonderen Göttergestalten im Gebiet des Rheins gehört der sogenannte Jupiter, der in durchaus unantiker Art zu Pferde sitzt und über einen Giganten hinwegsprengt. So eindeutig in den Bildwerken der Säule, die diese Plastik trägt, die klassische Komponente sichtbar ist, so unverkennbar ist andrerseits, daß Kelten und Germanen in dieser Neuschöpfung ihren eigenen Himmels- und Donnergott erkannten und daß es Mode wurde, auf dem eigenen Grund und Boden eine Jupitergigantensäule zu errichten. Daß diese Steinbildwerke trotz ihrer Häufigkeit doch nur einen Teil des einst Vorhandenen veranschaulichen, lehren die selten einmal erhalten gebliebenen Schnitzereien in Holz. Eine Darstellung der ostgallischen Heilgöttin Sirona[4], aus der ständig durchfeuchtet

gewesenen untersten Schicht eines Schachtbrunnens, gibt eine
Vorstellung von dem »Herrgottswinkel« in den Behausungen
der Einheimischen. Eindringlich weisen die Tempelbezirke,
die in Trier und Kempten gefunden sind[5], auf den Zug der
Bodenständigen in die Stadt. Die Einheimischen nehmen den
Typus des gallischen Umgangstempels mit in die städtische
Umgebung, wo sie aber doch auch Einflüssen ausgesetzt sind,
die sie in gewissem Umfang ihrer Heimat entfremden. Sie gehören zu den 14000 Menschen, welchen die Trierer Arena
Sitzplätze bietet, und sie sehen die Kämpfe, von deren letztem
die Menge den Tod eines Menschen verlangt. Sie vernehmen
von dem Handel, der mit den Gladiatoren betrieben wird, und
vielleicht sind sie nach einiger Zeit auch mit unter denen, die
sich der Falschmünzerei schuldig machen.

[1] Fr. Koepp (s. Kap. 18, Anm. 1); Ta-
bula Imperii Romani, Karte 1:1 Mill.,
Blatt M 32 (Mainz), bearb. v. P. Goess-
ler (1940); K. Schumacher, Siedlungs-
u. Kulturgesch. d. Rheinlande 2 (1923);
Germania Romana, ein Bilderatlas, hg.
v. d. Röm.-german. Kommission (²1924/
1930, Text- u. Tafelband); H.-J. Kell-
ner im Hdb. d. bayer. Gesch. 1 (1967);
A. Schober, Die Römerzeit in Österreich und in den angrenzenden Gebieten
von Slowenien (²1953); F. Staehelin,
Die Schweiz in röm. Zeit (³1948); A.W.
Byvanck, Nederland in den Romein-
schen tijd (³1945). – M. Rostovtzeff,
Gesellschaft u. Wirtschaft im röm. Kai-
serreich (neue Ausg. 1952); H. Aubin,
Die wirtschaftl. Entwicklung des röm.
Dtlds., HZ 141 (1930), auch in: ders.,
Grundlagen u. Perspektiven geschichtl.
Kulturraumforschung (1965).

[2] Das Wesen der provinzialen Kultur
ist von F. Hettner erkannt worden;
vgl. seinen noch heute lesenswerten Aufsatz: Zur Kultur von Germanien u.
Gallia Belgica, Westdt. Zs. 2 (1883).

Eine spätere Formulierung, welche die
Erfahrungen einiger Jahrzehnte zu nutzen vermag: G. Wolff, Was verstehen
wir unter röm.-german. Altertumsfor-
schung? Germania 3 (1919). Auf die
ganze antike Welt wird diese Problemstellung angewandt von H. Thiersch,
An den Rändern des Römischen Reiches
(1911); W.-D. v. Barloeven, Abriß der
Gesch. antiker Randkulturen (Oldenbourgs Abriß d. Weltgesch., 1961); auch
der 8. Internat. Kongr. f. Klass. Arch.,
Paris 1963, war den »cultures périphé-
riques« gewidmet (2 Bde. 1965).

[3] F. Drexel, Die Götterverehrung im
röm. Germanien, 14. Ber. d. Röm.-
German. Komm. (1923).

[4] Über die Sirona von Pforzheim s.
A. Dauber u. E. Krüger, Bad. Fundber. 28 (1944–1950).

[5] S. Loeschcke, Die Erforschung d.
Tempelbezirkes im Altbachtale zu Trier
(1928); L. Hahl, Zur Stilentwicklung
d. prov.-röm. Plastik in Germanien u.
Gallien (1937).

Kapitel 20
Römisch-germanische Grenznachbarschaft[1]

Zwischen der Zeit Caesars und der Besitzergreifung der *decumates agri* durch die Alamannen liegen drei Jahrhunderte; zwei weitere Jahrhunderte später geht die römische Herrschaft links des Rheins endgültig zu Ende. Die freien Germanen haben also ein halbes Jahrtausend lang die provinziale Antike neben sich; es erhebt sich die Frage, wie diese lange Grenznachbarschaft sie beeinflußt hat, ob sie insbesondere während dieser Zeit darauf vorbereitet werden, das Erbe der römischen Herrschaft anzutreten. Der archäologische Nachlaß der freien Germanen zeigt zunächst, daß diese für die Fertigwaren der provinzialen Industrie sehr empfänglich sind, daß sie besonders Wein und Tafelgeschirr kaufen. Offenbar ist man in den Grenzlanden auf dieses Absatzgebiet, das bis in die Gegend von Drontheim, bis nach Finnland wie über die Weichsel hinaus reicht, weitgehend eingestellt; neben der »Bernsteinstraße« (Plinius 37, 42 ff.), die von Carnuntum nach Norden geht, dürfte der Weg den Niederrhein hinab und dann die Küsten entlang besonders wichtig sein. Als Gegengaben haben die Germanen und die ihnen benachbarten *Aestii* in erster Linie Bernstein und Pelzwerk, Frauenhaar und Sklaven zu bieten. Bei der führenden Schicht herrscht in dieser Zeit der Brauch, den Toten sehr viel Gerät mitzugeben; ihre Gräber sind oftmals geradezu verschwenderisch ausgestattet; aber auch die Gemeinfreien verlangen nach diesem Handelsgut, das sich dann in ihren Grabstätten und Siedlungsresten findet. So ist der Bedarf der Germanen an diesen Dingen niemals gestillt, und da umgekehrt auch ihre Gegengaben ständig gefragt sind, so findet bis weit in das 4. Jh. hinein ein reger wirtschaftlicher Austausch zwischen beiden Welten statt. Dieser Verkehr weitet den Blick der Germanen; sie hören von dem großen Reich und seinen Städten, von den Provinzen, deren Industrie so hoch entwickelt ist und in deren warmem Klima der Wein gedeiht. Unmittelbare Zeugnisse dafür, daß sich Germanen in die Grenzlande verdingen und mit einem Schatz wertvollen Wissens in ihre Heimat zurückkehren, gibt es vorläufig nur sehr wenige; besondere Beachtung verdient in dieser Hinsicht die Erkenntnis, daß die frühesten Exemplare der auf der Insel Gotland zahlreich errichteten Bildsteine von Männern herrühren, die in römischen Bauhütten gearbeitet haben. Möglich auch, daß ein Teil der römischen

Münzen[2], die einzeln und zu Schätzen gesammelt im freien Germanien begegnen, als Lohn für geleistete Dienste über die Grenze mitgenommen worden ist. Aus dieser Kenntnis der Verhältnisse in den Provinzen entsteht das Verlangen, an ihrem Leben teilzunehmen, das als ein besseres gilt. Das Römische Reich erscheint nicht als eine Macht von unerschütterlicher Festigkeit. Man besang die Tat des Arminius (Tac. Ann. II, 88); Beute aus den Kriegen, die besonders im Hildesheimer Silberfund erhalten ist und längere Zeit als Besitz einzelner Familien oder an heiliger Stätte sichtbar blieb, erinnerte immer wieder daran, daß ein römisches Heer nicht unbesiegbar ist. Der Aufstand der niederrheinischen Bataver unter Civilis dehnt sich weit nach Süden aus; die Nachricht von ihm und ähnlichen Ereignissen, beispielsweise der Niederbrennung des Doppel-Legionslagers in Vetera (Tac. Hist. IV, 60), gelangt auch zu den freien Germanen. Späterhin nährt der Markomannenkrieg ihr Selbstgefühl, und das gleiche gilt von den Plünderungszügen, die sie oftmals weit in die Grenzlande hinein unternehmen. Nachdem sie erstmals beobachtet haben, daß die Grenztruppen durchaus nicht in der Lage sind, plötzlichen Überfällen zu begegnen, wiederholen sich diese Einbrüche fortgesetzt; der erste scheint derjenige der Chatten gewesen zu sein, die im Jahre 162 in Obergermanien und Rätien eingedrungen sind. Der Weg, den die Germanen jeweils einschlagen, zeichnet sich in dem Brandschutt ab, der über den Grundmauern liegt, sowie in den Schätzen von Münzen, Kostbarkeiten, Geschirr und Gebrauchsgerät, die man in der Eile der Flucht vergraben hat. Ebenso wie zur Zeit der Keltenzüge kommt es jetzt zu einem Abstrom von Edelmetall über die Grenze. Soweit es die Germanen nicht als Beute mitnehmen, fließt es ihnen als Tribut und Lösegeld, später auch als Sold für geleisteten Waffendienst zu (Jordanes, Getica XVI 89 und XXIX 146; Petrus Patricius, Fragm. 8). Längs der ganzen Front vom Schwarzen Meer bis zum Kanal trifft man auf dieses Gold, sowohl in Gestalt großer Medaillons, die von den Kaisern als Ehrengaben verliehen worden sind, wie auch schon weiter verarbeitet. Ein Teil dieses Materials ist von seinen germanischen Besitzern unter den labilen Verhältnissen der Völkerwanderung dem Boden anvertraut worden und läßt an den Nibelungenhort denken; das übrige dient sowohl dem Kunstgewerbe wie der Goldprägung der Merowingerzeit zur Basis.

Unter dem Einfluß dieser Vorgänge wandelt sich die wirtschaftliche und gesellschaftliche Struktur der Grenzlande. Das römische Cannstatt wird nach dem Einfall der Alamannen im Jahre 235 in nur bescheidenem Umfang wieder aufgebaut; schon in der späten Limeszeit beginnt also der Rückzug aus einem gefährdeten Gebiet. Mannigfache Bemühungen, den Limes zu verstärken, haben keinen Erfolg. Man muß jenseits von Rhein und Donau Sperrkastelle anlegen und die städtischen Siedlungen umwehren; späterhin wird es auch nötig, längs wichtiger Straßen verteidigungsfähige Stationen und am Hochrhein Warttürme zu errichten[3]. In ihrem außerordentlichen Umfang sind diese Anlagen ein Zeugnis dafür, daß man sich des Ernstes der Lage bewußt war und die Absicht hatte, die Rhein- und Donaulinie zu behaupten. Zugleich aber bekunden sie die Macht der Staatsgewalt, die nach einem wohldurchdachten Plan arbeitet und auch bestrebt ist, ihrem Verteidigungswerk eine ansprechende äußere Form zu geben; nur unter diesem Gesichtswinkel kann ein Bau von der Art der Porta Nigra in Trier verstanden werden. Weniger eindrucksvoll, aber nicht minder bedeutsam sind die zahlreichen Zeugnisse für Verlegung der Siedlungen. Die Bürger von Kempten verlassen ihre schöne, mit Forum und Bädern geschmückte Stadt, noch bevor die Alamannen sie niedergebrannt haben, und ziehen sich auf einen kleinen, aber umwehrten Hügel in der Nachbarschaft zurück. Die Sigillata-Industrie war einst sogar am Neckar ansässig geworden; später verläßt sie das unmittelbar bedrohte Hinterland des Rheins und versorgt von den Argonnen aus ihren grenzländischen Markt. Die Glaswerkstätten Kölns ziehen sich nach Namur zurück, und ebenso ist es mit den Fabriken, welche Bronzegeschirr fertigen. Die private Wirtschaft räumt in derartigem Umfang die Grenzprovinzen, daß der Staat Betriebe der verschiedensten Art gründen muß, um den Unterhalt zumindest des Heeres sicherzustellen. So kommt es wieder zu jener Verwaltungswirtschaft, mit der sich die Antike einstmals eingeführt hatte. In Straßburg und Trier sind Betriebe nachgewiesen, in denen Waffen gefertigt wurden. Nördlich der Kaiserstadt umschließt die sogenannte Langmauer einen großen, als Domäne gedeuteten Bezirk, mit dem vielleicht das der Spätzeit angehörende Lagerhaus in Trier selbst in einem inneren Zusammenhang steht[4]. Die Kunst vom Stil der Igeler Säule bricht ab; auch verliert sich der Brauch, die Grabsteine mit den Bildern der Toten oder mit religiösen Darstellungen zu schmücken, sowie den überirdischen Gewalten

Weihedenkmäler zu errichten. Die Mosaikfußböden werden jetzt nicht mehr mit blutigen Tierhetzen und Gladiatorenkämpfen ausgeschmückt; Kennzeichen der römischen Spätzeit sind die Musen- und Philosophenmosaiken. Die gleichaltrige Baukunst begegnet im Stil der Wehranlagen, der mit der nüchtern-bescheidenen Bauweise der Limeszeit nichts gemein hat. Außerdem zeigt sie sich in den städtischen Großbauten dieser Zeit, die besonders in Trier notwendig werden und dort zum Teil noch heute hoch aufragen. Trier wird von Diokletian zur Kaiserstadt erhoben und beherbergt ein Jahrhundert lang den kaiserlichen Hof. In seinem Gefolge kehrt hier ein Kreis von Menschen ein, den die Rheinlande bis dahin noch nicht kennengelernt haben: Dichter, Rhetoren und Philologen, die den Schulen Triers zu besonderem Ansehen verhelfen und sich auch in anderen spätrömischen Städten am Rhein verfolgen lassen. Ihre geistige Einstellung wird weitgehend schon durch das *Christentum* bestimmt, welches bereits in der späteren Limeszeit Eingang findet und infolge seiner Begünstigung durch Konstantin deutlich an Boden gewinnt. So weilen, neben anderen hervorragenden Gästen aus dem Reich, auch die drei großen Kirchenväter des 4. Jh. einige Zeit in Trier (Athanasius, Ambrosius, Hieronymus). Die Kenntnis der Fälle, in denen noch heute stehende christliche Kirchen aus frühchristlichen, über Gräbern des 4. Jh. errichteten Gedächtniskapellen erwachsen sind, hat sich in letzter Zeit vermehrt[5]. Dagegen fehlt bis auf weiteres der Nachweis einer frühchristlichen, also römerzeitlichen Gemeindekirche, wie man sie gerade im Rheinland erwarten würde, und ebenso der ältesten Kölner Bischofskirche.

Dieser tiefgreifende Wandel der Verhältnisse wird von jenen Germanen miterlebt, die in den spätrömischen Zuständen langsam heimisch wurden und an ihrer Gestaltung wachsend beteiligt sind[6]. Es scheint, als ob dieser Vorgang es den freien Germanen erleichtert hat, das Erbe der römischen Staatsgewalt anzutreten. Diesen Leuten, die zur Zeit des Tacitus das Menschenopfer gewöhnlich nur noch an Hintersassen und Kriegsgefangenen ausüben, liegen die spätrömischen Verhältnisse schon etwas näher als die der sogenannten Blütezeit der Provinzen. Das Christentum hat bereits manche Auswüchse gemildert, die im Gefolge des städtischen Lebens auch nördlich der Alpen sich geltend machten. Einem Lebensstil von der Art, wie ihm der Schloßherr von Nennig huldigte, wären die Germanen wohl bald erlegen, denn der unvermittelte Übergang in eine vielfach verfeinerte Lebensform hätte in erster Linie zu einer Steigerung der materiellen Ansprüche geführt. Nach dem Markomannenkrieg wurden zahlreiche germanische Familien an römische Großgrundbesitzer verteilt; Maximian siedelte am Ende des 3. Jh. Leute fränkischen Stammes im Gebiet der Treverer und Nervier an. Der römischen Gegenwehr gegen die Plünderungszüge gelang es, vieler Germanen habhaft zu werden, welche als Landarbeiter oder auch als Soldaten Verwendung fanden. Denn vom Ende des 3. Jh. an zwingt der Bedarf an Menschen das Reich dazu, in größerem Umfang Ausländer an sich zu binden. So kommt es zu germanischen Hilfstruppen, die nach Erledigung ihrer Aufgabe in ihre rechtsrheinische Heimat zurückkehren; der Dortmunder Schatz römischer Münzen gibt eine Vorstellung von der Bewertung solchen Waffendienstes. Ungleich wichtiger aber ist es, daß andere Germanen im Heer und in der Verwaltung heimisch werden und ihrer Umgebung eine unrömische Note geben. Die Truppen des Kaisers Julian, die im Jahre 357 im Elsaß zum Kampf gegen die dort eingedrungenen Alamannen antreten, eröffnen die Schlacht mit germanischem Kriegsgesang. Julian wird zum Augustus ausgerufen, indem man ihn nach germanischem Brauch auf den Schild hebt. Auf den frühchristlichen Grabsteinen der spätrömischen Städte begegnet eine Schicht germanischer Zuwanderer, die sich zwar des Lateinischen bedient, aber nicht daran denkt, ihre Namen zu latinisieren. Sie ist in wirtschaftlicher Hinsicht so unabhängig, daß sie den landesüblichen Grabstein bezahlen kann, und gibt damit sowohl ihre gesellschaftliche Stellung wie ein gewisses Sicheinleben in die Formen des provinzialen Lebens zu erkennen. Im Heer und im zivilen Bereich steigen die Germanen in zunehmendem Maße auf der sozialen Stufenleiter empor und wachsen in die bestehenden Einrichtungen hinein. Schon im 4. Jh. erscheinen Franken in einflußreichen Stellungen am Kaiserhof; eine Trierer Grabschrift nennt einen burgundischen Prinzen namens Hariulfus, Sohn des Hanhavald, der Mitglied des Korps der kaiserlichen Leibwächter war, und dem, als er im 21. Lebensjahr starb, sein Oheim Reutilo den Gedenkstein setzte. Konstantin I. bricht mit alten Anschauungen, wenn er den Fremden die Rechte der Römer gibt und den Ausländern vornehmen Geschlechts wichtige Ämter verleiht. Natürlich billigen die konservativ Gesinnten dieses Verfahren nicht, und in der Tat nimmt die Überfremdung der leitenden

Kreise einen derartigen Umfang an, daß sich Honorius gegen die germanische Mode in seiner Umgebung wendet. Vom 3. Jh. an läßt die Lebenskraft der antiken Welt sehr stark nach; indem aber die für ihre Erhaltung herangezogenen Fremden ihre Nationalität behaupten, kommt es zu der Aufrichtung germanischer Reiche auf römischem Boden.

[1] L. Schmidt, Allgem. Gesch. d. german. Völker bis z. Mitte d. 6. Jh. (Below-Meinecke, Hdb. 2, 1909); ders., Gesch. d. dt. Stämme bis z. Ausgang d. Völkerwanderung, Bd. 1: Die Ostgermanen (³1941), Bd. 2: Die Westgermanen, Teil 1 (²1938); Teil 2 (unt. Mitw. v. H. Zeiss) 1940, 1. Lfg.; ders., Gesch. d. Wandalen (²1942).

[2] Eine hist. Auswertung gallischer Münzschätze d. 3. Jh.: H. Koethe, 32. Ber. d. Röm.-German. Komm. (1942), S. 199 ff., desgl. von Bronzegeschirr d. späten Limeszeit: J. Werner, Marb. St. 1938, S. 259 ff. In einer Reihe von Karten zeigt H. Koethe, Germania 21 (1937), die aus dem Reg.-Bez. Trier vorliegenden Funde vom späten La-Tène bis zur Merowingerzeit und damit sehr eindringlich den Wandel des archäolog. Bildes.

[3] Den spätröm. Verteidigungsanlagen ist nicht die gleiche Aufmerksamkeit gewidmet worden wie dem Limes. Zum Teil ergibt sich dies daraus, daß sie vielfach die Basis mittelalterl. Orte und deshalb schwer greifbar sind. Auch ordnen sie sich nur ausnahmsweise in Linien und Gruppen und fehlen ihnen die Bauinschriften, Ziegelstempel, Grab- u. Weihesteine, die eine relativ leichte Ablesung der Leistungen und Schicksale der verschiedenen Truppenkörper wie auch ihrer Garnisonen erlauben. Material: E. Anthes, 10. Ber. d. Röm.-German. Komm. (1917), S. 86 ff.; P. Reinecke, Der bayer. Vorgeschichtsfreund 8 (1929), S. 23 ff.; L. Ohlenroth, Bayer. Vorgesch.bll. 17 (1948), S. 36 ff.

[4] J. Steinhausen, Die Langmauer bei Trier und ihr Bezirk, eine Kaiserdomäne, Trierer Zs. 6 (1931); H. Eiden, Untersuchungen an den spätröm. Horrea von St. Irminen in Trier, ebd. 18 (1949).

[5] A. Hauck, KiG Dtlds. 1 (⁶1922); W. Neuss, Die Anfänge des Christentums im Rheinlande, Rhein. Neujahrsbl. 2 (²1933); über die Denkmäler des Christentums in Bayern vgl. V. Milojčič, Bayer. Vorgesch.bll. 23 (1963); R. Noll, Frühes Christentum in Österreich, von den Anfängen bis um 600 n. Chr. (1954). Eine spezielle Untersuchung des geistigen Lebens in den Rheinlanden während der spätröm. Zeit fehlt noch. Material hierzu, außer bei Hauck, bietet besonders Fr. Cramer, Das röm. Trier, ein Beitr. z. Kulturgesch. d. röm. Rheinlandes (1911).

[6] Material zur friedlichen german. Durchsetzung der Grenzprovinzen: A. Dopsch, Wirtschaftl. u. soz. Grundlagen d. europ. Kulturentwicklung a. d. Zeit von Caesar bis auf Karl d. Gr., Bd. 1 (²1923), S. 96 ff.; M. Bang, Die Germanen im röm. Dienst bis z. Regierungsantritt Konstantins I. (1906); über die in Nordfrankreich u. Belgien angesiedelten Franken, die als Laeten für Rom Waffendienst leisten: J. Werner, Archaeol. Geographica 1 (1950), S. 23 ff.; K. Regling, Der Dortmunder Fund röm. Goldmünzen (1908, Nachtrag 1910); die Reihe der 443 Stücke schließt mit dem Jahre 408 oder ganz kurz darauf; die rechtsrhein. Franken sind an den damaligen Einfällen nicht beteiligt, doch besteht das Heer Konstantins III. großenteils aus Franken, die gegen eingedrungene Germanen wie auch gegen Honorius kämpfen.

F. Die Entstehung des ethnographischen Bildes der Karolingerzeit

Kapitel 21
Die germanische Besitznahme provinzialrömischer Gebiete

Die endgültige germanische Besitznahme der Grenzlande erfolgt in drei Vorgängen, die zwar zeitlich und räumlich voneinander getrennt sind, hinsichtlich ihrer Form aber miteinander übereinstimmen. Denn es handelt sich dabei nicht um Bewegungen, die nach langen, planlos erscheinenden Wanderungen zur Ruhe kommen, sondern um breit angelegte Schübe, die gleich jenseits der bisherigen Reichsgrenze ihren neuen Raum finden und so den Zusammenhang mit ihrem Ausgangsgebiet nicht verlieren. Außerhalb Mitteleuropas ist von ähnlicher Art die Wanderung der Angeln, Sachsen und Jüten hinüber nach dem heutigen England, die zunächst von einem niederrheinischen Stützpunkt her, späterhin aber unmittelbar von der kimbrischen Heimat aus in die neuen Räume vor sich geht und die Verbindung mit ihr noch einige Zeit hindurch aufrecht erhält. Um die Mitte des 3. Jh. geht den Römern das Gebiet zwischen Rhein und Donau verloren, sowie in Zusammenhang damit die Wetterau und Oberschwaben vom Bodensee bis zur Iller; die Alamannen nehmen diese Landstriche in Besitz. Als ihre Nachbarn im Osten, in Norikum und Rätien östlich der Iller, werden für die Zeit bald nach 500 erstmals die Baiowaren genannt, die im wesentlichen wohl elbgermanischer Herkunft sind[2]. In den Gebieten links vom Rhein findet die römische Herrschaft um die Mitte des 5. Jh. ihr Ende, und im Innern Galliens mit dem Sturz des Syagrius im Jahre 486. Die Besitznahme des linksrheinischen Ufers ist bis zum Schiefergebirge hin die Tat der Alamannen[3], die den Strom längs seines ganzen Laufes vom Bodensee bis zum Rheingau überschreiten. Der Anteil der Burgunder an diesem Vorgang bleibt insbesondere deshalb gering, weil diese Ostgermanen schon im Jahre 443 nach der oberen Rhône verpflanzt wurden. Stromabwärts von den Alamannen sind die Franken in gleicher Weise vorgedrungen. Sie überschreiten schon so früh den Niederrhein, daß sie von 306 an das Gebiet der Bataver in festem Besitz haben. Im Jahre 358 bestätigt Julian die salischen Besitzungen in Toxandrien (Nordbrabant) und legt bald darauf an der von Köln nach dem heutigen Boulogne führenden Straße Befestigungen an, die der Abriegelung Galliens nach Norden hin dienen sollten. Erst ein Jahrhundert später, nach dem Tod des Aëtius (454) überschreiten die salischen Franken diese Linie, geführt von ihren Gaufürsten, die wahrscheinlich zumeist dem alten Adelsgeschlecht der Merowinger zugehörten. Neben einem von ihnen namens Merowech wird Chlojo (beide etwa 430–460) als Angreifer genannt, der bis zur Somme vordringt. Ein Merowinger Childerich (etwa ab 460, gest. 481) verteidigt jahrelang den letzten Besitz der Römer in Gallien. Er kämpft nach den verschiedensten Richtungen mit Erfolg gegen andere germanische Völker, die den Bestand des Reiches des Syagrius (ab 464) bedrohen. Vermutlich befindet er sich in der Stellung eines römischen Bundesgenossen und lebt andrerseits wohl in der Vorstellung, daß dieses Reich den Franken zufallen werde. Seine Residenz ist, wenigstens zuletzt, Tournai (Doornik), wo man im Jahre 1653 ein fürstlich ausgestattetes Grab gefunden hat, das auch einen goldenen Siegelring mit der Umschrift »Childerici regis« um das Bild des Königs enthielt[4]. Seinem Sohn und Nachfolger Chlodowech bleibt es vorbehalten, die Ausdehnung der fränkischen Herrschaft gegen Süden hin zu vollziehen; er verlegt seine Residenz erst nach Soissons, später nach Paris.

Zwischen die drei großen Vorgänge der germanischen Landnahme in den Gebieten zwischen der Enns und dem Kanal schalten sich zahlreiche Ereignisse von lokaler Bedeutung ein. Sie entspringen ebenso den Abwehrmaßnahmen der Verteidiger wie dem Drängen der Germanen in die Provinzen hinein. Die Erfolge beider halten sich dabei im ganzen die Waage. Zweimal versucht Rom während des 4. Jh., im Neckartal wieder Fuß zu fassen[5]; der ersten Periode einer Durchdringung dieses Gebiets, die sich auch in archäologischen Spuren beobachten läßt, folgt eine solche unter Valentinian I. und seinem Sohn Gratian, die beide dauernd in Trier residieren, um den Ausbau der Befestigungen am Rhein besorgt sind und über den Strom hinweg weit nach Osten ausgreifen. Andrerseits aber werden zu Zeiten, in denen die Grenze von Truppen entblößt ist, Germanen links des Rheins in jeweils begrenztem Umfang bäuerlich seßhaft. Julian sieht sich ihnen im Elsaß gegenüber und versorgt sein Heer von ihren Feldern; Konstantin III. duldet die Eingedrungenen als Föderaten und schließt mit ihnen entsprechende Verträge.

Die einzelnen Züge der germanischen Landnahme sind weitgehend in den geographischen Verhältnissen vorgezeichnet. Böhmen und Mähren haben die Bedeutung eines großen Aufmarschgebietes, dessen germanische Bewohnerschaft in Marbod und dem Markomannenkrieg, in einem reichen Fundnachlaß und auf den Bildern der Markussäule in Rom Gestalt annimmt. Gegenüber auf der anderen Seite der Donau bietet das Alpenvorland einen großen Siedlungsraum, bevor der Strom von Gebirgszügen eingeengt wird; der römische Waffenplatz Regina Castra (Regensburg) wandelt sich zum Sitz der baiowarischen Stammesherzöge. Zwar dringen die Ankömmlinge im Laufe der Zeit auch in die Alpentäler ein, doch verhindert das Gebirge ihre Zersplitterung in die Weite. Die *Alamannen* sammeln sich insbesondere in dem Gebiet des oberen und mittleren Mains, einem nach archäologischem Ausweis altbesiedelten Raum, von wo aus sie zunächst das Hinterland des Limes erobern. Indem sie infolgedessen das Gebiet vom Taunus bis zum Bodensee und vom Fichtelgebirge bis zum Oberrhein innehaben, grenzen sie in langer Front an die Provinzen und treffen an den verschiedensten Stellen auf deren Verteidiger; doch erst, nachdem der Tod des Aëtius im Jahre 454 die Grenze ihrer letzten Stütze beraubt hat, ist den Alamannen nach drei verschiedenen Richtungen hin ein bleibender Erfolg beschieden, obwohl ein nennenswerter Teil des Stammes in dem Gebiet zwischen Rhein und Donau wohnen bleibt. Ein Zweig dringt in Rätien bis zum Allgäu und über den Lech hinaus nach Osten vor; ein anderer geht über den Hochrhein, überschreitet den Oberlauf der Rhône und erreicht auch den Alpenrhein. Bei ihrem Versuch, westlich der Oberrheinischen Tiefebene weiteren Boden zu gewinnen, stoßen die Alamannen auf den Widerstand der *Franken*, die das Flußgebiet der Mosel bis weit hinauf für sich beanspruchen. Diese Moselfranken, im wesentlichen wohl chattischer Herkunft, sind insbesondere die Lahn hinabgezogen; mit einer während langer Zeit aufgestauten Kraft erscheinen sie um 480 sogar vor den Toren von Langres. Im Unterschied zu ihnen haben die Ripuarier die Eifel vor sich und gelangen daher nicht zu einer besonderen räumlichen Entwicklung. Die mächtige Ausbreitung der salischen Franken nach Gallien hinein entspricht der Größe ihres rechtsrheinischen Ausgangsgebietes; in ihr wiederholt sich der erste germanische Übertritt über den Strom mehr als ein Jahrtausend zuvor. Köln fällt um 455 endgültig in die Hände der Ripuarier und wird ihre Hauptstadt; wenig später, vielleicht 465, hört in Trier die römische Verwaltung auf. Hier wie dort erregt der Übergang der repräsentativen Bauten von weltlicher und kirchlicher Bestimmung in die Hände der neuen Herren immer mehr das Interesse der archäologischen Forschung[6], namentlich seitdem sie beobachtet, daß nicht nur in Trier, sondern auch in Köln, dem Sitz des Statthalters von Niedergermanien, zugleich dem wirtschaftlich bedeutendsten Platz zumindest dieser Provinz, und vielleicht längs dem ganzen Rhein noch im 4. Jh. viel und mit großem Aufwand gebaut worden ist.

[1] L. Schmidt (s. Kap. 20, Anm. 1); P. Courcelle, Hist. lit. des grandes invasions germaniques (Paris [3]1964), dazu J. Vogt, Gnomon 37 (1965), S. 705 ff.

[2] Ihr Zusammenwachsen aus mehreren Komponenten ist in Anbetracht der Vorgänge an der mittleren Donau ungleich wahrscheinlicher als eine im ganzen einheitliche Herkunft; s. zuletzt K. Reindel, in: Hdb. d. bayer. Gesch. 1 (1967), § 13 ff.; s. Bd. 2, Kap. 7, Anm.16.

[3] G. J. Wais, Die Alamannen in ihrer Auseinandersetzung mit der röm. Welt ([3]1943); Fr. Maurer, Nordgermanen u. Alemannen; Studien z. germ. u. frühdt. Sprachgesch., Stammes- u. Volkskunde ([3]1952).

[4] Zu dem Grab von Tournai kommen neuerdings einige andere fürstl. Grablegen, die seine Ausstattung zwar nicht erreichen, aber weitgehend ergänzen. E. Doppelfeld u. R. Pirling, Fränk. Fürsten im Rheinland. Die Gräber aus dem Kölner Dom, von Gellepp und Morken, Schrr. Rhein. Landesmus. Bonn 2 (1966).

[5] Zum röm. Interesse am Neckarland während des 4.Jh.: E. Ritterling, Germania 5 (1921); E. Norden, Alt-Germanien, völker- u. namengeschichtl. Untersuchungen (1934), S. 37 ff.

[6] H. v. Petrikovits, Das röm. Rheinland. Archäolog. Forsch. seit 1945, Bonner Jb. Beiheft 8 (1960), S. 84 ff.

Kapitel 22
Die Einrichtung in den neuen Räumen

Die Besitznahme der römischen Provinzen geht in sehr verschiedener Form vor sich; sie gelangt in ihrem bevölkerungsgeschichtlichen Ergebnis zu höchster geschichtlicher Wirksamkeit. Die Seßhaftwerdung der Ankömmlinge in ihren neuen Räumen kann in großen Gebieten bis in die Einzelheiten hinein verfolgt werden. Quellen[1] hierfür sind die *Ortsnamen*, vielerorts auch die Dorfgemarkung, die erste Nennung der Siedlungen in den Schriftquellen nach Zeitpunkt und Zusammenhängen, sowie die Patrozinien; besondere Bedeutung kommt dem sogenannten *Reihengräberfriedhof* zu, der als ein Zeugnis der Stabilisierung um die Wende zum 6. Jh. einsetzt und so lange belegt wird, bis die Kirche die Toten in ihre Obhut nimmt. Aus der räumlichen Verteilung dieser Hinweise, ihrer Häufung in bestimmten Gebieten und ihrem Fehlen anderwärts, ergeben sich die Eigentümlichkeiten der Landnahme in den einzelnen Landschaften. In weiten Räumen ist die germanische Einwanderung stark genug, um von Anfang an das Bild der Folgezeit zu bestimmen. Ein Großteil ihres Stromes ergießt sich in die seit der jüngeren Steinzeit immer wieder bäuerlich besiedelten, zwischen die Waldgebirge eingeschalteten Gaue, welche die provinzialrömische Zeit von den älteren Zivilisationen übernommen hatte. Dies gilt von dem Lößgebiet Niederbayerns und seiner Umgebung genauso wie von der Kölner Bucht und dem Tiefland links des Niederrheins bis weit in das heutige Belgien hinein. Soweit die hier noch seßhafte Vorbevölkerung nicht ausweicht, erliegt sie binnen kurzer Zeit diesem Zustrom. Auch die dort gelegenen Städte wandeln ihr Antlitz; ihre Germanisierung wird wohl dadurch erleichtert, daß die Zahl ihrer Bewohner in spätrömischer Zeit sehr zusammengeschrumpft war. Wie weit links vom Rhein noch die germanische Komponente lebendig ist, welche die erste große germanische Welle dorthin gebracht hat und die dann mit den Sweben des Ariovist, mit der Verpflanzung der Ubier und späterhin noch etlicher anderer germanischer Verbände eine fortgesetzte Verstärkung erfuhr, kann schwer gesagt werden. Jedenfalls aber besteht die Möglichkeit, daß hier unter der provinzialen Tünche ein Element lebt, das sich von der Art der Einwanderer angezogen fühlt und so der Germanisierung dieser Landschaften förderlich ist. Neben den Gebieten, in welchen die Landnahme binnen relativ kurzer Zeit ein Ergebnis zeitigt, gibt es solche, die einen Kampf zweier Komponenten erkennen lassen; die Zahl der Zuwanderer ist da geringer, und die romanische Bevölkerung stellt ihrer Germanisierung einen gewissen Widerstand entgegen. Hier begegnen die frühdeutschen Ortsnamen mit den typischen Endungen auf -heim, -ingen (-ing) und -weiler viel seltener, ebenso die Reihengräberfelder. Dagegen häufen sich dort die Orte, deren Namen aus der römischen oder gar vorrömischen Zeit stammen[2]. In der Umgebung von Trier sind noch im 11. Jh. romanische Flurnamen in Gebrauch; die Namen vieler Dörfer in der Gegend der Kaiserstadt, Oleweg und Igel, Conz und Piesport, lassen ihre vordeutsche Herkunft ohne weiteres erkennen. Noch heute sind dort die lateinischen Namen zweier römerzeitlicher Straßenstationen lebendig, welche die Entfernung von Trier in Leugen angeben: Quint und

Detzem. Wie hier, so häufen sich überhaupt im deutschen Anteil des Moselgebiets und an den Rändern der Eifel die vorgermanischen Ortsnamen, ebenso in bestimmten Teilen des Alpenvorlandes. Die Natur hat diese beiden Gebiete sehr verschieden ausgestattet; doch ist ihnen gemeinsam, daß sie dem Anbau gewisse Schwierigkeiten entgegenstellen. Steiniger Boden und welliges Gelände stellen besondere Anforderungen an Mensch und Tier; auch dauert die Vegetationsperiode in den höheren Lagen weniger lang. Wie diese Landschaften einstmals abseits der Brennpunkte des neolithischen Lebens gelegen haben, so entwickeln sie auch noch jetzt eine geringere Anziehungskraft. Doch sind auch hier die Zuwanderer stark genug, um die bodenständige Komponente im Laufe der Zeit in sich aufzunehmen; denn sonst lägen ja diese Räume nicht diesseits der Sprachgrenze, auf deren anderer Seite der umgekehrte Vorgang, die Romanisierung der Germanen, stattfindet[3]. In welchem Maße die provinziale Bevölkerung in die Waldgebirge zurückweicht, in den Schwarzwald etwa und ebenso in die Seitentäler der Alpen, dafür gibt es nur Andeutungen archäologischer und anthropologischer Art, gelegentlich Ortsnamen und besondere siedlungshistorische Umstände, die auf eine bescheidene Bewohnerschaft auch dieser Gebiete aufmerksam machen. Zwar ist sie im allgemeinen nicht direkt greifbar, aber doch nicht zu übersehen. Die Waldgebirge gelten als unbewohnt, bis im Mittelalter die innere Kolonisation von ihnen Besitz ergreift. Es ist aber recht wahrscheinlich, daß auch sie eine gewisse Besiedlung aufgewiesen haben, und zwar von der Zeit an, in der die Überschichtung von Bauernvölkern den Stand der Unfreien mit sich bringt. Zu den Trupps, die es ablehnen, sich fremden Eindringlingen zu unterwerfen, gesellen sich allerlei Flüchtige und Ausgestoßene, welche gleichermaßen die Einöde aufsuchen. Der Kopfzahl nach werden es nicht viele sein; sie nehmen an der materiellen Zivilisation der Siedlungslandschaften nicht teil und bringen auch keine solchen aus sich selbst heraus zustande. Daher sind sie im wesentlichen nur auf dem Wege über die Kombination zu finden. Fehlt ihnen also eine kultur- und siedlungsgeschichtliche Bedeutung, so darf doch nicht vergessen werden, daß sie eine biologische Komponente sind, die insbesondere zur Geltung kommt, nachdem das Mittelalter von dem Waldgebirge Besitz ergriffen hat.

Dem Übertritt der Germanen in die Landschaften jenseits

der Reichsgrenze ist auch deshalb ein bleibender Erfolg beschieden, weil die Ankömmlinge über die erforderliche Kraft verfügen. Ob sie in den vorangegangenen Jahrhunderten mengenmäßig zugenommen haben, bleibt fraglich; entscheidend ist das Heranwachsen größerer ethnischer Verbände, das zu den Folgen der langen Grenznachbarschaft gehört. Viele Namen der taciteischen Völkertafel und anderer Schriftquellen verschwinden, und es tauchen große Verbände unter neuen Bezeichnungen auf. Selbst die Namen so stattlicher Stämme wie etwa der Markomannen und der Quaden erscheinen nicht mehr, und derjenige der Baiowaren tritt dann plötzlich auf. Die Semnonen werden letztmals im Jahre 177 genannt; sie stoßen zu den am mittleren Main ansässigen Germanen, und was sich hier sammelt, eine besondere Stoßkraft entwickelt, auch der Zahl nach von großer Bedeutung gewesen sein muß, begegnet erstmals 213 unter dem neuen Namen der *Alamannen*. Bedeutender aber noch als diese Zusammenballung ist diejenige der im Nordwesten ansässigen Stämme unter der Bezeichnung der *Franken*. Dieser Name erscheint erstmals um die Mitte des 3. Jh., doch sind die Leute, die unter dieser Benennung die niederrheinische Grenze bedrohen, kein neues Element im Rahmen der dort ansässigen freien Germanen. Neu ist neben ihrem Namen nur das Bündnis, das die einzelnen Stämme zwecks gemeinsamer Kriegführung schließen, die Entwicklung auch hier im Laufe der Folgezeit zu einer Stammesgemeinschaft. Zerfielen die Germanen vordem langsam in immer zahlreichere Verbände, so zeigt sich hier wieder der umgekehrte Vorgang des Aufbaus einer größeren Einheit. Angesichts der provinzialen Welt sehen sie das Gemeinsame ihrer Interessen, und so reifen sie zu einer neuen Aufgabe heran. Diese Entwicklung greift auf das Innere Germaniens über. Aus den nördlichen Hermunduren sowie Angeln und Warnen wird noch vor dem Ende des 4. Jh. das Volk der *Thüringer*. Durch die Aufnahme von Resten der Langobarden, von Angrivariern sowie anderen Stämmen und Stammesteilen gewinnen die *Sachsen* einen erheblichen Zuwachs an Macht und Raum. Nicht minder eindrucksvoll wie dieser Vorgang bekundet das Inventar der Reihengräber die Zusammengehörigkeit der germanischen Welt. An die Stelle der vielgestaltigen archäologischen Erscheinungen im germanischen Siedlungsgebiet der ersten nachchristlichen Jahrhunderte tritt in der Folge eine auffallende Einheitlichkeit der kunstgewerblichen Erzeugnisse. Sie finden sich überall, wo mit der Völkerwanderung Germanen hinkommen, bei den Krimgoten wie an der Themse, in Algerien wie in Skandinavien, und auch der Bestattungsbrauch ist in fast allen Gebieten derselbe. Natürlich fehlen diesem Stoff auch nicht die regionalen Besonderheiten, in denen sich Traditionen und neue Kräfte verschiedener Art spiegeln. Aber wenn bis dahin längs Rhein und Donau zwei ganz verschiedene Kulturen aneinandergegrenzt hatten, so laufen nach Ausweis der Funde, der sprachlichen, der volkskundlichen und schriftlichen Quellen, von nun an die Kultur- und Stammesgrenzen über diese beiden Ströme hinweg.

Dieser Tatbestand zwingt zu einer sehr genauen Prüfung derjenigen Befunde, in denen sich römisch-germanische Kulturzusammenhänge andeuten[4]. Für den Bau einer neuen Kirche oder einer Burg waren römerzeitliche Steinhaufen lange Zeit ein willkommenes Material. Die fest gestückte Straße erweckt nur zu leicht den Eindruck, als ob sie weiter benutzt worden sei; tatsächlich aber schafft sich das Siedlungsnetz der nachrömischen Zeit weitgehend seine eigenen Verkehrswege, und die Römerstraße bleibt nur deshalb erhalten, weil sie den Kräften der Verwitterung trotzt. Eine ganze Reihe provinzialer Kulturgüter geht in der Völkerwanderung den Grenzgebieten verloren, tritt dann aber in spätmerowingischer oder karolingischer Zeit zum zweiten Mal den Weg nach dem Norden an. Zusammenhänge zwischen spätrömischem Kulturgut und solchem des frühen Mittelalters gibt es viel weniger, als es zunächst den Anschein hat; das ländliche Leben der Eingewanderten bleibt oft noch recht »prähistorisch«. Entscheidend ist, daß die Struktur der tragenden Gesellschaft eine andere wird, daß die neuen Herren ihren eigenen, zunächst bescheidenen Lebensstil haben. So kommt selbst die Technik des Steinbaus dem Moseltal abhanden. Dagegen werden Obst- und Weinbau direkt übernommen, und links des Rheins ist auch der Raum, in welchem die lateinischen Lehnworte in das Germanische eingehen, die sich auf das Bauen in Stein, auf die verschiedenen Zweige der Gartenwirtschaft, auf Kriegs-, Staats- und Rechtswesen, Handel und Handwerk, Körperpflege und häusliche Einrichtung beziehen. Die Germanen bringen die einfache Bauweise in Holz, Lehm und Stroh wieder zur Geltung. Sie meiden die römischen Bautrümmer, weil das Material ihnen fremd ist, und legen ihre Dörfer am fließenden Wasser an; demgemäß verfallen jetzt auch die Wasserleitungen und Zieh-

brunnen. Bleibt dagegen die städtische Siedlung vielfach erhalten, so wandelt sie doch weitgehend ihr Aussehen. Sie ist
bedeutend kleiner als diejenige der Römerzeit und besteht aus
schindelgedeckten Fachwerkbauten. Die Abweichungen des
mittelalterlichen Straßennetzes von dem der Römerzeit zeigen,
in welchem Umfang die Städte in Schutt und Asche gesunken
sind. An die Stelle des regelmäßigen Stadtgrundrisses mit seinen Häuservierecken tritt zumeist ein Gewinkel schmaler Gäß-
chen. Das Leben bekommt selbst in den großen Städten einen
vorstadtartigen Charakter; die kleinen Leute, welche die Tradition bestimmter Handwerke und Gewerbe aufrechterhalten,
stehen der fränkischen Herrenschicht fremd gegenüber. Deren
reich ausgestattete Gräber, wie sie z. B. unter dem Chor des
Kölner Doms gefunden worden sind, dürfen nicht darüber
hinwegtäuschen, daß die Ankömmlinge sich erst in ihre neue
Situation einleben mußten. Und in den kleinen Städten, wie den
Vororten einer Gaugemeinschaft, in Ladenburg (Neckar) z. B.
verlor sich die Bevölkerung geradezu in einigen wenigen Gas-
sen zwischen den viel umfänglicheren, von Grün bedeckten
Bautrümmern.

Das anthropologische Ergebnis der Völkerwanderung besteht in einem beträchtlichen Zustrom von Menschen der sogenannten nordischen Leibesform in die römischen Grenzlande.
Zwar ist dieser Typus den Rhein- und Donauländern vorher
durchaus nicht fremd. Er begegnet hier als Träger der indogermanischen Streitaxtgesittung, aus dem der keltische Adel
hervorgeht, und späterhin in den verschiedenen Einstrahlungen germanischer Stämme. Alle diese Ströme aber sehen sich
einer Bevölkerung gegenüber, in der untersetzte und kurz-
köpfige Gestalten von vorwiegend dunkler Komplexion nicht
minder häufig sind als solche von dinarischer Schädelbildung.
Die Zuwanderer setzen wohl ihr Volkstum durch, erhalten
sich aber in leiblicher Hinsicht nicht unvermischt. In jeden
Einwanderungsschub dringt langsam das Blut der Bodenständigen ein, die sich zudem als einfachere Bevölkerung wohl
stärker vermehren als der Adel, andrerseits weniger die Last
der Kriege tragen. Der Beobachtung, daß etwa neun Zehntel
aller in den Reihengräberfeldern ruhenden Toten den nordischen Typus darstellen, steht allerdings die Überlegung entgegen, daß damit weder die Städte noch die Nachkommen der
provinzialen Bevölkerung des flachen Landes erfaßt werden.
Beide nehmen kaum Anteil an der materiellen Zivilisation der

Reihengräberzeit. Gerade an diese Schicht jedoch, die archäologisch nicht ohne weiteres greifbar ist, muß gedacht werden, wenn die Wandlung des anthropologischen Bildes zu demjenigen der Gegenwart erklärt werden soll[5].

[1] In das Zusammenwirken der verschiedenen Quellen führt ein: K. Schumacher, Beiträge zur Siedlungs- u. Kulturgesch. Rheinhessens, Mainzer Zs. 15/16 (1920/21); räumlich und in der Benutzung der Quellen weiter ausgreifend, in den Einzelheiten freilich oft nur mit Vorsicht zu benutzen: ders., Siedlungs- u. Kulturgesch. der Rheinlande von d. Urzeit bis in das MA III 1 (1925); L. Lindenschmit, Hdb. d. dt. Alterthumskunde, Bd. 1: Die Alterthümer der merowingischen Zeit (1889), eine noch heute sehr nützliche Gesamtdarstellung der Reihengräberfelder und ihres Inhaltes; sie gelangt zwar nicht über die Darstellung der Tatbestände hinaus, verknüpft jedoch in einer sonst nicht wieder erreichten Gründlichkeit die archäolog. Befunde mit den Schriftquellen. In eine später bevorzugte Problemstellung führt ein: W. Veeck, Die Reihengräberfriedhöfe d. frühen MA u. die hist. Forschung, 16. Ber. d. Röm.-German. Komm. 1925/26. Über das Ende der heidn. Bestattungssitten: P. Reinecke, Reihengräber u. Friedhöfe der Kirchen, Germania 9 (1925).

[2] Eine planmäßige Bearbeitung der Ortsnamen im Hinblick auf ihre vordt. Komponente fehlt noch.

[3] Betr. den Vorgang jenseits der Sprachgrenze s. Bd. 2, Kap. 8, Anm. 1.

[4] Das Kontinuitätsproblem, kurz gefaßt: A. Dopsch, Korrespondenzblatt des Gesamtvereins 75 (1927). Richtungweisend für die archäolog. Auffassung dieser Frage war H. Aubin, Maß u. Bedeutung der röm.-german. Kulturzusammenhänge (13. Ber. d. Röm.-German. Komm., 1922), mit anderen Beiträgen z. Kontinuitätsproblem auch in H. Aubin, Vom Altertum zum MA (1949), und ders., Grundlagen u. Perspektiven geschichtl. Kulturraumforschung (1965); H. v. Petrikovits, Das Fortleben röm. Städte an Rhein u. Donau im frühen MA, Trierer Zs. 19 (1950).

[5] Zum anthropolog. Problem: R. Gradmann, Volkstum u. Rasse in Südtdld., Volk u. Rasse 1 (1926); unter demselben Titel W. Veeck, Germania 10 (1926).

Kapitel 23
Germanen und Nichtgermanen jenseits der ehemaligen Grenze des Römerreiches

Der Übertritt großer Teile der Südgermanen über die Grenzen des Römischen Reiches wirkt auf die Ausgangsgebiete dieser Bewegungen insofern zurück, als andere Stämme germanischer und fremder Nationalität in die ganz oder teilweise verödeten Landstriche nachrücken. Das von den Franken verlassene Gebiet zwischen der Weser und dem Niederrhein wird von den Sachsen eingenommen; da diese aber auch rechts der unteren Elbe beheimatet sind und Angeln wie Jüten vor ihrer Übersiedlung nach England einen großen Teil der Jütischen Halbinsel einnahmen, so haben jetzt die nordgermanischen Dänen Gelegenheit, von ihrer Inselwelt aus diese Landstriche zu besetzen. Der starke elbgermanische Zuzug zu den sich am Main konsolidierenden Alamannen führt zu einer Entblößung der Gebiete an Elbe und Havel, und auch in Böhmen und Mähren bleiben nach dem Übertritt von Markomannen und Quaden über die Donau nur wenige Germanen zurück. Dasselbe ist in den Räumen der Fall, die von den Langobarden und den in den Flußgebieten von Oder und Weichsel heimisch gewordenen Ostgermanen freigegeben werden[1]. Diese Restgermanen übermitteln den Slaven zahlreiche geographische Namen; neben den Fluß- und Ortsbezeichnungen steht hier selbst der Name des Landes Schlesien, der die Erinnerung an die ostgermanischen Silingen, einen Teil der Wandalen, bewahrt. Nirgendwo ist das ostgermanische Vorhallenhaus besser erhalten geblieben als dort, wo es die Slaven übernommen haben. Die dünne germanische Schicht östlich von Böhmerwald und Saale, Elbe und Trave zeigt sich in vereinzelten Bestattungen und kleinen Gruppen von solchen, die mit dem materiellen Gut der Reihengräber ausgestattet sind[2]. Wie diese Industrie über den Rhein zurückstrahlt zu den Sachsen und Thüringern – ein gläserner Rüsselbecher und ein Spangenhelm begegnen an der Saale –, so erfaßt sie auch diejenigen, welche das Vorrücken der *Slaven*[3] nach Westen hin erleben. Deren Heimat wird in einem breiten Streifen Landes gesucht, der sich von Ostgalizien über den Raum um Kiew bis zum oberen Don erstreckt und die Übergangszone vom Wald zur Steppe darstellt; hier sind beispielsweise die slavischen Gewässernamen von besonders altertümlicher Form. Wahrscheinlich wurden Slaven als Nachbarn des offenen Landes in die ost-westlich gerichteten Bewegungen der Reitervölker hineingezogen, die für die Steppe typisch sind, und haben besonders die Awaren ihre Wanderung ausgelöst[4]. Doch nicht nur als Dienstleute von Nomaden dürften sie nach Mitteleuropa gekommen sein, sondern auch, und wohl schon etwas früher, auf dem Wege über die Sklavenjagden der Ostgermanen. Es scheint, als ob ein sehr bescheidener keramischer Fundstoff sie bereits für die spätere Völkerwanderungszeit als Hintersassen in Mähren und Böhmen andeutet, und es ist recht wahrscheinlich, daß die von Prokop oft genannten »Sklavenen«, durch deren Länder um 512 die Heruler von der mittleren Donau nach Norden rückwanderten, Leute aus dem Osten sind, die nach dem Abzug ihrer germanischen Herren sich zu kleinen, vorläufig noch losen Verbänden zusammenschlossen. Deutlicher nachweisbar, wenn auch zunächst noch nicht in staatlichen Verbänden, sind die Slaven von etwa 600 n. Chr. an am Fuße der Ostalpen, in den Sudetenländern und in Mecklenburg. Währenddessen verharren ostbaltische Stämme in dem Raum zwischen Bug, unterer Weichsel und Haffküste, den sie seit alters innehaben; denn die nach Süden und Südosten gerichtete Bewegung der Ostgermanen berührt ihn ebenso wenig wie die der Slaven gegen Westen.

[1] E. Schwarz, Zur Namenforschung u. Siedlungsgesch. in d. Sudetenländern, Prager Dt. Studien 30 (1923); zum gleichen Thema: G. Neckel, Germanen u. Kelten (1929), S. 59 ff., und T. E. Karsten, Die Germanen (1928), S. 236; R. Much, Der Name Silingi, Altschlesien 1 (1926). Betreffend das Vorhallenhaus: R. Henning, Das dt. Haus (1882), S. 79 ff.

[2] Die auf breiter Grundlage angelegte Darstellung von B. Schmidt, Die späte Völkerwanderungszeit in Mitteldtld. (Veröff. d. Landesmus. f. Vorgesch. Halle 18, 1961) greift nach Osten über die Elbe hinaus u. bezieht das Gebiet der Havel mit ein; wenn auch sein Schwerpunkt bei den Reihengräberfeldern in Sachsen-Thüringen liegt, so fehlen doch die frühslav. Funde nicht.

[3] H. Witte, Urheimat u. Westausbreitung d. Slawen, Volk u. Rasse 3 (1928); M. Vasmer, Die alten Bevölkerungsverhältnisse Rußlands im Lichte d. Sprachforschung (Preuß. Akad. d. Wiss., Vorträge u. Schriften 5, 1941); E. Schwarz, Die Frage d. slaw. Landnahmezeit in Ostgermanien, MIÖG 43 (1929); H. Preidel, Die Anfänge d.

slaw. Besiedlung Böhmens u. Mährens 1 (1954), eine Auseinandersetzung mit neueren Arbeiten slav. Forscher; die Nachrichten der Schriftsteller werden ebenso wie die archäolog. Gegebenheiten möglichst »realistisch« aufgefaßt, unter Berücksichtigung der jeweiligen politischen, kulturellen und gesellschaftlichen Situation. »Das ziemlich unvermittelte Auftauchen der Slawen im östlichen Mitteleuropa erscheint uns nicht als Ergebnis einer wohlgeordneten Einwanderung slawischer Stämme, sondern als das eines sozialen Umschwunges, der sich deshalb als Umvolkung erweist, weil die produktiven Kräfte wohl vorwiegend slawische Idiome sprachen.« Ders., Slawische Altertumskunde d. östl. Mitteleuropas im 9. u. 10. Jh. (3 Teile 1961–1966).

[4] P. Reinecke, Die archäolog. Hinterlassenschaft d. Awaren, Germania 12 (1928); H. Preidel, Awaren u. Slawen, Südostforschungen 11 (1952); A. Kollautz, Die Awaren, Saeculum 5 (1954); H. W. Haussig, Die Quellen üb. d. zentralasiat. Herkunft d. europ. Awaren, Central Asiatic Journ. 2 (1956).

Hilfsmittel, Quellensammlungen und allgemeine Darstellungen

Bibliographien: Dahlmann-Waitz, Quellenkunde der deutschen Geschichte, 9. Aufl. hg. v. H. Haering (1932, Register-Bd. 1932 = DW[9]), 10. Aufl. hg. im Max-Planck-Inst. f. Gesch. v. H. Heimpel u. H. Geuss (1965 ff. = DW[10], Bd. 1 abgeschl. 1969, Bd. 2 abgeschl. 1971); Jahresberichte für dt. Gesch., hg. v. A. Brackmann u. F. Hartung (für 1925 bis 1939 15 Bde. 1927–1942), Neue Folge ab 1949 (1952 ff.); für die Zwischenzeit: Die dt. Geschichtswissenschaft im II. Weltkrieg, Bibliogr. des histor. Schrifttums dt. Autoren 1939–1945, hg. v. W. Holtzmann u. G. Ritter (1951); fortlaufend für 1926–1939 u. 1947 ff.: Internationale Bibliographie der Geschichtswissenschaften 1–14 u. 16 ff. (1928 bis 1941, 1949 ff.); International Medieval Bibliography (IMB), hg. v. R. S. Hoyt u. P. H. Sawyer (Leeds 1968 ff.); Österreichische Histor. Bibliographie, hg. v. E. H. Boehm u. F. Fellner, bearb. v. H. Paulhart (1968 ff.); gute Jahres-Bibliogr. in Revue d'hist. ecclés. (seit 1900). – G. Franz, Bücherkunde zur dt. Gesch. (1951); ders., Bücherkunde zur Weltgesch. (1956); W. Trillmich, Kleine Bücherkunde zur Gesch.wiss. (1949); W. Baumgart, Bücherverz. z. Dt. Gesch. (1971); G. M. Dutcher, A Guide to Historical Literature ([2]1949); E. M. Coulter u. M. Gerstenfeld, Historical Bibliographies (1935); P. Caron u. M. Jaryc, World List of Historical Periodicals and Bibliographies ([2]1939); Bibliographie histor. Zeitschriften 1939 bis 1951, bearb. v. H. Kramm (3 Hefte 1952/53).

Zur Einführung: DW[10] Bd. 1, Abschn. 1; J. G. Droysen, Historik, Vorlesungen über Enzyklopädie und Methodologie der Gesch., hg. v. R. Hübner ([3]1958); E. Bernheim, Lehrbuch der histor. Methode u. der Geschichtsphilosophie ([5]1908, Ndr. 1961); W. Bauer, Einführung in d. Studium der Gesch. ([2]1928, Ndr. 1961); E. Keyser, Die Geschichtswissenschaft, Aufbau u. Aufgaben (1931); R. Lorenz, Grundriß der Geschichtslehre (1945); H. Nabholz, Einführung in das Studium der mittelalterl. u. der neueren Gesch. (1948); P. Kirn, Einführung in die Geschichtswiss. (Slg. Göschen [4]1963); L. Halphen, Introduction à l'histoire ([2]1948); ders., Initiation aux études d'histoire du moyen âge ([3]1952); L'histoire et ses méthodes, hg. v. Ch. Samaran (Encyclopédie de la Pléiade 1961); H. Quirin, Einführung in das Studium der mittelalterl. Gesch. ([2]1964); L.-E. Halkin, Initiation à la critique historique (Cahiers des Annales 6, 1963); G. Fasoli, Guida allo studio della storia medievale, moderna, contemporanea ([2]1967); Th. Schieder, Gesch. als Wissenschaft, Eine Einführung (1965); marxist.: W. Eckermann u. H. Mohr (Hg.), Einführung in d. Studium der Gesch. (1966).

Historisch-biographische Lexika und Sammelwerke: Allgemeine Deutsche Biographie (= ADB), hg. durch die Histor. Kommission bei d. Bayer. Akad. d. Wissensch. (56 Bde. 1875–1912), wird ergänzt bzw. ersetzt durch: Neue Deutsche Biographie (= NDB, 1953 ff.); H. Rössler u. G. Franz, Biograph. Wörterbuch zur dt. Gesch. (1952); Die Großen Deutschen, hg. v. W. Andreas u. W. v. Scholz (5 Bde. 1935 bis 1937), hg. v. H. Heimpel, Th. Heuss u. B. Reifenberg (5 Bde. [2]1956/57); Meister der Politik, hg. v. E. Marcks u. K. A. v. Müller (3 Bde. [3]1923/24); Landesgeschichtl. Biographien s. DW[9] S. 988 ff. – E. Haberkern u. J. F. Wallach, Hilfswörterbuch f. Historiker ([2]1964, auch als Taschenbuch, 2 Bde.); H. Rössler u. G. Franz, Sachwb. z. dt. Gesch. (1958, Ndr. 1970); K. Fuchs u. H. Raab, dtv-Wörterbuch zur Gesch. (2 Bde. 1972); E. Bayer, Wb. z. Gesch. Begr. u. Fachausdr. (1960); O. Meyer (Hg.), Clavis mediaevalis, Kleines Wb. zur MA-Forschung (1962). – Reallexikon der Vorgeschichte, hg. v. M. Ebert (15 Bde. 1924–1932); Reallex. der german. Altertumskunde, hg. v. J. HOOPS (4 Bde. 1911–1919; ²1968 ff.); Realenzyklopädie der class. Altertumswissenschaft, hg. v. A. PAULY, G. WISSOWA u. a. (1893 ff., noch unvollst.); dtv-Lexikon der Antike (13 Bde. 1969–1971); Reallex. für Antike u. Christentum, hg. v. TH. KLAUSER (1950 ff.); Realenzykl. für protestant. Theologie u. Kirche (= PRE), begr. v. J. J. HERZOG, hg. v. A. HAUCK (24 Bde. ³1896–1913); Die Religion in Geschichte und Gegenwart (= RGG), hg. v. K. GALLING (6 Bde. ³1957–1962); Lexikon für Theologie u. Kirche (= LThK), hg. v. M. BUCHBERGER (10 Bde. 1930 bis 1938), hg. v. J. HÖFER u. K. RAHNER (10 Bde. u. Register, ²1957–1965); Dictionnaire de théologie catholique, hg. v. A. VACANT u. a. (30 Bde. 1930–1950); Dictionnaire d'hist. et de géographie ecclésiastiques, hg. v. A. BAUDRILLART u. a. (1922 ff., unvollst.); Dictionnaire de spiritualité . . ., hg. v. M. VILLER (1937 ff.); Handwörterbuch des dt. Aberglaubens, hg. v. H. BÄCHTOLD-STÄUBLI (10 Bde. 1927–1942). – Hdwb. der Soziologie, hg. v. A. VIERKANDT (1931); Hdwb. der Staatswissenschaften, hg. v. L. ELSTER (9 Bde. ⁴1923–1929), neu bearb. als Hdwb. der Sozialwiss., hg. v. E. BECKERATH u. a. (12 Bde. 1956–1965); Deutsches Rechtswb., hg. v. R. SCHRÖDER u. E. FRHR. v. KÜNSSBERG (1932 ff.); Hdwb. zur dt. Rechtsgesch., hg. v. A. ERLER u. W. KAUFMANN (1964 ff.); Dictionnaire de droit canonique, hg. v. N. NAZ (1935 ff.). – Deutsches Städtebuch, Hdb. städtischer Gesch., hg. v. E. KEYSER (bisher 4 Bde. 1939 ff.); Österreich. Städtebuch, hg. v. A. HOFFMANN (1968 ff.); Hdb. der histor. Stätten Deutschlands (Kröners Taschenausg. 1958 ff.), Übersicht (auch für Österreich) s. in Bd. 13, vor Kap. 1; G. DEHIO, Hdb. d. dt. Kunstdenkmäler, 5 Bde., bearb. v. E. GALL (²1949 ff.), Neue Folge 1964 ff. ebd.; Reallex. zur dt. Kunstgesch., hg. v. O. SCHMITT u. a. (1937 ff.); Reallex. d. dt. Literaturgesch., hg. v. P. MERKER u. W. STAMMLER (4 Bde. 1925–1931), hg. v. W. KOHLSCHMIDT u. W. MOHR (²1955 ff.); Deutsche Philologie im Aufriß, hg. v. W. STAMMLER (3 Bde. u. Reg.-Bd. ²1957, Ndr. 1966–1969); Die dt. Lit. im MA, Verfasserlexikon, hg. v. W. STAMMLER u. K. LANGOSCH (5 Bde. 1933–1955).

Historische Hilfswissenschaften: A. v. BRANDT, Werkzeug des Historikers, Eine Einführung in die hist. Hilfswiss. (⁶1971); Grundriß der Geschichtswissenschaft, hg. v. A. MEISTER (1906 ff. in 15 Einzelbänden); H. BRESSLAU, Hdb. der Urkundenlehre für Dtld. u. Italien (Bd. I ²1912, Bd. II 1 1915, II 2 hg. v. H.-W. KLEWITZ 1931, ³1958 bis 1960 mit Register); L. SANTIFALLER, Urkundenforschung. Methoden, Ziele, Ergebnisse (1937); O. MEISNER, Urkunden- u. Aktenlehre der Neuzeit (1950); K. LÖFFLER, Einführung in d. Handschriftenkunde (1929); H. FOERSTER, Abriß der lat. Paläographie (1949). B. BISCHOFF, Paläographie, in: Dt. Philol. im Aufriß 1 (²1957); Monumenta Palaeographica, Denkmäler der Schriftkunst des MA, hg. v. A. CHROUST (1902–1940, Tafelwerk); Hdb. der Bibliothekswissenschaft, hg. v. F. MILKAU u. G. LEYH (4 Bde. ²1950–1957). – K. STRECKER, Einführung in das Mittellatein (³1939); K. LANGOSCH, Lat. Mittelalter, Einleitung in Sprache u. Literatur (1963). – H. GROTEFEND, Zeitrechnung des dt. MA u. der Neuzeit (2 Bde. 1891–1898); ders., Taschenbuch der Zeitrechnung des dt. MA u. d. NZ (¹⁰1960; H. LIETZMANN u. K. ALAND, Zeitrechnung der röm. Kaiserzeit, des MA u. der NZ (Slg. Göschen ³1956). – O. LORENZ, Lehrbuch der gesamten wissensch. Genealogie (1898); E. HEYDENREICH, Lehrbuch der prakt. Genealogie (2 Bde. 1913); O. FORST DE BATTAGLIA, Wissenschaftl. Genealogie, Eine Einführung in die wichtigsten Grundprobleme (1948); W. K. PRINZ v. ISENBURG, Histor. Genealogie (1941); ders., Stammtafeln zur Gesch. der europ. Staaten, hg. v. E. FREYTAG v. LORINGHOVEN (²1953–1957). – H. HASSINGER, Geograph. Grundlagen der Gesch. (²1953); H. OESTERLEY, Histor.-geograph. Wörterbuch des dt. MA (1881–1883); J. G. TH. GRAESSE, Orbis latinus, Verzeichnis der wichtigsten lat. Orts- u. Ländernamen (³1922, Neubearbeitung v. H. PLECHL im Druck). Geschichts-Atlanten: K. v. SPRUNER u. TH. MENKE, Handatlas für d. Gesch.

des MA u. der neueren Zeit (³1880); G. DROYSEN, Allgem. histor. Handatlas (1886);
F. W. PUTZGER, Histor. Schulatlas, hg. v. A. HANSEL u. W. LEISERING (⁸⁸1965);
Großer histor. Weltatlas, hg. v. Bayer. Schulbuchverlag (3 Tle. 1953 ff.); Wester-
manns großer Atlas zur Weltgesch., hg. v. H.-E. STIER u. a. (1966); dtv-Atlas zur
Weltgesch. (2 Bde. 8/⁷1972). – K. HEUSSI, Atlas zur Kirchengesch. (³1937). – Ge-
schichtl. Handatlas Niedersachsens, hg. v. G. SCHNATH (1939); W. FABRICIUS u. a.,
Geschichtl. Atlas d. Rheinprovinz (1894 ff.); Geschichtl. Handatlas der dt. Länder
am Rhein, hg. v. J. NIESSEN (1950); Pfälzischer Geschichtsatlas (1935); Bayerischer
Geschichtsatlas, hg. v. M. SPINDLER (1969); Histor. Atlas der österreich. Alpen-
länder (1906 ff.); Histor. Atlas der Schweiz, hg. v. H. AMMANN u. K. SCHIB (1951);
Geschiedkundige Atlas van Nederland, hg. v. A. A. BEEKMAN (1912 ff.); über weitere
Geschichts-Atlanten s. G. FRANZ, Historische Kartographie (²1962).

Handbücher: Hdb. für den Geschichtslehrer, hg. v. O. KENDE, Bd. III: F. SCHNEIDER,
MA bis z. Mitte d. 13. Jh. (1929, Ndr. 1967), Bd. IV 1: B. SCHMEIDLER, Das spätere
MA (1937, Ndr. 1962), Bd. V 1: F. HARTUNG, Neuzeit von d. Mitte d. 17. Jh. bis 1789
(1932, Ndr. 1965); Hdb. d. dt. Gesch., begr. v. O. BRANDT, fortgef. v. A. O. MEYER,
neu hg. v. L. JUST (4 Bde. 1936 ff., unvollst.), dazu Bd. 5: Athenaion-Bilderatlas zur
Dt. Gesch., hg. v. H. JANKUHN, H. BOOKMANN u. W. TREUE (1968); Deutsche Gesch.
im Überblick, hg. v. P. RASSOW (²1962); marxist.: Deutsche Gesch., hg. v. J. STREI-
SAND u. a. (3 Bde. ²1967). – Hdb. d. Kulturgesch., hg. v. H. KINDERMANN (1934 ff.),
neu hg. v. E. THURNHER (1960 ff.).

Gesamtdarstellungen und Weltgeschichten: L. v. RANKE, Weltgesch. (9 Bde. bis 15. Jh.,
³/⁴1896/98 u. ö.); H. DELBRÜCK, Weltgesch. (5 Bde. 1923–1928); Propyläen-Welt-
gesch., hg. v. W. GOETZ (10 Bde. u. Register 1930–1933); Neue Propyläen-Welt-
gesch., hg. v. W. ANDREAS (nur Bd. 1–3 u. 5, 1940/43); Propyläen Weltgesch., hg.
v. G. MANN u. a. (12 Bde. 1961–1965); Historia mundi, hg. v. F. KERN u. F. VAL-
JAVEC (10 Bde. 1952–1961); Hdb. der Weltgesch., hg. v. W. v. RANDA (1956);
Saeculum Weltgesch., hg. v. H. FRANKE u. a. (7 Bde. 1965 ff.); Fischer-Weltgesch.
(35 Tbb. 1965 ff.); H. FREYER, Weltgesch. Europas (2 Bde. 1949); The Cambridge
Medieval History (8 Bde. 1911–1936, Ndr. 1964); E. W. PREVITÉ-ORTON, The
Shorter Cambr. Medieval Hist. (2 Bde. 1952); The Cambr. Modern Hist. (13 Bde. u.
Atlas. 1902–1912); The New Cambr. Modern Hist. (1957 ff.); Histoire générale, hg.
v. L. LAVISSE u. A. RAMBAUD (12 Bde. ²1922–1924); Hist. générale, hg. v. G. GLOTZ
(20 Bde. 1929 ff., bisher nur MA); Peuples et civilisations, Hist. gén., hg. v. L.
HALPHEN u. PH. SAGNAC (20 Bde. 1929–1945, ²1946 ff.); Hist. gén. des civilisations,
hg. v. M. CROUZET (7 Bde. 1953–1957); Collection Clio, Introduction aux études hist.
(10 Bde. 1934 ff.); Storia universale, hg. v. E. PONTIERI (8 Bde. 1959–1963); Weltgesch. in 10 Bänden, hg. v. d. Akad. d. Wiss. der UdSSR (dt. 1961–1968). – Histoire
des relations internationales, hg. v. P. RENOUVIN, Bd. 1: F. L. GANSHOF, Le moyen
âge (1953), Bd. 2/3: G. ZELLER, Les temps modernes (1953–1955). – Hdb. der Europ.
Gesch., hg. v. TH. SCHIEDER (7 Bde. 1968 ff.); C. J. H. HAYES, M. W. BALDWIN,
CH. W. COLE, Hist. of Europe (2 Bde. ²1954–1956); H. A. L. FISHER, A Hist. of
Europe (2 Bde. ²1952, dt.: Die Gesch. Europas, 1951); J. BOWLE, The Unity of
European Hist., A Political and Cultural Survey (1949); E. KESSEL, Zeiten der
Wandlung. Hauptepochen abendländ. Gesch. (1950).

Kirchengeschichte: A. HAUCK, KiG Deutschlands (nur MA, 5 Bde. 3/⁴1911–1929, Ndr.
1953 u. ö.); Histoire de l'Eglise, hg. v. A. FLICHE u. V. MARTIN u. a. (1934 ff., bisher
21 Bde.); Hdb. der KiG, hg. v. H. JEDIN (1966 ff.), Die Kirche in ihrer Gesch.; Ein

Hdb., hg. v. K. D. SCHMIDT u. E. WOLF (4 Bde., 1961 ff. in Einzellieferungen); Gesch. der Kirche, hg. v. L. J. ROGIER u. a. (5 Bde. 1965/66 ff.); K. HEUSSI, Abriß der KiG (⁶1957); K. BIHLMEYER, KiG, neu besorgt v. H. TÜCHLE (2 Bde. ¹⁸1966/68); J. LORTZ, Gesch. der Kirche in ideengesch. Betrachtung (2 Bde. ²¹1962–1964); Atlas z. KiG, hg. v. H. JEDIN u. K. S. LATOURETTE (1969). – J. HALLER, Das Papsttum, Idee u. Wirklichkeit (5 Bde. ²1950–1953); F. X. SEPPELT, Gesch. der Päpste (5 Bde. ²1954–1959); ders. u. G. SCHWAIGER, Gesch. d. Päpste von d. Anfängen bis z. Gegenwart (⁶1964); G. BARRACLOUGH, The Medieval Papacy (1968).

Jahrbücher der deutschen Geschichte, hg. durch die Histor. Kommission bei der Bayer. Akad. d. Wiss. (1862 ff.), eingehendste Darstellung von d. Anfängen der Karolinger bis 1158, 1190–1233 u. 1298–1308, nach Regierungszeiten gegliedert, mit Anführung aller Quellen, doch z. T. veraltet, wird fortgesetzt (z. T. Ndr.; s. zu den einzelnen Herrschern). – Nützliche Quellenzusammenstellung nach Jahren bis 1137: G. RICHTER u. H. KOHL, Annalen der dt. Gesch. im MA (4 Bde. 1873–1897).

Neuere Darstellungen deutscher Landesgeschichten (s. Bd. 13: Die dt. Territorien; vgl. DW ⁹1826 ff.); G. W. SANTE (Hg.), Gesch. der dt. Länder (Territorien-Ploetz, 1964); M. SPINDLER (Hg.), Hdb. der bayerischen Gesch. (4 Bde. 1967 ff.), B. HUBENSTEINER, Bayer. Gesch. (⁵1967). – J. SCHULTZE, Die Mark Brandenburg (5 Bde. 1961–1969); M. BRAUBACH, Der Aufstieg Brandenburg-Preußens (1933); H. HERZFELD u. G. HEINRICH, Gesch. Berlins u. der Mark Br. (bisher nur Bd. 3, 1968). – R. WACKERNAGEL, Gesch. des Elsaß (1919); H. BÜTTNER, Gesch. d. Elsaß 1 (1939). – K. E. DEMANDT, Gesch. des Landes Hessen (1959). – M. HAMANN, Gesch. Mecklenburgs (1969). – R. LEHMANN, Gesch. der Niederlausitz (1963). – H. LÜBBING, Oldenburgische Landesgesch. (1953). – K. u. M. UHLIRZ, Hdb. der Gesch. Österreichs u. seiner Nachbarländer Böhmen u. Ungarn (4 Bde. 1927–1944, Bd. 1 ²1961); A. HUBER u. O. REDLICH, Gesch. Österreichs (7 Bde. bis 1740, 1888–1938, Bd. I 1 neu bearb. v. A. LHOTSKY 1967); H. HANTSCH, Die Gesch. Österreichs (2 Bde. ⁵1962); E. ZÖLLNER, Gesch. Österreichs (³1966). – J. KÖNIG, Verwaltungsgesch. Ostfrieslands bis zum Aussterben s. Fürstenhauses (1955). – B. SCHUMACHER, Gesch. Ost- u. Westpreußens (³1957 u. ö.). – R. KÖTZSCHKE u. K. KRETZSCHMAR, Sächsische Gesch. (2 Bde. 1935). – Gesch. Schlesiens, hg. v. H. AUBIN u. a. (²1961, nur Bd. 1 bis 1526). – O. BRANDT, Gesch. Schleswig-Holsteins (⁴1949); dass. Schl.-Holsteins, hg. v. V. PAULS u. a. (4 Bde. 1934 ff., noch unvollst.). – K. WELLER, Gesch. des schwäbischen Stammes bis z. Untergang der Staufer (1944). – K. S. BADER, Der dt. Südwesten in seiner territorialstaatl. Entwicklung (1950). – H. PATZE u. W. SCHLESINGER, Gesch. Thüringens (1967 ff., bisher Bd. 1 u. 3); F. SCHNEIDER u. A. TILLE, Einführung in die thüring. Gesch. (1931). – H. ROTHERT, Westfälische Gesch. (bis 1815, 3 Bde. 1949–1951, erg. v. K. A. HÖMBERG, ²1962–1969). – A. DEHLINGER, Württembergs Staatswesen in s. gesch. Entwicklung 1 (1951).

Quellenkunde und Historiographie: A. POTTHAST, Bibliotheca historica medii aevi, Wegweiser durch die Geschichtswerke des europ. MA bis 1500 (2 Bde. ²1896, Ndr. 1957), wird ersetzt durch: Repertorium fontium historiae medii aevi (seit 1962, bisher 3 Bde.); U. CHEVALIER, Répertoire des sources hist. du moyen-âge, 1: Bio-Bibliographie (2 Bde. ²1905–1907, Ndr. 1959), 2: Topo-Bibliographie (2 Bde. 1894–1903, Ndr. 1960). – W. WATTENBACH, Dtlds. Geschichtsquellen im MA bis z. Mitte d. 13. Jh. (Bd. 1 ⁷1904, Bd. 2 ⁶1894), Neubearbeitung: Vorzeit u. Karolinger, bearb. v. W. LEVISON u. H. LÖWE (4 Hefte 1952–1963, Heft 5 in Vorb.; Beiheft: R. BUCHNER, Die Rechtsquellen, 1953); dass., Deutsche Kaiserzeit, hg. v. R. u. W. HOLTZMANN (4 Hefte bis 1125, 1938–1943), Neuausgabe v. F.-J. SCHMALE (1967); O. LORENZ, Dtlds. Gesch.quellen im MA seit d. Mitte d. 13. Jh. (2 Bde. ²1886/87); M. JANSEN u. L. SCHMITZ-KALLENBERG, Historiographie u. Quellen der dt. Gesch. bis 1500 (²1914); H. VILDHAUT, Hdb. d. Quellenkunde zur dt. Gesch. (2 Bde., Bd. 1 ²1906, Bd. 2 1900; größtenteils veraltet); K. JAKOB, Quellenkunde der dt. Gesch. im MA ⁶1 (Karolinger) u. ⁵2 (Kaiserzeit), bearb. v. J. HOHENLEUTNER (Slg. Göschen 1959–1961), 3 (SpätMA) v. F. WEDEN (ebd. 1952, unzulänglich); A. LHOTSKY, Quellenkunde zur mittelalterl. Gesch. Österreichs (1963); ders., Österreich. Historiographie (1962); R. C. VAN CAENEGEM u. F. L. GANSHOF, Kurze Quellenkunde des Westeurop. MA (dt. 1964); H. GRUNDMANN, Geschichtsschreibung im MA (1965), aus: Dt. Philol. im Aufriß 3 (²1957), ebd. H. GOLLWITZER, Neuere dt. Geschichtsschreibung; G. WOLF, Quellenkunde der dt. Reformationsgesch. (3 Bde. 1915–1923); F. SCHNABEL, Dtlds. geschichtliche Quellen und Darstellungen in der Neuzeit 1: Das Zeitalter der Reformation (1931, Ndr. 1969); E. FUETER, Gesch. der neueren Historiographie (²1936, Ndr. 1968); H. v. SRBIK, Geist u. Geschichte vom dt. Humanismus bis zur Gegenwart (2 Bde. 1950/51, Ndr. 1964); G. v. BELOW, Die dt. Geschichtsschreibung von d. Befreiungskriegen bis zu unseren Tagen (²1924); G. P. GOOCH, History and Historians in the 19th Century (²1952); J. W. THOMPSON u. B. J. HOLM, A History of Historical Writing (2 Bde. 1942, Ndr. 1950); F. WAGNER, Geschichtswissenschaft (1951).

Quellensammlungen: Monumenta Germaniae Historica (= MGH), seit 1826 hg. von der Gesellschaft für ältere dt. Geschichtskunde (gegr. 1819 vom Frhr. vom Stein), 1875 umgewandelt in die (ksl.) Zentraldirektion, 1935 in das Reichsinstitut für ält. dt. Gesch., 1946 in das Dt. Inst. für Erforschung des MA, vgl. H. BRESSLAU, Gesch. der MGH (NA 42, 1921); H. GRUNDMANN, Mon. Germ. Hist. 1819–1969 (1969). – Hauptabteilungen der MGH.: 1. *Scriptores:* Auctores antiquissimi (15 Bde. 4°), Scriptores rerum Merovingicarum (7 Bde. 4°), Script. rer. Langobardicarum (1 Bd. 4°), Script. rer. Germanicarum (= SS), Hauptreihe 30 Bde. 2°, 2 Bde. 4°, dazu Nova series (=n. s., bisher 13 Bde. 8°) und sogen. Schulausgaben (Script. rer. Germ. in usum scholarum, bisher 62 Bde. 8°), Deutsche Chroniken (6 Bde. 4°); Libelli de lite imperatorum et pontificum saec. XI et XII (= L. d. L., 3 Bde. 4°), Gesta pontificum Romanorum (1 Bd. 4°). – 2. *Leges* (= LL), 5 Bde. 2°, zumeist überholt durch: Leges nationum Germanicarum (bisher 6 Bde. 4°); Capitularia regum Francorum (2 Bde. 4°); Formulae Merovingici et Carolini aevi (1 Bd. 4°); Concilia (2 Bde. u. Suppl. 4°); Constitutiones et acta publica imperatorum et regum (= Const.), Bd. 1–6, 1 u. 8 in 4°; Fontes iuris Germanici antiqui, n. s. (5 Bde. in 8°), Fontes . . . in us. schol. (10 Bde. in 8°). – 3. *Diplomata* (= DD), 1 Bd. 2° (DD Merovingorum, unzulängl.), sonst 4°. Die Urkunden der Karolinger (= DD Karol., Bd. 1 u. 3), Die Urk. der deutschen Karolinger (4 Bde. für 829–911), Die Urk. der burgund. Rudolfinger 888–1032 (im Druck), Die Urk. der dt. Könige u. Kaiser = DD K. I., DD H. I. usw. (8 Bde. für 911–1106 u. 1152, Urk. Barbarossas in Vorb.), Die Urk. Heinrichs d. Löwen (1 Bd. gr. 8°). – 4. *Epistolae* (= Epp.): Register Gregors I. (2 Bde. 4°), Epp. Karolini aevi (bisher 6 Bde. 4°), Epp. saec. XIII e regestis pontificum Rom. selectae (3 Bde. 4°), Die Briefe der Deutschen Kaiserzeit (Bd. 1–3 u. 5 in gr. 8°), Epp. selectae (5 Bde. 8°). – 5. *Antiquitates* in 4°: Poetae latini medii aevi 1–6; Necrologia Germaniae (5 Bde.), Libri confraternitatum (1 Bd. 4°), Libri memoriales (Bd. 1 im Druck). – Neue Reihen: Staatsschriften des späteren MA (bisher 4 Teilbde. in 4°); Quellen zur Geistesgesch. des MA (bisher 6 Bde. 8°); Deutsches MA, krit. Studientexte der MGH (4 Hefte 8°); Schriften der MGH (bish. 23 Bde.). – Übersetzungen: Geschichtsschreiber der deutschen Vorzeit (= GdV, 3. Gesamtausg. 103 Bde. kl. 8°). – Texte mit Übersetzungen: Ausgewählte Quellen zur dt. Gesch. des MA u. der Neuzeit, hg. v. R. BUCHNER (Freiherr-vom-Stein-Gedächtnisausgabe 1955 ff.).

Hilfsmittel, Quellensammlungen und allgemeine Darstellungen

An MG Const. schließt an, 1376 beginnend: Deutsche Reichstagsakten (= RTA), hg. durch die Histor. Kommission bei d. Bayer. Akad. d. Wiss., Ältere Reihe (1868 ff., bisher 19 Bde. bis 1454); Jüngere Reihe (1893 ff., Bd. 1–4 für 1519–1524, Bd. 7 u. 8 für 1527–1530).

Die MG SS werden ergänzt durch: Die Chroniken der deutschen Städte vom 14. bis ins 16. Jh., hg. durch die Histor. Kommission bei d. Bayer. Akad. d. Wiss. (37 Bde. 1862–1968, Ndr. ält. Bde. seit 1961).

Ältere, noch unentbehrliche Quellensammlungen: J. F. BÖHMER, Fontes rerum Germanicarum (4 Bde. 1843–1868); PH. JAFFÉ, Bibliotheca rerum Germanicarum (6 Bde. 1864–1873); J. F. BÖHMER, Acta imperii selecta (1870); E. WINKELMANN, Acta imperii inedita (2 Bde. 1880–1885). – Für Kirchengeschichte: MIGNE, Patrologiae cursus latinus (= MPL) bis 1216, 221 Bde. 1844–1864; wird neubearb. u. ergänzt in: Corpus Christianorum, Series latina (1954 ff.); Acta Sanctorum (= AA. SS.), bisher 68 Bde. (1643 ff., Ndr. seit 1854); G. D. MANSI, Sacrorum conciliorum nova et amplissima collectio (31 Bde. 1759–1798, Ndr. 60 Bde. 1900–1927). – Für Italien: L. A. MURATORI, Scriptores rerum Italicarum (25 Bde. 1723–1751, seit 1900 Neubearbeitung im Gang); ders., Antiquitates Italicae medii aevi (6 Bde. 1738–1741, Indices 1889–1892); Fonti per la storia d'Italia, hg. vom Istituto stor. Ital. (seit 1887). – Für Frankreich: M. BOUQUET, Recueil des historiens des Gaules et de la France (24 Bde., neu hg. v. L. DELISLE seit 1869); Collection de textes pour servir à l'étude et à l'enseignement de l'histoire (seit 1886); Collection de documents inédits sur l'hist. de France (seit 1835); Les classiques de l'hist. de France au moyen-âge (seit 1923, mit Übersetz.). – Für England: Rerum Britannicarum medii aevi scriptores (in Einzelausgaben seit 1858). – Andere Quellensammlungen vollständig im Repertorium fontium historiae medii aevi 1 (1962).

Urkunden-Bücher und -Regesten: H. OESTERLEY, Wegweiser durch die Literatur der Urkundensammlungen (2 Bde. 1885/86); DW⁹ 1289 f. – Reichsregesten: J. F. BÖHMER, Regesta imperii (= RI), zuerst 1831, sind oder werden neu bearbeitet, s. zu den einzelnen Herrschern. Für die Regesten der Kaiserurkunden des 12. Jh. noch unentbehrlich K. STUMPF, Die Reichskanzler, Bd. 2 (1879 = St.). Papst-Regesten: PH. JAFFÉ, Regesta pontificum Romanorum ab condita ecclesia ad annum 1198, hg. v. S. LOEWENFELD (2 Bde. 1885/88 = JL), chronologisch; P. F. KEHR, Regesta pont. Rom. (bis 1198, nach Empfängergruppen geordnet): Italia pontificia, hg. v. P. F. KEHR u. W. HOLTZMANN (9 Bde. 1906 ff.); Germania pontificia, hg. v. A. BRACKMANN (4 Bde. 1906 ff., wird fortgeführt im Max-Planck-Inst. f. Gesch., Göttingen); d'A. POTTHAST, Regesta pontificum Romanorum 1198–1304 (2 Bde. 1874/75). Die päpstl. Register des 13./14. Jh. werden hg. in d. Bibliothèque des écoles franç. d'Athènes et de Rome, 2. sér. (1884 ff., noch unvollst., s. zu den einzelnen Päpsten). Deutschland betreffende Auszüge aus den päpstl. Registern seit 1378: Repertorium Germanicum (bisher 4 Bde. 1897 ff.). Nuntiaturberichte aus Dtld., 1. Abt. 1533–1559, hg. v. Preuß. bzw. Dt. Histor. Inst. in Rom (bisher 14 Bde. bis 1554, 1892–1965, 2 Erg.Bde. für 1530–1532, 1963–1969); 2. Abt. 1560–1572, hg. v. d. Histor. Kommission d. österreich. Akad. Wien (8 Bde. bis 1572, 1897–1967); 3. Abt. 1572–1585, hg. v. Preuß. Hist. Inst. Rom (bisher 5 Bde. für 1573–1584, 1892–1909), 1585–1592, hg. v. d. Görres-Gesellsch. (bisher 6 Bde. bis 1592, 1895–1969); 4. Abt. XVII. Jh. (bisher 3 Bde. für 1603–1606 u. 1628/29, 1895–1913); La nunziatura di Praga di Cesare Speciano 1592–1598 (5 Bde. 1966–1967); Nuntiaturberichte aus der Schweiz seit d. Concil v. Trient (3 Bde. für 1579–1581, 1906–1929, Einleitungsbd. 1910). – Urkunden- und Regestensammlungen für einzelne deutsche Bistümer, Klöster, Territorien, Dynastien u. Länder s. DW⁹ 1311 ff.

Die deutschen Inschriften, hg. v. den dt. Akademien (1942 ff., bisher 10 Bde.), dazu

R. M. KLOOS, DA 15 (1959) u. 23 (1967). – P. E. SCHRAMM, Herrschaftszeichen und Staatssymbolik (Schriften der MGH 13, 1–3, 1954–1956); ders. u. F. MÜTHERICH, Denkmale der dt. Könige u. Kaiser (1962).

A. SCHULTE, Der deutsche Staat. Verfassung, Macht u. Grenzen 919–1914 (1933); P. KIRN, Politische Gesch. der dt. Grenzen (⁴1958).

Übersicht der Taschenbuchausgabe des GEBHARDT

Die erste Auflage des ›Handbuchs der deutschen Geschichte‹, herausgegeben von dem Berliner Realschullehrer Bruno Gebhardt (1858–1905) in Zusammenarbeit mit elf Gymnasiallehrern, Bibliothekaren und Archivaren, erschien 1891/92 in zwei Bänden. Von der zweiten bis zur siebenten Auflage wurde das Handbuch unter seinen Herausgebern Ferdinand Hirsch, Aloys Meister und Robert Holtzmann unter immer stärkerer Heranziehung von Universitätslehrern jeweils nach dem erreichten Forschungsstand überarbeitet und ergänzt und fand im wachsenden Maße bei Lehrenden und Lernenden an den Universitäten Verwendung. Nach dem Zweiten Weltkrieg nahm Herbert Grundmann mit neuen Autoren eine völlige Neugestaltung des ›Gebhardt‹ in Angriff, und auf diese in den Jahren 1954 bis 1960 in vier Bänden erschienene achte Auflage geht die nun vorliegende, wiederum überarbeitete und ergänzte, 1970 bis 1973 erschienene neunte Auflage zurück.

Um das bewährte Studien- und Nachschlagewerk vor allem den Studenten leichter zugänglich zu machen, haben sich der Union Verlag und der Deutsche Taschenbuch Verlag im Einvernehmen mit den Autoren zu dieser Taschenbuchausgabe entschlossen. Das Handbuch erscheint ungekürzt und, von kleinen Korrekturen abgesehen, unverändert in folgender Bandaufteilung:

1. Ernst Wahle: Ur- und Frühgeschichte im mitteleuropäischen Raum
2. Heinz Löwe: Deutschland im fränkischen Reich
3. Josef Fleckenstein und Marie Luise Bulst-Thiele: Begründung und Aufstieg des deutschen Reiches
4. Karl Jordan: Investiturstreit und frühe Stauferzeit (1056 bis 1197)
5. Herbert Grundmann: Wahlkönigtum, Territorialpolitik und Ostbewegung im 13. und 14. Jahrhundert (1198–1378)
6. Friedrich Baethgen: Schisma- und Konzilszeit, Reichsreform und Habsburgs Aufstieg
7. Karl Bosl: Staat, Gesellschaft, Wirtschaft im deutschen Mittelalter
8. Walther Peter Fuchs: Das Zeitalter der Reformation
9. Ernst Walter Zeeden: Das Zeitalter der Glaubenskämpfe (1555–1648)
10. Max Braubach: Vom Westfälischen Frieden bis zur Französischen Revolution
11. Gerhard Oestreich: Verfassungsgeschichte vom Ende des Mittelalters bis zum Ende des alten Reiches
12. Wilhelm Treue: Wirtschaft, Gesellschaft und Technik in Deutschland vom 16. bis zum 18. Jahrhundert
13. Friedrich Uhlhorn und Walter Schlesinger: Die deutschen Territorien
14. Max Braubach: Von der Französischen Revolution bis zum Wiener Kongreß
15. Theodor Schieder: Vom Deutschen Bund zum Deutschen Reich
16. Karl Erich Born: Von der Reichsgründung bis zum Ersten Weltkrieg
17. Wilhelm Treue: Gesellschaft, Wirtschaft und Technik Deutschlands im 19. Jahrhundert.

Es ist vorgesehen, die Taschenbuchausgabe in angemessenem zeitlichen Abstand nach Erscheinen des vierten Bandes des Handbuchs, der die deutsche Geschichte seit 1914 behandelt, weiterzuführen.

Namen- und Sachregister

Rolf Sprandel

Mentalitäten und Systeme

Neue Zugänge zur mittelalterlichen Geschichte

Dieses Buch möchte eine Einführung in das Studium der Geschichte unter besonderer Berücksichtigung des Mittelalters und in enger Verbindung mit den systematischen Sozialwissenschaften sein. Indem es bestimmte Fragestellungen unter soziologischer oder sozialpsychologischer Betrachtungsweise aufzeigt, ist es als eine Ergänzung zu den neueren deutschen Einführungen und Handbüchern gedacht. Es will damit zugleich einen Standort der Geschichtsforschung fixieren, wo sie in engem Kontakt mit den Sozialwissenschaften arbeitet und von deren Fortschritten im eigenen Selbstverständnis befruchtet wird.

178 Seiten
Paperback DM 24,–

UNION VERLAG STUTTGART